国家自然科学基金项目“跨国公司地方劳动力市场嵌入机制研究”（41901149）、中国博士后基金面上资助项目“GPN视角下产业集群的网络风险传导路径及预警机制建构”（2017M622332）、河南省哲学社会科学规划项目“双循环格局下河南省制造企业嵌入全球价值链的位置变动与高质量发展研究”（2021BJJ030）等项目的支持。

劳动力市场弹性与企业地方嵌入

Labor Market Elasticity and Local Embeddedness of Enterprises

陈肖飞　苗长虹　纪莉莉　著

中国社会科学出版社

图书在版编目(CIP)数据

劳动力市场弹性与企业地方嵌入/陈肖飞等著．—北京：中国社会科学出版社，2023.5

ISBN 978-7-5227-1325-0

Ⅰ.①劳…　Ⅱ.①陈…　Ⅲ.①劳动力市场—研究　Ⅳ.①F241.2

中国国家版本馆CIP数据核字(2023)第022337号

出 版 人　赵剑英
责任编辑　陈肖静
责任校对　王佳玉
责任印制　戴　宽

出　　版　中国社会科学出版社
社　　址　北京鼓楼西大街甲158号
邮　　编　100720
网　　址　http://www.csspw.cn
发 行 部　010-84083685
门 市 部　010-84029450
经　　销　新华书店及其他书店

印　　刷　北京明恒达印务有限公司
装　　订　廊坊市广阳区广增装订厂
版　　次　2023年5月第1版
印　　次　2023年5月第1次印刷

开　　本　710×1000　1/16
印　　张　17.75
插　　页　2
字　　数　251千字
定　　价　96.00元

目　　录

前　言

以往国内经济地理学关于劳工问题的研究主要基于新古典经济学视角，将劳动力空间分布与流转迁移作为一种区位因素优势，分析其与经济发展之间的关系，但是不稳定的劳动力资源供给却强化了地方嵌入的“松脚性”。在此基础上，部分学者尝试从劳动力市场二元结构出发，解释中国农村剩余劳动力流动所造成的特殊劳工景观，继而为企业在地方嵌入过程中对劳动力价值的捕获机制进行分析。然而上述研究将劳动力资源“普化”成为一种外生经济现象，劳工迁移格局、劳工成本分异、劳动力价值捕获等虽然成为学者重点关注的议题，但对于形成此类劳动力“景观”的内部机制并未展开深入研究。虽然劳工资源与劳工管控组织被认为是部分企业实现与区域发展战略耦合的一个重要机制，但“与其他研究议题相较，劳工问题的研究始终存在显著差距”。鉴于此，Coe 对全球生产网络中的劳工问题研究进行了第二次反思，认为劳工能动性不是独立存在的，而是受到全球生产网络的影响，并嵌入劳工所在地方的特定制度、经济和社会实践之中。因此，无论是从区域和国家制度背景“横向维度”来看，还是从全球生产网络专业化分工“纵向维度”来看，劳动力及相关机构发展情景始终是企业空间区域重新分配和地理位置延展的主要考虑要素之一。

经济地理学真正把劳动力问题置于学科分析的中心位置始于 20 世纪 90 年代中后期劳工地理学（Labor Geography）的提出（Herod，1997，

2000）。不同于将劳工视为生产要素的劳动力地理学（Geography of Labor），劳工地理学将劳工视为与资本一样具有“空间修复（spatial fix)”能力的社会和地理行动者，并将行动者置于所在区域的生产和再生产情境之中，通过适应/弹性（如旷工、偷懒、兼职、迁移等）和重制（如投诉、上访、罢工、抗议等）等方式塑造劳工经济地理景观（Harvey，1981，2001；Scott，2013），这种认识激发了全球生产网络、地方劳动力管控理论与劳工地理学的对话（Sun et al.，2013；Huang et al.，2014；Coe，2015；Costanza et al.，2018；贺灿飞等，2014；刘志高等，2014；黄耿志等，2017）。新自由主义政策的实施和经济组织模式由福特主义向后福特主义的转变也使得人力资源柔性管理成为企业的战略重点，部分传统的雇用方式正逐步地让位于灵活的、弹性的和基于任务契约规定的雇用方式，因此劳动力空间流动性和时间弹性变化的影响作用越来越大（Connell and Burgess，2000）。因此，在经济全球化背景下，分析在特定时期、特定地方的工人群体如何创造有助于自身再生产的社会空间，以及创造过程如何受制于地方制度、经济要素和社会环境的影响，这将有助于从劳工视角重新理解中国正在发生的经济转型和空间重构。

20 世纪 90 年代末开始，由于中国东部沿海地区投资边际效率递减、要素成本提升以及资源硬性约束等条件，部分劳动密集型企业逐步向中西部地区进行转移扩张，F 企业就是其中的典型代表。1988 年 F 企业在深圳设立第一个生产基地之后，相继投资于东部沿海城市如杭州、昆山等，随后从东部沿海逐渐扩展到北部沿海城市如天津、烟台、秦皇岛等和南部边境城市如南宁等，2009 年之后 F 企业加速向中西部地区扩展。据 F 企业官网可知，2008—2016 年 F 企业在中西部各地区新建了约占总数 60% 的厂区，其中尤以郑州 F 企业最具典型性，已成为全球最大智能手机生产基地之一。目前 F 企业集团已布局于中国大陆 20 余个省市，员工也从 9000 多人增加到 140 余万人（其中河南籍劳工约占五分之一），有些地方短短数月新厂就正式投产，并在

2—3 年内发展成为数十万人的大企业，这种情况在世界上十分独特而罕见，已成为劳工地理学研究的典型案例。通过前期调研可知，目前仅F企业郑州科技园生产高峰时期员工达30余万人，而这正是F企业在河南实现投资的关键因素，因为“短短一年时间内能招募如此多的用工者，也许只有河南能办到——郑州F企业人力资源部主管A，2017—10，2018—08，2020—08”。类似的劳动力市场弹性在欧美等成熟市场经济国家是很难做到的，在没有较强资源动员能力、市场经济不成熟的国家或地区也是很难做到的，唯独中国典型的发展阶段及国家力量、区域劳动力特征、政府及中介机构政策为F企业的空间转移和地方嵌入提供了基础。

为了深入分析F企业的劳工特征，本书拟选择F企业郑州科技园的鸿富锦精密电子有限公司为样本，最主要原因是该公司作为园区的核心企业，劳工人员常年最低保持在12万人左右，而高峰期达到30余万，劳动力市场弹性明显，具有代表性。研究将在各住宿区进行问卷调查和个人访谈，该公司已建成豫康、枣园、富鑫、豫宏、华宏、天成、枣富七个住宿区，操作性较强。在河南省工信委、郑州航空港管委会等政府机构和F企业支持下，团队自2017年实地走访郑州F企业，2020年8月对郑州F企业开展全方位深入调研，2021年5月进行了补充调研。被调研对象主要包括人力资源部主管、市场营销部主管、正式工、临时工、小时工、劳工中介、宿舍保安、周边商业人员、地方原住居民等。本书的研究和写作提纲拟定、全书通稿与修改，由陈肖飞和苗长虹完成，我的硕士研究生郭建峰、郜瑞瑞、张胜男、韩腾腾、栾俊婉、李元为、杜景新、高小玲等分别参与了个别章节的修订工作。本书共分九章：第一章提出了科学问题，确定了研究思路和方法；第二章探讨了F企业在中国大陆的扩张布局及特征；第三章重点分析了F企业的用工模式及劳资关系问题；第四章从劳工视角出发分析了不同空间尺度下企业劳工地方认同的特征及影响机制；第五章从积极心理学视角出发探究了工作安全感对企业劳工地方认同的影响机制；第六章基于问卷数据分析了郑州F企业劳工的地域流动网络和社会关系网络建构的过程及机理；第七章从人文地理学视角出发研究了企业劳工塑造地方景观的空间表征及行为策略；第八章基于关系经济地理学分析了劳工视角下F企业地方嵌入与区域发展战略耦合模式及影响机制；第十章进行了总结和讨论。

本书主要结论如下：

第一，F企业在中国大陆空间扩张可分为三个阶段：1988—2003年初始扩张阶段，包含接触扩散与等级扩散、2004—2008年集中沿海布局、2009—2019年加速中西部扩张。前一阶段符合企业空间扩张一般的规律，而2004年之后逐渐偏离原有扩张路径，特别是2009年之后，企业扩张表现出复杂性和独特性，主要体现在短时间内多区位的快速布局。初始阶段主要受国家改革开放政策的影响；集中布局沿海阶段主要考虑区域环境；布局中西部阶段，特别是快速扩张阶段政府的支持起着重要作用。

第二，郑州F企业的劳工来源主要以河南省内劳动力市场供给为主，省外劳工则主要来自河南省周边的省域地级市，虽然一定程度上说明郑州F企业对省外地区产生了一定的“溢出”效应，但地方劳工特征仍相对显著。基于劳工性别、年龄、婚姻、受教育程度、工作时间、职位等社会属性特征的地方认同存在显著差异。企业劳工地方认同在不同空间尺度上存在明显差异，企业认同高于园区认同，园区认同高于城市认同。劳工地方认同水平差异深受个人属性和社会属性因素的影响。

第三，工作安全感对地方认同存在显著正向作用。地方认同不仅受外部环境因素的影响，更易受主观体验的影响，即地方认同形成是“人—心理过程—地方”的动态过程。工作满意度和企业归属感在劳工安全感对地方认同的影响中发挥中介作用，表明工作安全感通过提升工作满意度和企业归属感而影响地方认同。工作满意度作为劳工体验安全感的积极效能之一，较高的工作满意度促使劳工与F企业形成良性耦合，对企业产生较高的归属感，最终提升劳工的地方认同感。

第四，劳工作为“地理行动者和社会行动者”的综合体，通过集体行动或者个体化工人的社会行动实践等手段共同塑造了以经济景观、居住景观、文化景观和行为景观为核心的地方景观。劳工塑造地方景观的行为策略主要包括人在旅途——积极主动迁移、工厂政治——工作场所行动、宿舍管制——居住场所活动和另类生产——劳工空间再生产四种方式。

第五，F 企业劳工社会关系网络划分为三个阶段。网络初级发育阶段，河南政府通过廉价的土地、优惠的产业政策和充足的劳动力吸引 F 企业到郑州投资，F 企业、政府、劳动力和中介等之间建立了初始联系；网络多元化发展阶段，F 企业生产线相继投产，河南省各地级市设立专门的 F 企业招募中心招收员工。网络关系层级化阶段，F 企业虽然有意将部分生产线转移，但仍依赖河南的人力资本和服务，为了满足生产需要，F 企业在河南省其他地级市建立 F 企业厂区，形成“一核多点”的联动网络模式。

第六，在全球网络动力与本土地域动力相互联动作用下，地方区位优势和企业空间黏性虽然发生了显著变化，并初步呈现互惠式耦合特征，但郑州 F 企业地方嵌入与区域发展的战略耦合模式仍以依附式为主。劳工视角下企业地方嵌入与区域发展的战略耦合形成机制主要受制于企业属性特征与劳工雇佣方式（包括企业性质、用工模式、工资福利等）、区域人口红利与劳工供应格局、政府中介政策与劳工行为选择等因素。

本书撰写得到了国家自然科学基金“跨国公司地方劳动力市场嵌入机制研究”（41901149）、河南省哲学社会科学规划项目“双循环格局下河南省制造企业嵌入全球价值链的位置变动与高质量发展研究”（2021BJJ030）、教育部人文社会科学研究项目“全球生产网络、战略耦合与区域发展研究—以郑州富士康为例”（19YJA790123）、河南省高等学校重点科研项目计划“河南省重点产业政策演进及效用评估研究”（20A170005）等项目的支持。感谢河南大学社会科学研究院、河南大学科学技术研究院、教育部人文社会科学重点研究基地河南大学黄河文明与可持续发展研究中心、黄河文明省部共建协同创新中心对项目研究和本书出版提供的大力支持。感谢郑州富士康人力资源资深监理张占武师兄的通力支持、指导和配合，还有诸多接受访谈普通职工，篇幅有限，在此不一一列举。感谢河南大学苗长虹教授、纪莉莉博士、艾少伟教授、赵建吉教授等参与和指导，感谢我的研究生高小玲为本书出版所作出的系列贡献。最后，特别感谢中国社会科学出版社陈肖静老师在书稿编辑、校对、出版过程中的辛勤劳动。限于作者理论水平和实践经验，本书存在诸多不足之处，恳请广大读者和学术同仁批评指正。

陈肖飞

2022 年 3 月

第一章　研究缘起及意义

第一节　问题提出

20世纪90年代以来，随着全球价值链（GVC）、全球生产网络（GPNs）等理论的发展，学术界关于地方嵌入的争论变得日益激烈（Coe et al.，2008；Meyer et al.，2011；Belso-Martinez et al.，2018）。然而以往研究相对聚焦于资本密集型或技术密集型企业，着重探讨产业联系、技术外溢、社会网络等要素对嵌入过程的影响（Wei and Liao，2013；Yeung，2016；Martynovich，2017），而对以F企业等为代表的需要大量非熟练工人的劳动密集型跨国企业并未引起足够关注（樊士德等，2015）。尽管GPNs将"劳工问题"视为研究的重要方向，但"与其他研究议题相较，劳工问题的研究始终存在显著差距"（Henderson et al.，2002；Schmitz，2004）。鉴于此，Coe于2011年和2013年在《Progress in Human Geography》连续撰文对全球生产网络中的劳工问题研究进行了第二次反思，认为劳工能动性不是独立存在的，而是受到全球生产网络的影响，并嵌入劳工所在地方的特定制度、经济和社会关系实践之中（Coe and Lier，2011；Coe，2013）。建立在产业联系、技术外溢、社会网络等核心概念基础上的企业地方嵌入分析框架，很显然不能很好地解释以F企业为代表的劳动密集型企业，其原因在于这些框架并未充分考虑地方劳动力市场的决定性作用。

20世纪90年代中后期劳工地理学（labor geography）的提出标志着经济地理学真正把劳动力问题置于科学分析的中心位置。不同于将劳工视为生产要素的劳动力地理学（geography of labor），劳工地理学将劳工视为与资本一样具有“空间修复（spatial fix）”能力的社会和地理行动者，并将行动者置于所在区域的生产和再生产情境之中，通过适应/弹性（如旷工、兼职、迁移等）和重制（如投诉、上访、抗议等）等方式塑造新的劳工经济地理景观（Harvey，1981，2001；Scott，2013），这种认识激发了全球生产网络、地方劳动力管控理论与劳工地理学的对话（Sun et al.，2013；Huang et al.，2014；Coe，2015；Costanza et al.，2018；贺灿飞等，2014；刘志高等，2014；黄耿志等，2017）。新自由主义政策的实施和经济组织模式由福特主义向后福特主义的转变也使得人力资源柔性管理成为企业的战略重点，部分传统的雇用方式正逐步地让位于灵活的、弹性的和基于任务契约规定的雇用方式，因此劳动力空间流动性和时间弹性变化的影响作用越来越大（Connell and Burgess，2000）。因此，在经济全球化背景下，分析在特定时期、特定地方的工人群体如何创造有助于自身再生产的社会空间，以及创造过程如何受制于地方制度、经济要素和社会环境的影响，这将有助于从劳工视角重新理解中国正在发生的经济转型和空间重构。

以资本为中心的经济地理研究通常关注由于企业地方嵌入而引发的经济升级（价值链升级、产业结构转型等）。然而，劳工地理学研究发现，经济升级不一定会带来社会升级（工作机会增加、劳动环境改善等）（Rossi，2013），因为社会升级不仅受企业因素的影响，而且受国家宏观政策、区域劳动力特征、政府/中介/学校等其他社会主体的共同作用（边燕杰等，2000，2001；Pyke and Lund-Thomsen，2016）。然而（Selwyn，2013）指出，经济升级可以转化为社会升级并实现战略耦合，但需要合适的制度安排充当媒介，并且这种制度安排不是自然形成的，而是劳—资关系的产物。如何保证劳动密集型企业地方嵌入并实现经济升级和社会升级的战略耦合，还需从企业全球生产网络专业化分工的“纵向维度”（需求层面）和国家及区域制度背景的“横向维度”（供给层面）进行综合考虑（Sunanda and Byasdeb，2009；Riisgaard and Hammer，2011；Guthman，2017）。目前，中国由于经济结构转型等因素导致的大量农村剩余劳动力不仅成为次要劳动力市场（区别于核心正规部门的主要劳动力市场）的主体，也已成为劳动密集型企业地方嵌入所考虑的关键要素之一，并且此类劳动力具有较强的市场弹性。基于此，可将影响劳动密集型企业地方嵌入的劳动力市场弹性划分为需求弹性和供给弹性，需求弹性主要受企业属性影响（包括企业性质、产品属性、工资福利结构、企业培训政策等），而供给弹性则受制于区域劳动力特征、政府及中介作用和国家力量及发展阶段。

20 世纪 90 年代末开始，由于东部沿海地区投资边际效率递减、要素成本提升以及资源硬性约束等条件，部分劳动密集型企业逐步向中西部地区进行转移扩张，F 企业就是其中的典型代表。目前 F 企业集团已布局于中国大陆 20 余个省市，劳工也从 9000 多人增加到 140 余万人（其中河南籍劳工约占五分之一），有些地方短短数月新厂就正式投产，并在 2—3 年内发展成为数十万人的大企业，这种情况在世界上十分独特而罕见。目前仅 F 企业郑州科技园生产高峰时期劳工就达 30 余万人，而这正是 F 企业在河南实现投资的关键因素，因为“短短一年时间内能招募如此多的用工者，也许只有河南能办到”（郑州 F 企业人力资源部访谈，2017 - 5，2017 - 10，2018 - 7）。类似的劳动力市场弹性在欧美等成熟市场经济国家是很难做到的，在没有较强资源动员能力的市场经济不成熟的国家或地区也是很难做到的，唯独中国典型的发展阶段及国家力量、区域劳动力特征、政府及中介机构政策为 F 企业的空间转移和地方嵌入提供了基础。

本书将以 F 企业河南投资为例，以企业地方劳动力市场嵌入机制为研究对象，着重回答以下问题：

（1）企业劳工的地方认同特征及影响因素是什么？

（2）企业地方劳动力市场嵌入如何受制于供需弹性要素的作用？

（3）企业地方劳动力网络建构及对区域劳工经济地理景观的影响？

（4）企业地方劳动力市场嵌入如何实现与区域发展的战略耦合？

第二节　研究述评与框架建构

一　研究述评

基于地方劳动力市场的企业地方嵌入具有主体众多、尺度综合、关系纷繁、过程复杂的特点。研究主要包括四个视角：首先，在全球生产网络与地方条件情境下讨论劳工能动性的空间尺度问题；其次，在劳工地理学学科背景下分析社会行动者对区域劳工景观的空间修复过程；再次，基于企业与地方劳动力市场的关系研究劳动密集型企业地方嵌入的内生机制；最后，在劳工个体与管控体制视角下寻求企业与区域发展的战略耦合路径。

（一）劳工能动性的空间尺度：全球与地方

劳动力市场对于全球生产网络的重要性已经得到学界的重视，但需要指出的是，劳工能动性并不能独立地存在，而是受全球生产网络和地方条件的综合影响。对劳工能动性与全球生产网络关系的认识，实质上取决于 GPNs 研究对劳工的定位。理论上，劳工能动性可以体现为劳工机构在特定区域的多元嵌入，强调在价值创造、权力产生的过程中劳工代理机构是如何根植于特定区域，并突出劳动机构及其他社会要素在全球生产网络中的生产和再生产作用。实际上，劳工在 GPNs 中的能动形式及效应、劳工基于特殊位置所获得的生产权力和市场权力、生产分包情景下劳工空间分散与工人/工会力量的削弱等典型案例都很好地契合了相关理论问题。但由于不少研究仍认为劳工机构只是通过工会进行集体行动的工人组织，其目的只是维护自己的权利和改善其工作条件，因而亟须对“资本—劳动”关系进行重构，并倡导“劳动力回归”。诚然，劳工在 GPNs 中的生产权力和市场权力需通过集体行动才能发挥作用，但能否实现还要依赖于地方劳工管控体制，如 Carswell et al.，对印度服装制造业的研究显示，工人能动性主要受到性别观念、家庭生计模式，特别是种姓制度的影响。而在中国特色劳工体制下，工人能动性的形成又有所不同，大量研究主要通过劳动管理机构、企业、工人之间的整合关系来强调民间社会组织在多元地理尺度背景下如何作用于劳动治理过程，这都充分说明劳工能动性深受国家体制和地方条件的限制。总之，劳工能动性与空间尺度是辩证关系，劳工能动性发挥有助于创造自身再生产空间，而空间融合则有助于塑造劳工能动性。

（二）区域劳工景观的空间修复：适应与弹性

Herod 提出的劳工地理学区别于关注劳动力空间差异的劳动力地理，突出了作为社会行动者的工人对经济地理景观的塑造作用。劳工地理学倡导将劳工看成与资本一样具有“空间修复”能力的社会和地理行动者，通过适应/弹性和重制等方式，重点关注劳工影响经济地理过程的具体方式和因果机制。这种对劳工作用认识的转变在过去十余年里引起了国际经济地理学界的广泛关注和持续响应。劳工地理学对劳动力要素的重新理解在本体论上获得马克思主义历史学派和马克思主义自治学派的支撑，主要研究方向包括了工会、集体行动和尺度政治，社区—工会跨阶层联结，个体化工人的社会实践，劳工地理学的政策含义等问题。在全球生产网络发展情境下，制造转包和劳动代工是现代资本主义的典型现象，越来越多的劳动力尤其是与全球经济紧密联系的劳工面临短期合同和竞争上岗的问题，这意味着承包商有意愿被迫削减劳工工资和降低工作标准。基于此，部分学者认识到劳工及相关机构的发展情景和空间修复始终是企业空间区域重新分配和地理位置延展的主要考虑要素，因此对工人选择工作形式和空间去向的决策过程研究得到了普遍关注。同时，资本的全球流动促使地方政府和企业组织鼓励劳动力寻求新的工作场所来解决劳工空间实践与企业发展的“悖论”，使得在“固定空间”从事经济活动的工人有机会实现权力和价值捕获。总之，由于资本、劳工和国家之间的关系联动在阶级、性别、种族和认同中的重新深化，都迫切需要研究者采用新理念和新视角拓展和强化相关研究内容。

（三）企业地方嵌入的劳工要素：供给与需求

企业着力实施地方嵌入主要是为了实现捕获市场占有率、优化劳动力成本和方便资源获取性等战略目标。然而，以往企业地方嵌入因素研究多考虑产业联系、技术外溢和社会网络等，相对忽视了地方劳工市场“景观”的内在机制分析。国内经济地理学主要基于新古典经济学视角，将劳动力空间分布与流转迁移作为一种区位因素优势，分析其与经济发展之间的关系，如企业地方嵌入的“推—拉”模型将本地劳动力资源基础及劳工空间迁移的目的导向看成是“自然资源寻求型企业”实现地方嵌入的必要拉力因素之一，然而不稳定的劳动资源供给却强化了企业地方嵌入的“松脚性”，如 F 企业在中国大陆的阶段性转移就是典型案例。在此基础上，部分学者尝试从劳动力市场二元结构出发，解释中国农村剩余劳动力流动所造成的特殊劳工景观，继而为企业在地方嵌入过程中对劳动力价值的捕获进行分析，但上述研究只考虑到区域地方特征、政府作用、国家发展阶段等供给要素，并未立足于企业自身属性，即缺少了对劳动力市场需求要素的分析。需要注意的是，上述研究将劳动力资源“普化”成为一种外生经济现象，劳工迁移格局、劳工成本分异、劳工价值捕获等虽然成为学者重点关注的议题，但对于如何形成此类劳工“景观”的内部机制并未展开深入研究，因此讨论劳工因素的内生机制如何作用于企业的地方嵌入将更有意义。

（四）劳工管控对企业地方嵌入：博弈与耦合

Henderson 首次对企业与区域发展之间的互动关系进行了理论建构，而后 Coe et al.，利用 GPNs 分析框架解释了 BMW 公司在泰国与相关产业园区的发展关系，并将其互动过程定义为“战略耦合”，当前已然成为GPNs研究中的核心概念之一，用以解释企业（获取资源、规避风险、增加收益等）与区域发展（增加税收、优化投资、提升就业等）之间的关系变迁与状态情景。具体到经济地理学研究中，通常是指典型区域中的经济主体通过有目的地组织与协调区域资产，从而与全球生产网络主导者实现价值捕获和权力提升的互动效应，如针对亚洲的发展经验，Saxenian、Yeung认为战略耦合的机制主要取决于跨国社团组织的出现、劳工管控组织的变化、亚洲国家的主动出击以及全球生产网络动态等方面，并进一步提出了功能性耦合、原生性耦合与结构性耦合三种类型。遗憾的是，虽然劳工资源与管控组织被认为是实现战略耦合的一个重要机制，但从根源上来讲，由于劳工问题在GPNs研究中与其他议题相较始终存在显著差距，因此在战略耦合的实证分析中无疑处于弱势地位，如Sturgeon et al.，Liu在揭示核心变量如何影响战略耦合双方的博弈过程和议价能力时，重点关注了跨国社团组织出现、亚洲国家主动出击与全球生产网络动态变化的互动作用，唯独缺少了对劳工资源及管控组织的研究。近年随着劳工问题在GPNs研究中的逐渐深入，其对战略耦合的影响作用也引起部分学者的关注，如Balázs、Rikard基于劳工流动和跨企业劳工网络分析了企业与区域发展的战略耦合关系，Elena基于地方劳工管控体制研究了塞内加尔的园艺产业与区域发展的战略耦合模式等。总之，虽然战略耦合模式决定了全球生产网络与区域发展间关系的性质和内容，但进行相关实证和演绎分析时仍存在一些不足，特别是针对劳工要素的研究尤为缺乏，因此如何实现企业地方劳工嵌入与区域发展的战略耦合空间匹配是亟须解决的重要现实问题。

二　逻辑框架

企业地方嵌入是研究全球生产网络与区域发展战略耦合的重要内容之一，但以往对于企业地方嵌入的分析往往重视经济联系、技术外溢、社会网络等作用，而较少关注地方劳动力市场的影响。基于相关研究梳理，本书认为企业地方劳动力市场嵌入涉及劳工网络建构、地方嵌入机制、战略耦合路径等诸多动态环节，具有主体众多、尺度综合、关系纷繁、过程复杂的特点，其中劳工网络建构是基础，地方嵌入机制是关键，战略耦合路径是目的。研究拟以劳动力市场弹性为核心概念，以劳工网络建构、地方嵌入机制和战略耦合路径为基本维度，以国家力量与发展阶段、区域劳动力特征、公司属性、政府/中介/学校为基础要素，尝试建构企业地方嵌入的多层级动力因素机制框架。

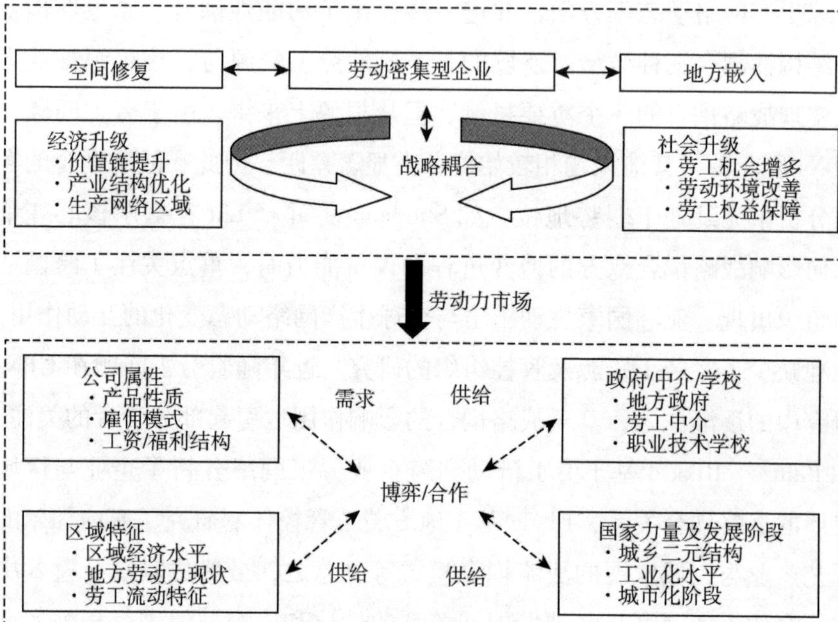

图1－1　逻辑框架

第三节　研究问题

从劳动密集型企业的劳动力需求特点出发来进行劳动力地理文献分析（而不是从劳工的视角出发），即重点围绕“跨国资本的地方嵌入是如何考虑劳工因素”或“劳工因素如何影响跨国资本的地方嵌人”这一问题来展开，这里劳工的因素不仅包括传统意义上的成本、技能因素，而且包括劳工管控机制、工人主体能动性等因素。

一　研究问题

1. 如何刻画地方劳工以及对区域经济地理景观修复的影响？劳工作为具有“空间修复”能力的社会行动者，对企业地方劳动力网络建构和区域劳工景观重塑发挥关键作用。选取具有代表性的劳动密集型企业，通过对案例企业的问卷调查与深度访谈，客观把握案例企业的劳工结构特征、空间流动特征及行业选择特征，同时利用社会网络分析（SNA）和地理信息系统（GIS），分析地方劳工网络的建构过程及结构，重点关注典型企业所经历的关键事件，揭示地方劳工对典型区域的空间修复过程，分析在企业特色体制下工人采取哪些社会空间策略改善自身的再生产条件以及公司的相关响应措施，劳工个体和团体如何通过适应/弹性、重制等方式塑造新的劳工经济地理景观。

2. 如何识别劳动力市场弹性因素对企业地方劳动力市场嵌入的影响机制？劳动力市场弹性是劳动密集型企业地方嵌入的关键机制，但是如何剥离劳动力市场弹性要素十分困难。研究可以将劳动力市场弹性划分为需求弹性和供给弹性，综合运用质性分析、量性研究等方法分别从公司属性、区域劳动力特征、政府及中介作用和国家力量及发展阶段等四个要素甄别企业地方劳动力市场的嵌入机制。同时还需考虑在供需弹性要素合作博弈情况下，如何建立需求弹性与供给弹性相契合的合作激励机制，在供需弹性要素非合作博弈情况下，如何探究企业属性与地方劳动力特征之间的博弈过程及有效化解区域劳动力流动与企业劳工需求的“时空错配”问题，如何探究企业属性与政府/中介机构的博弈过程及把握企业从追求劳动力数量向质量转变过程中政府政策的可实施性等。

3. 如何实现企业地方劳动力市场嵌入与区域发展的战略耦合？企业地方劳动力市场嵌入与区域发展的战略耦合是实现经济升级和社会

升级的最终目的，但如何实现耦合是亟须解决的现实问题。研究可以运用扎根理论和实证演绎等方法，从生产网络区域化、劳动市场弹性化和劳工网络动态化等视角探讨实现战略耦合的路径，并进一步讨论政府、企业等机构采取哪些措施鼓励劳动力在基于个人效用最大化的流动决策基础上实现跨区层面和区域内部的自由流动；劳工在对区域空间修复过程中，如何通过适应/弹性、重制等手段作用于地方劳动力网络的动态变化；生产网络区域化和劳动力市场弹性化如何有效互动从而实现地方劳工网络新的动态平衡等。

二　研究目标

1. 在构建企业地方劳动力市场嵌入理论分析框架的基础上，基于F企业河南投资案例研究，揭示在全球化、市场化、分权化背景下劳动密集型企业对区域空间修复的影响及地方嵌入机制，丰富和深化GPNs框架下企业地方嵌入的理论和实证研究。

2. 基于对企业地方劳动力网络建构以及对区域空间修复影响的分析，剖析劳动力市场需求弹性和供给弹性对企业地方劳动力市场嵌入的影响差异，综合解释供需弹性要素的合作博弈和非合作博弈对企业地方嵌入的作用机制。

3. 分析企业地方劳动力市场嵌入与区域发展的战略耦合路径，提出实现经济升级和社会升级的统一，需从生产网络区域化、劳动市场弹性化和劳工网络动态化等方面作为政府制定战略政策的基本依据，为其他劳动密集型企业地方嵌入提供决策参考。

三　研究创新

1. 突出地方劳动力市场对于劳动密集型企业空间修复及地方嵌入的关键作用，强调把劳动力市场弹性作为建构企业地方劳动力市场嵌入分析框架的核心概念，并以此重构和拓展企业地方嵌入的理论研究。以往研究着重探讨产业联系、技术外溢和社会网络等要素对资本密集型或者技术密集型企业地方嵌入的重要影响，而对劳动密集型跨国企业的地方嵌入并未引起足够的关注。基于此，研究以劳动力市场弹性（需求弹性和供给弹性）为核心概念，以空间修复、地方嵌入和战略耦合为基本维度，以企业属性、区域劳动力特征、政府及中介作用和国家力量及发展阶段为基础要素，重构劳动密集型企业地方劳动力市场嵌入的理论分析框架，有效弥补 GPNs 视角下企业地方嵌入对劳动力市场作用的忽视。

2. 将劳工视为劳动密集型企业进行区域空间修复的主体，以劳动力市场弹性分析为主线，尝试厘清企业空间修复、地方嵌入及区域发展的逻辑关系，从劳工视角寻求企业地方嵌入与区域发展的战略耦合路径。新古典经济学将劳动力空间分布与迁移流动视为区位优势要素，分析其与区域经济发展之间的关系，但对于如何形成此类劳动力“景观”并未展开深入研究，尤其是针对劳动密集型企业的空间区位选择及与区域经济发展的战略耦合制度分析更为欠缺。本研究在劳工地理学相关理论的基础上，提出劳工是劳动密集型企业对区域空间修复的主体，认为生产网络区域化、劳动市场弹性化和劳工网络动态化可作为促进劳动密集型企业地方嵌入与区域发展战略耦合的三个基本维度，以实现经济升级与社会升级的统一。

3. 将质性分析、定量分析、空间分析等技术手段相结合，界定劳动力市场弹性适用于企业地方劳动力市场嵌入分析的范围及边界，定性定量阐释劳动密集型企业对区域空间修复影响及地方嵌入机制。本书综合运用质性分析（企业/政府/中介机构/职业学校/个人深度访谈、贝叶斯因果网络、博弈论等）、量化分析（问卷调查/社会网络分析/ANOVA 检验等）、空间分析（点—模式空间分析、劳动力流动空间路径等）等技术手段实现劳动密集型企业对区域空间劳工修复、地方嵌入机制及区域发展战略耦合等研究内容。同时，本书将采用多方矫正方法，将获得的一手访谈文稿与二手数据资料进行矫正，以确保数据的有效性和可靠性，在保证研究顺利实施的基础上力求技术方法有所突破。

第四节　研究方法

一　数据来源

（1）资料收集：公司属性指标主要通过公司年报和企业网站信息获取；区域劳动力特征指标主要根据河南省统计局和人社厅的相关统计数据获取；国家劳动力特征指标主要根据全国人口普查、农民工监测报告等获取。（2）实地调查与数据取样：在河南省工信委、郑州航空港管委会等政府机构支持下，研究有针对性地设计调查问卷。问卷设计包括两部分：第一部分由被调查者的基本信息组成，包括性别、年龄、婚姻状况、受教育程度、工资、工作时间、职位等；第二部分分为 6 个子量表，分别是个人情况量表、工作状况量表、劳工安全感量表、工作满意度量表、企业归属感量表和地方认同感量表。访谈主要采取半结构式方法，平均与每位被访谈者交流时间约 0. 5—1h。从 2017 年开始，在郑州航空港、周口市西华县、开封市兰考县、商丘市民权县等地的 F 企业进行随机走访。2018 年 7—8 月，第一次正式对郑州 F 企业劳工进行调研，获取有效问卷 100 余份，深度访谈 10 余人，利用收集的数据进行量表信效度检验，删除不达标准的测试项，并根据被调查者在填写中出现的问题和建议对测试项进行调试。2019 年 8 月，第二次对郑州 F 企业进行调研，获取有效问卷 100 余份，深度访谈 20 余人，利用收集的数据再次检验量表信效度和调试题目。2020 年 8 月，第三次对郑州 F 企业劳工进行全面调研，被调研对象主要包括人力资源部部分领导、企业正式工、临时工、小时工、劳工中介机构、宿舍保安、周边商业人员、地方原住居民等，并结合问卷星（https：//www. sojump. com）形式开展，剔除无效问卷后，共获取有效问卷 2376 份，其中涉及郑州 F 企业劳工的问卷共 1875 分，深度访谈 80 余人，获取录音访谈资料约 100h。（3）数据定量化表达：访谈结束后，内容被整理成文稿，依据扎根理论（Grounded Theory），将访谈文稿根据不同主题和不同问题进行分类，通过质性软件 QSR NVivo，不同访谈人员就相同问题的回答被处理为不同节点，然后与访谈文稿中的对应内容进行关联和编码；对不同节点进行矫正与对照，以期揭示现象的本质，从中归纳共同的模式及原因；最后，关键访谈内容被识别以后，调研笔记、调研环境以及访谈对象的背景也会被一同纳入分析范畴中，确保访谈内容不被断章取义。

二　数据基础

基于问卷结果，研究发现 1875 个被调查对象中 1708 个来自河南本省，167 个来自河南省以外的地区，而来自河南省的劳工中，685 名来自郑州及其下辖区县地区，1023 名来自郑州以外的河南省其他地区，分别占河南劳工总数的 40.11% 和 59.89%。由此可知，郑州 F 企业劳工中河南省域内流动最多，其次为郑州市域内流动，最后是省域之间流动；研究进一步发现河南籍劳工占比高达 91.09%，说明郑州 F 企业主要吸引了大部分河南籍劳工，这也是河南作为人口大省的独特优势。劳工来源的主要地级市是郑州（685）、洛阳（132）、开封（115），其次是周口、南阳、商丘、驻马店、许昌、安阳、新乡，劳工人数在 60—97 人之间，最后是河南剩余的八个地级市，劳工人数在 9—55 人之间。总体来讲，郑州 F 企业的劳工来源主要以河南省内劳动力市场供给为主，劳工空间流动形式主要表现为省域内流动，而河南省以外的劳工主要来自中西部地区如湖北、山西、陕西、江西等，且以河南省周边的地级市为主，说明郑州 F 企业对省外地区也产生了一定的“溢出”效应（见图 1－2）。基于被调查对象的社会学特征分析，郑州 F 企业劳工主要来自农村地区，说明劳工主要来源于农村转移出来的剩余劳动力，且以男性劳工为主，男性劳工占比为 58.08%，

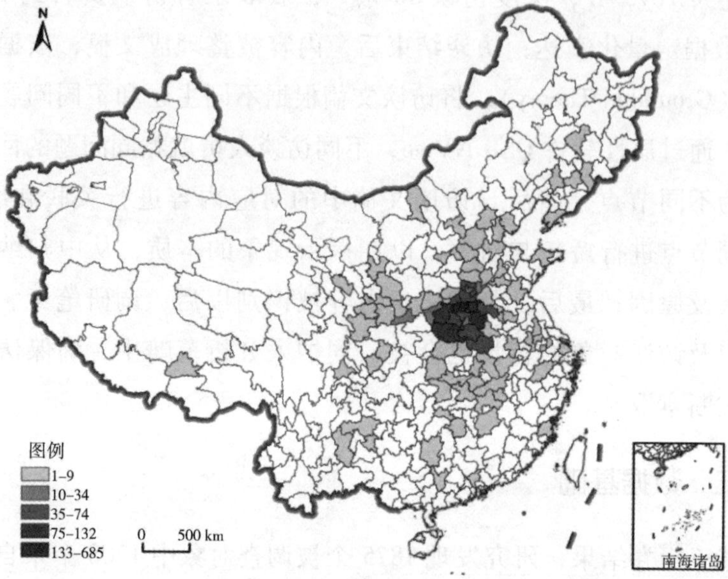

图 1－2　郑州 F 企业劳工来源空间分布

注：本图基于自然资源部标准地图服务网站下载的审图号为 GS（2020）4630 号的标准地图制作，底图无修改

女性劳工占比为 41.92%。劳工主要以新生代劳工为主，16—25 岁的劳工占比为 25.01%，26—35 岁的劳工占比为 60.16%，36—45 岁的劳工占比为 12.27%，46 岁及以上的劳工仅占样本总量的 2.56%，35 岁及以下的青年人占总样本的比重高达 85.17%，而其中一个重要原因在于 F 企业与部分学校签订协议，在校生到 F 企业进厂实习，以缓解生产旺季 F 企业劳工短缺的问题。从进入 F 企业的方式看，熟人推荐的占比最高，为 25.97%，其次是内部招聘、学校招聘、中介公司、网络招聘和其他，分别为 20.05%、18.40%、17.07%、11.63% 和 6.88%，熟人推荐和内部招聘主要是靠 F 企业劳工的社会关系进行招工，社会网络在其中发挥着重要作用（见表 1－1）。在对 F 企业劳工访谈中发现，部分 F 企业劳工有在不同地方园区工作的经历，主要原因在于不同地方的主导产品不同，生产淡旺季也不同，因此在郑州 F 企业生产

淡季的时候部分劳工被派遣到其他园区进行支援，如四川成都、山东烟台等，还有部分劳工是派遣到郑州 F 企业工作，如广东深圳 F 企业总部派遣部分河南籍劳工进入郑州 F 企业园区工作；虽然部分劳工有在其他的园区如河北廊坊、浙江嘉善、贵州贵阳等工作的经历，但由于家庭、社会等原因大都选择回郑州 F 企业工作，体现出其较强的地方依恋感。

表 1－1　　基于不同社会维度的郑州 F 企业劳工特征

	郑州市		河南省内		河南省外		总体	
	人数（人）	占比（%）	人数（人）	占比（%）	人数（人）	占比（%）	人数（人）	占比（%）
性别								
男	372	54.31	601	58.75	116	69.46	1089	58.08
女	313	45.69	422	41.25	51	30.54	786	41.92
婚姻状况								
已婚	459	67.01	575	56.21	98	58.68	1132	60.37
未婚	226	32.99	448	43.79	69	41.32	743	39.63
年龄								
16—25 岁	144	21.02	287	28.05	38	22.75	469	25.01
26—35 岁	424	61.90	601	58.75	103	61.68	1128	60.16
36—45 岁	97	14.16	111	10.85	22	13.17	230	12.27
46—55 岁	14	2.04	24	2.35	3	1.80	41	2.19
55 岁以上	6	0.88	0	0.00	1	0.60	7	0.37
受教育程度								
初中及以下	109	15.91	161	15.74	14	8.38	284	15.15
高中及中专	189	27.59	351	34.31	46	27.54	587	31.31
大专及本科	366	53.43	494	48.29	101	60.48	961	51.25
研究生及以上	21	3.07	16	1.56	6	3.59	43	2.29
进入方式								
学校招聘	129	18.83	160	15.64	56	33.53	345	18.40
内部招聘	136	19.85	217	21.21	23	13.77	376	20.05
中介公司	108	15.77	193	18.87	19	11.38	320	17.07

续表

	郑州市		河南省内		河南省外		总体	
	人数（人）	占比（%）	人数（人）	占比（%）	人数（人）	占比（%）	人数（人）	占比（%）
熟人推荐	174	25.40	273	26.69	40	23.95	487	25.97
网络招聘	94	13.72	105	10.26	19	11.38	218	11.63
其他	44	6.42	75	7.33	10	5.99	129	6.88
居住方式								
宿舍	296	43.21	553	54.06	82	49.10	931	49.65
租房	178	25.99	343	33.53	56	33.53	577	30.77
买房	185	27.01	117	11.44	29	17.37	331	17.65
其他	26	3.80	10	0.98	0	0.00	36	1.92
工作时间								
1年以内	166	24.23	335	32.75	42	25.15	543	28.96
1—3年	168	24.53	228	22.29	40	23.95	436	23.25
3—5年	72	10.51	114	11.14	16	9.58	202	10.77
5年以上	279	40.73	346	33.82	69	41.32	694	37.01
职位								
生产线劳工	233	34.01	395	38.61	47	28.14	675	36.00
技术人员	246	35.91	380	37.15	76	45.51	702	37.44
管理人员	141	20.58	151	14.76	30	17.96	322	17.17
其他	65	9.49	97	9.48	14	8.38	176	9.39
工资								
2000—3000元	179	26.13	290	28.35	29	17.37	498	26.56
3000—4000元	264	38.54	423	41.35	57	34.13	744	39.68
4000—5000元	122	17.81	195	19.06	42	25.15	359	19.15
5000元以上	120	17.52	115	11.24	39	23.35	274	14.61
工作次数								
第1次	515	75.18	734	71.75	140	83.83	1389	74.08
第2次	115	16.79	202	19.75	20	11.98	337	17.97
第3次	33	4.82	57	5.57	4	2.40	94	5.01
第4次以上	22	3.21	30	2.93	3	1.80	55	2.93

三　研究方法

（一）半结构式访谈法

访谈的主要目的是为了了解现实情况与我们所学理论是否相符，以及能否对现有理论进行补充，同时也为案例研究提供访谈依据。可以在访谈过程中，了解访谈对象对当地企业以及工作和生活环境的主观感受，进而获取大量有价值的信息。本研究对郑州 F 企业进行实地调研，采用半结构式访谈法进行深入调查，访谈者和受访者针对某些问题进行长时间、一对一的交谈，以获得受访者对某些观点、情况或事物的看法和思考逻辑，灵活性较强，能充分发挥双方能动性；详细了解问题，深入了解受访者复杂的行为，获得背后深层次的信息。在对 F 企业调研之前，对访谈内容预设一定的访谈提纲，但在访谈的过程中并不一定完全按照提纲对受访者提问，而是根据访谈者和受访者之间的交流进行访谈，深入交谈并获得受访者的信任，引导受访者叙述更多的信息，获得劳动力与企业、政府、工友等之间关系的信息，获取所需一手资料。

（二）问卷调查法

本研究在半结构式访谈的基础上结合问卷调查进行分析，问卷调查由个人情况量表、工作情况量表，劳工安全感量表、工作满意度量表、企业归属感量表和地方认同感量表组成，问卷试图通过描述性统计客观把握郑州 F 企业的劳动力结构特征（来源地类型、性别比例、年龄结构、受教育程度、婚姻状况等）和职业选择特征（从事工种、工资及福利水平、是否有在省外 F 企业工作经历、是否参加培训、未来职业意向等），力图为劳动密集型企业地方劳动力网络建构提供数据支撑。同时，分析劳工安全感量表、工作满意度量表、企业归属感量表和地方认同感量表与劳动力网络建构之间的关系，为企业劳工地方认同及驱动机制研究提供数据支撑。

（三）定性结合定量的方法

定性研究指通过发掘问题、理解事件现象、分析人类的行为与观点以及回答提问来获取敏锐的洞察力，是在自然环境中，使用实地体验、开放型访谈、参与性与非参与性观察、文献分析、个案调查等方法对社会现象进行深入细致和长期的研究，较为简便易行，能够与研究对象贴近，采取解释性范式，重视对现象的解释和理解，研究设计比较灵活；定量研究指确定事物某方面量的规定性的科学研究，将问题与现象用数量来表示，进而去分析、考验、解释，从而获得意义的研究方法和过程，采取实证主义范式，用量化手段（数字和统计）来理解传播现象，其研究目的在于找出相关关系和因果关系，因而其结论具有精确性和概括性，能够了解某个现象或事物在宏观层面上的信息，具有可信度。本研究通过 EXCEL、SPSS、AMOS 等统计软件进行数量统计分析，得出定量的结果，再用定性的访谈结果加以补充说明，将定性和定量穿插于本书的研究当中，对两种方法进行了融合。

（四）比较分析法

亦称对比分析法、指标对比法，是依据客观事物间的相互联系和发展变化，通过同一数据的不同比较，借以对一定项目作出评价的方法。本研究中运用了比较分析法，对郑州 F 企业劳工地方认同各个变量做了较为全面系统的比较分析，并总结其特征和规律，分析所得出的结论为地方认同研究提供有效补充。

第五节　研究意义

虽然全球生产网络理论非常重视企业地方嵌入研究，然而以往研究往往重视经济联系、技术外溢、社会网络等作用，而较少关注劳动力市场的影响。基于此，本研究系统梳理了企业地方劳动力市场嵌入的研究视角，尝试构建分析框架并提出相关问题，研究意义表现在以下几个方面：

1. 突出地方劳动力市场对劳动密集型企业地方嵌入的关键作用，强调把劳动力市场弹性作为构建劳动密集型企业地方嵌入分析框架的核心概念，并以此重构和拓展企业地方嵌入的理论研究。研究以劳工空间修复、地方嵌入机制和战略耦合路径为基本维度，以劳动力市场弹性为核心概念，以国家力量与发展阶段、区域劳动力特征、公司属性、政府/中介/学校为基础要素，尝试建构劳动密集型企业地方嵌入“四位一体”的多层级动力因素框架。该框架不仅能有效弥补 GPNs 视角下企业地方嵌入对劳动力市场作用的忽视，而且有助于为劳动密集型企业地方嵌入提供理论指导。

2. 将劳工视为劳动密集型企业对典型区域空间修复的主体，探讨地方劳动力网络对区域劳工经济地理景观的影响，有助于重新理解中国正在发生的经济转型和空间重构。劳工地理学将劳工视为与资本一样具有“空间修复”能力的社会和地理行动者，通过适应/弹性、重制等方式构建新的劳工经济地理格局。劳动密集型企业的劳工通过集体行动与空间策略、社区—工会的地方跨阶层联结、个体化工人的社会行动实践以及相关的制度政策等手段作用于典型区域的劳工经济地理景观，这为重新理解中国正在发生的经济转型和空间重构提供了新的参考视角。

3. 尝试厘清劳动密集型企业地方劳动力市场嵌入与区域发展的逻辑关系，寻求其战略耦合路径，通过“地方典型经验”为理解战略耦合关系提供“均衡解”。地方嵌入实现与区域发展战略耦合的机制不同，劳动密集型企业和其他“重型”企业在中国大陆实现嵌入的主要途径更多是通过地方劳动市场的供需弹性要素完成的，同时政府体制及相关政策在劳动密集型企业与区域发展的战略耦合过程中发挥了重要作用。因此，基于典型案例剖析劳动密集型企业地方嵌入机制，为实现经济升级和社会升级的战略耦合提供决策建议。

第二章　F企业在中国大陆的扩张布局及特征

企业空间扩张对企业效率与区域协调发展具有重要意义。F企业在中国大陆的区位变化，尤其是短期内新建区位的快速发展，提供了大型劳动密集型企业快速扩张区位选择的特殊案例。对F企业的研究表明，其在中国大陆的扩张符合企业空间扩张的一般规律，经历了1988—1996年的接触扩张和1997—2003年的等级扩张，但2004年以后企业在中西部地区有选择性地快速超常规扩张表现出一定的特殊性。这种扩张是劳动力、地价、交通、政府等各种因素作用的结果，其中前三个因素提供了区域的可能，政府强有力的支持决定了区域的最后选择，企业所带来的经济增长驱动政府给予特殊支持，各地支持程度的博弈使企业获得较大利益，中国特殊的政治体制使世界上十分罕见的企业扩张和区位选择得以实现。

第一节　问题提出

20世纪90年代以来，企业在中国大陆的投资主要分布在东南沿海地区，尤其集中于以广州和深圳为核心的珠三角及闽南地区、以上海为核心的长三角地区和以京津地区为中心的环渤海经济圈（沈怡萍，2005；史月英，2006）。随着西部大开发和中部崛起战略的提出，中西部地区以更为宽松的准入环境和优惠政策，导致外商投资出现较大幅度的增长（郑伯红等，2002）。2008 年以后，在全球性金融危机的冲击下，部分企业特别是跨国电子制造公司加大了对中国大陆的投资，许多跨国电子制造公司的加工制造中心转移到中国大陆并呈现从东部到中西部迁移的特点，且投资规模日益扩大（安相根，2015）。F 企业作为全球 6C（Computer、Communication、Consumer Electronics、Content、Car、Channel）代工服务领域的龙头，2011 年出口额占中国大陆出口额总量的 5.8 个百分点，这对拉动经济增长、扩大就业和增加外汇产生了极大的推动作用。基于此，以 F 企业为例，对深入研究企业的空间迁移具有典型的现实意义。

第二节　研究述评与框架建构

一　研究述评

（一）企业空间迁移研究

企业空间迁移是企业区位调整的一种特殊的形式，是适应市场需求、消费者偏好、环境管制以及技术进步变化的一种方式（Pellenbarg，2002）。同时，企业空间迁移也是一个谋求新的发展空间以更好地满足迁移企业成长需要的决策过程。企业空间迁移主要指企业从一个地域向另一个地域转移，包括区域内迁移、跨区域迁移和国际迁移等迁移路径（Pellenbarg et al.，2002）。企业的价值链活动中的全部活动或部分活动开始转移到其他国家，也就是企业的一个业务活动或多个业务活动从本国移到国外（白玫，2003）。企业空间迁移行为作为企业成长过程中的一种常态、一种战略，成为企业成长的一种需要与资本逐利性的自然体现（向荣，2006），目前又成为经济新常态下各地方政府招商引资的着力点之一，主要分为决策、搜寻、评价、选择以及实施五个过程（王伟鸿，2007）。Mc Laughlin 等首先对企业空间迁移行为进行了研究，认为成本增加与频繁的战争等因素，是造成中世纪美国制造业从东北部向东南部各州进行迁徙的重要因素（范柳，2015）。20 世纪 70 年代海默提出企业组织结构与空间等级关系模型，认为围绕着企业的生产链系统，大型企业更倾向于将公司总部等高级决策机构集中于发达国家核心城市，而生产活动分布于外围地区。关于企业空间组织的研究随着企业的发展不断得以深入。但企业空间组织并不是固定不变的，不论是产品生命周期理论还是劳动空间分工理论，关于生产区位调整和变动的研究不断涌现。公司发展也经历从单厂到多部门的组织结构的复杂变化，企业从单区位到多区位的扩展过程中，其扩张和发展都表现出一定的空间演变模式。不论是泰勒的组织变形及区域演化模式（Taylor，1975）、沃茨的市场区扩大模式（Watts，1950）还是哈坎逊的全球扩张模式（Hakanson，1979），以及迪肯的全球转移模式（Dicken，1986）都从企业组织的角度研究了企业空间的演变轨迹，尽管这些模式都是针对特定产业和少数公司的案例总结归纳得来，但对于发展中国家企业发展和区域政策制定方面仍具有一定的借鉴意义（李小建，1999）。

迄今为止关于企业空间迁移理论的探讨主要集中在三种区位理论：新古典理论、行为理论和制度理论。新古典理论源于古典经济理论，指在完全理性、完全信息的经济人假设下，强调企业的区位和成本因素，企业追求成本最小化和收益最大化，劳动力成本、金融刺激、政策补贴、要素价格、区位可达性等均对企业产生推力、拉力或阻力，影响企业是否迁移的决策。企业空间迁移的方式有很多种，广义的空间迁移包括整体空间迁移，也就是将原址的生产经营活动完全转移到另一个地方；部分空间迁移，包括将企业某些职能部门空间迁移；并购或扩张，如新建分支机构；外包或分工等利用外部资源为企业生产经营（刘禹军，2017）。随着现代产业“走出去，引进来”发展战略的实施与市场经济的发展，近年来，我国企业空间迁移行为日渐频繁，尤其是新兴创新创业企业的孵化出园，使得企业空间迁移现象成为常态。比如沿海产业向周边地区及中西部地区扩散、国内企业向东南亚等邻近地区转移等。相关研究表明，企业空间迁移作为一种战略调整的有效路径，对于企业的发展至关重要，直接关系到企业未来的生存、发展。成功的迁徙行为带动了资金、产品、企业家的流动，能够为企业营造更好的发展空间，突破经济发展的诸多限制，有助于企业在最适于自身的生存与发展环境中成长，倍增实力；而失败的空间迁移行为则会为企业带来损失，甚至灭亡（范柳，2015）。随着生产要素价格的上涨和商务成本的提高，我国东部沿海一带的传统出口加工贸易型企业出现大批迁往中西部地区的趋势，如联合利华将自己的生产加工基地从上海迁到安徽合肥，英特尔将其位于上海浦东外高桥保税区的封装测试工厂西迁整合，使得成都将成为英特尔在亚洲地区最大的封装测试工厂。不仅仅是外资在华区位的调整，本土中小企业也加紧了空间迁移的步伐，这其中既有将企业总部和管理机构从地方城市迁往沿海发达城市，如四川的东方希望集团、江苏的春兰、浙江宁波的雅戈尔都将总部迁往上海，广东顺德的科龙集团将其总部迁往香港也有加工制造环节的内迁等复杂的经济现象（汪健，2010）。企业空间迁移作为经济地理学的一个重要概念，是古典区位论和产业布局研究的进一步延伸，更是地理学与管理学、社会学融合的交汇点，探讨企业空间迁移具有重要的理论研究价值和现实意义。

地理学家强调尽管在全球化时代“流动空间”（space of flows）的影响日益突出，但“地方空间”（space of places）依然不可或缺，区域产业集聚、地方网络以及“制度厚实”（institution thickness）在全球经济体系中仍具有重要的地位和作用，区位优势在流动世界里不仅没有消亡反而更加重要。正如国际生产折中理论对产业转移的阐释，不仅考虑企业本身的垄断优势和内部化优势，同时也强调了东道国（地区）的区位优势。例如，近年来台湾IT企业逐步将其研发活动拓展至大陆，除了缩短研发转产时间外，更多是基于大陆低成本的研发人才所产生的人力资本放大效应。而大量国际电子产业FDI向青岛的汇聚，主要是因为青岛具有较高的产业集聚水平和良好的区域创新环境。随着工业化和全球化进程日益深化，世界各国和地区的产业文化也呈现全球文化和本地文化日益交融的现象，工业化进程越是推进，本地文化的影响也就越显著。以西方发达国家为例，不同的本地文化也决定了各国在工业化后期出现了不同的发展道路，各有特色并具备较强的国际竞争力。随着全球化的深入、市场准入限制的取消，中国以庞大的国内市场、丰富的自然资源、低廉的简单型劳动力和富足的高素质人力资本，成为企业全球触角延伸的首选国家（文婷，2007）。

（二）企业空间扩张研究

企业空间扩张模式是企业地理主要研究内容之一（王辑慈，1992）。企业为了降低成本、提高市场地位等目标，通常会通过跨地区设立分厂或者对其他地区的企业进行兼并的方式实现扩张（Hayter R，1983）。企业空间扩张作为一种经济现象，遵循经济现象地理扩散的规律。Morrill 与 Hudson 先后提出了两种不同的地理扩散方式：一种是指扩散过程由近及远进行，具有距离衰减效应；另一种则指参照城市的等级规模进行蛙跳式扩散，并不一定具有地理邻近的特点。在企业空间扩张研究中，这两种扩散方式分别称为“接触扩散”与“等级扩散”。自 McNee 提出“企业地理”以来，国外学者对企业空间扩张的研究不断深化，研究对象从早期的钢铁、汽车、化学等工业企业逐渐扩至电子、服装、农产品加工等企业（Taylor M，1986）。例如，Jones、Laulajainen 发现零售企业以接触扩散为主要扩张模式。1992 年开始，中国学者相继引入企业空间扩张的相关理论和研究方法（费洪平，1993）。由于企业子公司等分支机构数据获取难度较大，学者早期大都通过对研究对象的实地调研进行分析，进入 21 世纪后，侧重于从互联网等渠道获取信息，大部分文献以大型企业为例进行分析，且研究对象以零售业企业为主。例如，贺灿飞等以沃尔玛和家乐福为例分析了跨国零售企业空间扩张模式，发现其以等级扩散方式向内陆城市间扩张，以接触扩散方式在都市圈内扩张；李金昌等认为国美电器的扩张模式接近等级扩散；高士博等发现“快时尚”企业在初创期表现为单一扩张模式，而在壮大期两种扩张模式并存。

然而，迄今为止，对制造业企业的空间扩张模式进行分析的文献还相对较少。本章选取F企业企业为例，对大型劳动密集型企业的空间扩张模式进行了较为详细的分析。

二　研究框架

企业扩张的动力来自原有区位推力和备选区位拉力的相互作用。推拉力主要是指区位优势的相对变化，尤其是与企业区位选择有关的要素条件的相对变化。企业是不断追求收益最大化的，随着企业的发展，企业现有区位无法满足企业的需要时，企业会追求扩张，比如在原有区位上使用更多的原材料、雇佣更多的劳动力、扩展消费市场。生产要素的空间差异是影响企业迁移的主要动力，企业区位再选择的过程也是企业迁移的过程。现有区位和新区位拥有的生产要素不同，企业为了实现扩张就要利用更多的生产要素，这会使企业进行区位转移。企业从原有区位迁移到目标区位也会受到推力和拉力的作用影响。推力是推动企业离开原址寻找新区位的一系列因素的总和，拉力是目标区位吸引企业迁移的各种因素的总和。区位优势从影响企业区位选择的因素考虑，对企业区位产生影响的因素主要有原料、成本、市场、集聚、制度、创新、基础设施环境等。但不同企业区位选择不同，一个企业要获得自身的最大化利益，就需要综合考虑企业性质和外部环境，筛选出主要的影响因素，选择能够使自身获得最高收益的区位即最优区位。

劳动密集型企业低成本的发展策略要求企业尽可能以较低价格获取所需生产要素。劳动力、土地充足是企业扩张的必要条件，短期大量劳动力、低租金土地的可得性是企业快速扩张的制约因素。电子制造企业产品主要用于出口且时效性强，对交通要求相对较高。各地政府以行政手段引导企业扩张和区位选择，使企业扩张成为政府和市场共同作用的行为（见图2－1）。政府和企业行为均符合利益驱动机制，企业利益和政府利益相互作用、相互契合促进企业扩张的产生。企业投资可以带来经济增长，满足地区经济发展和政府政绩的需要。而政府干预可以实现企业以较低价格获取劳动力、土地等生产要素的要求。政府通过直接干预如提供各项优惠政策、建立经济区等措施加速企业扩张，还可间接影响其他因素条件（如要素可得和基础设施改善等）。备选区域政府干预强度的差异性也增加了企业扩张的复杂性和区位选择的不确定性。政府作用为企业提供了快速扩张的通道。

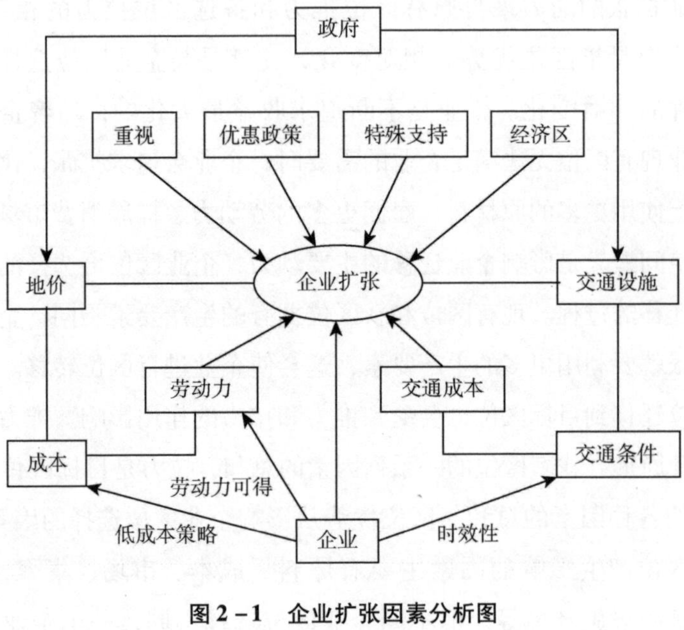

图 2-1　企业扩张因素分析图

第三节　空间扩张特征及影响因素分析

一　企业空间扩张特征

（一）空间格局

F 企业科技集团是劳动密集型、出口导向型的电子制造企业。目前在全球拥有200余家子公司和派驻机构，12个事业群，约130万劳工，涉足电脑、通信、消费性电子、数位内容、汽车零组件、通路等6C产业多个领域，是全球最大的OEM生产商、电子产业科技制造服务商。F企业1988年投资沿海地区以来，陆续向中西部地区扩张。1988年，F企业在深圳设立第一个生产基地，之后相继投资沿海其他城市，2004年F企业投资武汉，开始了在中西部的扩张，但从企业成立到2008年，F企业的投资重点一直集中于沿海地区。2009年之后F企业开始在中西部地区快速扩张，2008—2014年在中西部各地区新建了16个占总数约50%的F企业厂区。（见表2－1）。

表2－1　　F企业分支公司布局位置及投资年份

地区	省份	城市	年份	地区	省份	城市	年份	地区	省份	城市	年份
珠三角	广东	深圳	1988	环渤海	辽宁	沈阳	2007	长三角	浙江	宁波	2010
长三角	江苏	昆山	1995	环渤海	辽宁	营口	2007	珠三角	广东	东莞	2011
环渤海	北京	北京	2002	环渤海	河北	廊坊	2007	中西部	湖南	长沙	2011
长三角	浙江	杭州	2003	环渤海	河北	秦皇岛	2007	中西部	湖南	衡阳	2011
长三角	上海	上海	2003	长三角	江苏	淮安	2007	长三角	江苏	阜宁	2011
珠三角	广东	中山	2004	长三角	江苏	南京	2007	中西部	山西	晋城	2012
中西部	山西	太原	2004	珠三角	广东	惠州	2008	中西部	内蒙古	鄂尔多斯	2012
环渤海	山东	烟台	2004	长三角	浙江	嘉善	2008	中西部	河南	鹤壁	2012
环渤海	天津	天津	2005	中西部	四川	成都	2009	中西部	河南	南阳	2013
珠三角	广东	佛山	2006	中西部	重庆	重庆	2009	中西部	贵州	贵阳	2013
中西部	湖北	武汉	2007	中西部	河南	郑州	2010	中西部	安徽	安庆	2014
中西部	广西	南宁	2007								

F企业在中国大陆的扩张可表现为新建区位的增加、营业额的增长以及劳工数的增多。F企业现布局于中国大陆19个省市，并在近6年间新建了与过去20多年同样多的厂区，新建区位涉及10个省市。年出口额从1996年的1亿元到2012年的1295亿元、2018年的1662亿元、再到2020年的1674亿元，出口额年平均增长率36%。增长率波动较大，自1998年保持着40%以上的增长率，2007年降为32%，

2013年出现负增长（-4%），之后出口额动态变化逐步趋于稳定（见图2-2）。F企业劳工数量总体上持续增加，从1996年的0.9万人到2012年的139.7万人，十余年间增长了150多倍。特别是近10年来，劳工增长迅速。根据F企业年出口额、劳工数及F企业布局情况，本章分阶段（1988—2003年、2004—2008年、2009—2019年）探究F企业的空间扩张过程。

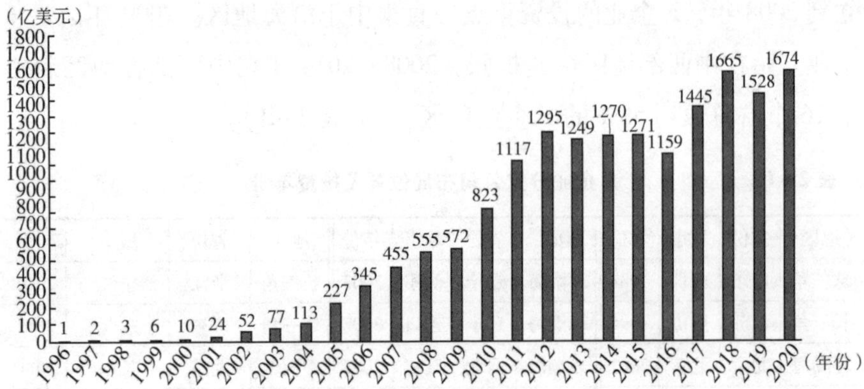

图2-2　F企业科技集团历年出口额（1996—2020年）

（二）空间扩张阶段

F企业于1988年在深圳建立了第一个生产基地，并相继投资沿海其他城市如杭州、昆山等，然后逐渐由东部沿海向北方沿海城市如天津、烟台、秦皇岛和其他南方边境城市如南宁等地扩张。根据F企业空间布局状况，其空间扩张经历了三个阶段：（1）初始扩张阶段（1988—2003年）：仅在广东深圳、中山和江苏昆山和沿海大城市（北京、上海、杭州）布局，扩张较慢。这些区域与母公司所在地之间交通便捷或是配套设施处于全国优势地位。前者企业扩张较为符合接触扩散的规律，后者企业扩张主要受区域环境影响，较为遵循等级扩张的模式（李小建，2002）。（2）集中沿海布局（2004—2008年）：F企业在沿海地区迅速扩张，涉及除福建外沿海其他省份。影响企业扩张的各因素处于较为均衡状态，企业延续原有的扩张路径。（3）加速中西部扩张（2009—2019年）：在成都、重庆、贵阳、郑州、长沙等中西部地区大量建厂。根据相关统计资料可知，F企业在中西部地区新建的28家工厂约占2008—2019年工厂总数的70%，特别是鸿富锦精密电子（郑州）有限公司已成为全球最大的智能手机生产基地。总的来讲，作为一种经济现象，F企业扩张初期，就近布局的特点明显，符合接触扩散的规律。随着企业的发展，信息获取能力增加，企业沿着一定等级规模的地理区域新建生产工厂。2004年以来，F企业逐渐偏离原有扩张模式，有选择性的快速在中西部地区扩张，表现在布局重心短期内的较大变化和投资区域数量的迅速增加，相对集中于东部沿海地区的布局状况被打破，地域集中程度随时间推移也逐渐减弱（见图2－3）。

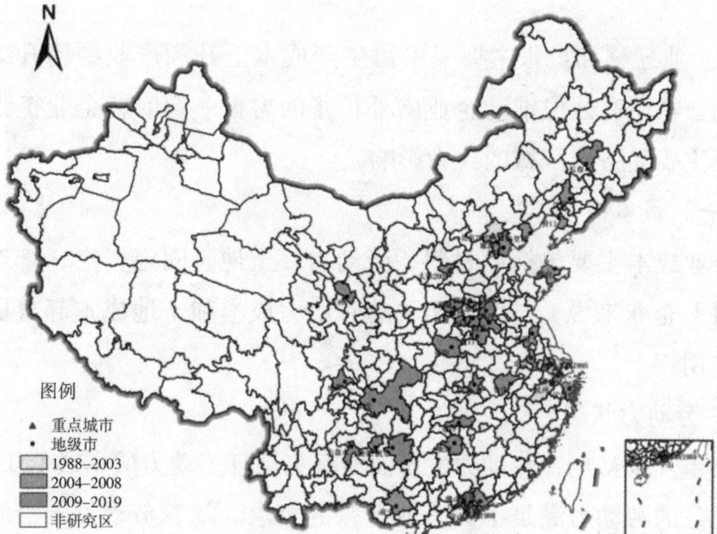

图2－3　F企业在中国大陆的空间扩张阶段

注：本图基于自然资源部标准地图服务网站下载的审图号为GS（2020）4630号的标准地图制作，底图无修改

以F企业河南投资为例，2010年F企业科技集团在郑州投资建厂，郑州工厂作为F企业未来最重要的代工厂商，主要从事包括苹果手机等智能终端手机整机及中间件生产，仅2016年郑州F企业所属企业进出口总额达到3172亿元，占河南省进出口总额的67.3%，鸿富锦精密电子（郑州）有限公司已成为全球最大智能手机生产基地之一。F企业科技集团除了在郑州投资设厂，还在河南省部分城市进一步追加投资，已初步形成了以郑州F企业为核心，以济源市、鹤壁市、南阳市、兰考县等产业园或科技园为供应商的多点联动格局，即以手机整机生产、手机构件、零组件生产、手机线缆生产等组成了较为完善的手机产业链。

二　空间扩张影响因素分析

F企业迁移和扩张主要受沿海生产成本上升和产业结构升级的推力影响。在原有区位推动企业向外扩张的力量一定时，企业扩张区位的选择主要受备选区域的拉力影响。

（一）成本因素

企业成本主要包括原材料、劳动力、土地、固定资产、管理等成本。对F企业来说，与区位相关的劳动力成本和土地成本起着更为重要的作用。

1. 劳动力状况

改革开放初期，劳动力大量向沿海集聚且劳动力成本远低于台湾，廉价充足的劳动力满足了F企业扩张的要求。随着劳动力到沿海地区就业的机会成本的增加，无限劳动力供应格局发生变化，劳动力区域差异的影响开始显现，F企业在沿海地区的低成本生产优势逐渐消失，开始向中西部地区扩张和转移。F企业大部分的产品生产过程需要人工完成，一线劳工所占比重在90%以上。生产过程分解详细，劳动力门槛相对较低。劳动力数量和工资对F企业影响较大。如果用近10年各省市14—65岁人口占全国平均数的比重表示各地可用劳动力的数量，用各地平均工资和2014年最低工资水平衡量工资成本，可以大致看出F企业区位选择与劳动力状况的关系（见表2-2）。人口比重前12位的省份都有F企业的布局，已投资的21个区域中，20个区域的人口比重都在1.43以上，说明劳动力数量对企业扩张的重要性。云南、黑龙江等地，劳动力充足，但由于区位等因素，F企业并未布局。相对而言，工资影响较为复杂。已投资的21个区域中，相对平均工资（即各省市平均工资与全国水平的比值）在2以上的有1个，相对平均工资在1以上的有10个，在1以下的有10个，表明劳动力工资对F企业区位选择的影响并不十分明显。

表2-2　我国大陆各省份劳动力供应状况

地区	14—65岁人口占全国平均数的比重（%）	相对平均工资	2014年最低工资（元）	是否布局	地区	14—65岁人口占全国平均数的比重（%）	相对平均工资	2014年最低工资（元）	是否布局
广东	7.49	1.48	1305	√	福建	2.77	1.16	1135	×
山东	7.33	1.22	1230	√	山西	2.66	1.02	1140	√
河南	7.03	0.87	1100	√	贵州	2.56	0.93	940	√
四川	5.98	0.96	1100	√	吉林	2.24	0.85	1220	×
江苏	5.97	0.57	1290	√	重庆	2.08	1.18	975	√
河北	5.45	0.60	1180	√	甘肃	1.97	1.00	1110	×
湖南	4.81	1.09	1160	√	内蒙古	1.95	1.03	1050	√
湖北	4.47	1.00	1100	√	上海	1.61	2.44	1620	√
安徽	4.45	0.64	1060	√	新疆	1.59	0.9	1340	×
浙江	4.04	1.21	1275	√	北京	1.43	1.83	1400	√
辽宁	3.47	1.10	1100	√	天津	0.95	0.70	1500	√
广西	3.41	0.68	1015	√	海南	0.63	0.90	975	×
云南	3.34	1.09	1105	×	宁夏	0.46	0.92	1225	×
江西	3.17	0.79	1065	√	青海	0.42	1.27	1060	×
黑龙江	3.15	1.00	1005	×	西藏	0.22	1.94	900	×
陕西	2.90	0.51	1010	√					

总的来说，中西部地区劳动力充足，为 F 企业招工提供了保障。同时劳动力成本普遍相对沿海较低，满足了 F 企业低成本策略的要求，为 F 企业短期内快速扩张提供了可能性。

2. 土地成本

F 企业生产设备、厂房需要较大空间，同时还要考虑劳工的生活空间，需要较大面积的土地，例如深圳龙华园区占地 1.3km^2、北京园区占地 0.8km^2、太原园区占地 1.6km^2、烟台园区占地 3.3km^2、武汉园区占地 3.3km^2、廊坊园区占地 3.5km^2、重庆园区占地 1.2km^2、成都园区占地 10km^2、郑州园区占地 10km^2等，土地取得成本是 F 企业扩张的限制因素之一。各地区工业地价水平差别较大，深圳、上海、北京、天津等沿海地区工业地价一直高于全国平均水平，中西部地区地价较低且各地水平相当。从地价方面考虑，中西部地区具有吸引企业投资的优势。但 F 企业同时布局在工业地价相差很大的地区，一方面是因为投资年份不同，地价水平有差别；另一方面是因为大型企业可以通过划拨或者转让的方式获得大量廉价土地。而不同投资年份，地价的相对变化较小，满足了 F 企业在土地市场价格相对较高的地区的布局需求。

3. 交通条件

F 企业产品主要是高科技电子产品，市场范围覆盖全球，对运输实效要求较高，因此扩张要充分考虑交通条件。沿海地区因为水运交通而最先具有交通优势，但随着内陆地区陆运、空运的发展，沿海地区交通优势减弱，中西部地区逐步增强，交通条件对企业扩张的限制性在弱化。空运的发展为 F 企业的快速发展提供了条件。F 企业在成都设厂是因为在成都生产的平板电脑和电池可以通过密集的国际航线从成都双流机场及时运到国外。F 企业在郑州生产的苹果手机从厂区运往新郑机场再通过全货机航线（超过 20 条）运往美国芝加哥等地。F 企业在烟台生产的产品空运出口的首选机场是青岛流亭机场。F 企业在北方地区生产的产品从天津机场运往世界各地。

交通条件及运输的时效性是F企业区位选择需要考虑的基本因素。不同于劳动力状况和地价的复杂影响，交通条件影响较为单一正向，F企业扩张倾向于选择空运便利的地区。值得注意的是，机场等基础设施的完善在很大程度上与政府作用相关。

4. 政府作用

改革开放之初，大陆给予沿海地区的优惠和政策倾斜是F企业初期投资的原因。但享受政策优惠的地区只占一小部分，企业未能快速扩张。随着大陆全面改革开放和西部大开发，中西部各地政府实行招商引资的策略。与此同时，环境保护、产业结构升级的要求使沿海地区政策优惠不断减少，中西部地区的政府作用突显。

郑州F企业的建立展示了政府的决定性作用。在F企业进驻郑州之前，河南省政府领导做了很多努力。2010年，郑州F企业开始建立，两年时间建成完整的生产线，发展到30万人的规模，这样高效、快速的扩张离不开政府的全力支持。从协议签订、审批、海关备案、厂房建设到投产，政府设立专门的工作小组快速高效地处理建厂流程。郑州给项目提供了10km^2的土地，政府负责征收并以几乎零地价出租给企业。河南省政府在全省进行F企业的专项招聘工作，将F企业招工作为重要任务下达给各级政府。企业除享受“企业所得税两免三减半”的税收优惠，还可得到每美元0.01、0.02、0.04元的出口补贴。

不止郑州F企业，其他F企业厂区的建立也离不开区域政府的支持。四川、湖北、山西、广西、河北等地政府提供了包括土地征用、配套设施建设、税收补贴、帮助招工等政策扶持。同时，不断刷新建厂速度—廊坊F企业从项目选址到正式开工仅用了100天、成都用80余天、重庆用53天、郑州从签订商务意向书到开工投产只用63天，也反映了政府在F企业扩张中的关键作用。

综上所述，成本、交通、政府对企业扩张的影响相互交织，在社会经济发展以及企业发展的不同时段，这些因素具有不同的耦合方式。

成本、交通等因素为企业扩张提供了基础条件，而政府可以改善这些基础条件并通过直接干预更快速、高效地影响企业扩张。

第四节　F 企业落户河南

一　内迁缘起

2008 年金融危机席卷全球，为全球各大电子产品代工的 F 企业日子开始变得不好过，在 2008 年首次出现利润大幅下滑，F 企业需要大规模缩减成本，首先就是人工成本的缩减。同时，改革开放三十年以来，珠三角尤其是深圳的城市发展早已今非昔比，人工成本也水涨船高，高科技产业开始兴起，深圳作为一线城市，也越来越需要高端、高科技产业，对于 F 企业此类劳动密集型的产业已经没有了之前的好感，F 企业在深圳的受重视程度越来越低。郭台铭感受到了这种变化，从那个时候开始，就已经动了大规模内迁的心思。随着时间的推移，F 企业越来越感受到深圳不是久居之地，内迁欲望日益强烈，但努力在与各地方的谈判中获取最大利益，一时间各地方招商负责人开始频繁拜访 F 企业。事实证明，此时的内陆各城市对 F 企业此类劳动密集型产业的需求是极度渴望的，正在期盼着东南沿海的产业向内地转移，因而对 F 企业给予了大幅度的让利。

F 企业劳工跳楼事件的发生无疑加快了企业的内迁步伐。这时的 F 企业和深圳的关系走向微妙：一方面，在跳楼事件持续发酵过程中，F 企业被深圳认定为“管理有问题”；另一方面，单位面积产出更高的华为、比亚迪等本土企业，正在获得更多青睐，而在社会各界，越来越多的声音呼吁 F 企业为深圳的产业升级腾出空间。在一份深圳经信委的调研材料中，对于 F 企业这样的外资企业给出的描述中，专门提到“税收贡献较少，明显低于行业平均水平”。

二　落子中原

实际上 F 企业“北上西进”的内迁战略，是在 2010 年五、六月份才开始提速的。有消息曾披露，F 企业将把深圳厂区的 40 万劳工逐渐削减至 10—15 万，天津、武汉、廊坊、成都、重庆均在“F 企业北迁西进”一词中出现过，河南省面临的竞争形势一度异常激烈。对 F 企业，河南已经历了 3 年乃至更长的守候，在这背后，还有河南对承接东部产业转移的期待。郑州市政府文件显示，早在 2007 年，郑州市政府就成立了一个级别很高的“F 企业科技集团郑州投资项目协调推进领导小组”，专门负责 F 企业的招商工作。几年来，虽然领导小组上的人员名字，随着职位变动不断变化，但当地对 F 企业的召唤，始终不变，却始终不得。河南省是中国第一人口大省、劳务输出第一大省。据说，F 企业在大陆地区的 80 万劳工中，河南籍劳工占五分之一，河南人在竞争中把“劳动力优势”这张牌打得淋漓尽致。有报道显示，早在 2010 年 6 月中旬，河南省就开始有计划地组织高校应届毕业生到深圳 F 企业实习，随后在 7 月份，河南省又组织各地政府帮助 F 企业招聘工人，计划招聘 10 万人，仅郑州就达 3 万人，这一全省规模的行动，被认为在引入 F 企业中起了很重要的作用。“F 企业来河南，不是一种恩赐，它是要选一个最好的投资地。”河南省社科院副院长喻新安如是评论说：“河南在劳动力成本上无疑优势明显。”河南财经政法大学教授史璞指出，河南作为一个传统的农业省份，居民收入和财政收入水平有限，意味着靠消费和投资拉动经济的能力亦有限，而作为一个内陆省份，经济外向度也比较低，出口亦和沿海地区有较大差距。正是在这个背景下，F 企业之于河南，意义非常直接——GDP、出口额、就业、税收等，还能撬动河南相对较弱的 IT 产业。

郑州凭借自身的非对称优势成功引进 F 企业。首先是人力资源优势。郑州背靠河南，人口基数巨大，劳动力资源丰富，这对 F 企业这种劳动密集型企业而言，无疑是很大的诱惑；其次是地理区位优势。郑州地处中国之中，是中国铁路的十字路口，无论是铁路、公路还是航空都四通八达，F 企业进入郑州后，物流运输方面会相较其他城市有很大优势；最后是航空港综合保税区优势。在 F 企业进驻之前，郑州就已经申报了新郑综合保税区，而且很快得到批复，一旦 F 企业进驻，后续在进口、出口、税收方面将会享受到极大的便利和利益。正是这三个非对称优势，让郑州赢得了 F 企业的"芳心"，事后也印证了这一点。2010 年 11 月底，郭台铭应邀出席郑州航空城总体规划评审会，在接受记者采访时，他明确表示："我之所以将产业选择在郑州，是因为我看上了这里的飞机场、人口和位置。一个城市之所以能发展，是因为这里有好的交通、好的建设和好的工作机会，人们自然愿意住在这个地方，航空港就是符合这一点。"

三 郑州速度

为了给 F 企业准备厂房，郑州在 16 天里 24 小时连轴转，干完了 32 天的活。协议签署之后，具体项目开始推进。仅一个月后，F 企业在郑州的第一个项目投产，这个过程被媒体称为"郑州速度"。对此，张保成举例称："我们表现出来的速度，甚至都令 F 企业吃惊。"此前，F 企业的人士认为河南政府比较低效。在一些企业注册审批之类的环节上，当地政府亦以最高效率完成。比如说，海关备案一般是要两到三天，但在多方协调之下，郑州几个小时就完成了。这类铆足全力配合 F 企业的故事，从谈判到合作展开以来不计其数。连 F 企业的招聘，都会通过省政府直接向各地市政府发文布置。"F 企业的事情已经不是简单的招商，而是政治责任，从上到下，郑州市各局办各区县全部都是一把手亲自抓，到处亮绿灯"，郑州某开发区工作人员强调，绿灯无处不在。卢展工也在内部发言中，表扬了郑州海关为了项目落地，积极请求海关总署给予特殊政策支持等做法。

新华社引述郑州市政府一位工作人员的表态称："为把 F 企业引

进来，郑州市愿在土地供应、保障、税收、用工服务等各方面给予最大限度的利益让步”。据记者了解，F 企业工业园区所在位置，郑州正在向中央申报综合保税区。获批之后，这里和出口加工区类似，在货物流入等环节免税或者退税，并在货物的进出和外汇等方面，享受诸多便利，对 F 企业这样的出口加工企业极为有利。在企业所得税方面，也获得了绝大部分企业无法企及的长年减免时限。此外，企业还可以在人员招聘、交通运输等方面，获得省市两级政府各种名目的财政补贴。比如，因为内迁之后会带来运输成本的增加，河南专门为出口加工区的企业提供了财政补贴。省里的政策是出口 1 美元补贴 1 角人民币，市里也有奖励，是出口 1 美元补贴 1、2、4 角不等，F 企业便是 4 角钱的。土地方面，郑州给出了 10 平方千米的超大地盘。有郑州市官员透露，这个大体量的土地计划，正是吸引 F 企业的重要因素之一，土地指标如何落实，将以什么方式提供给 F 企业使用，双方尚未公布。不过，如此大力度的项目供地，已在当地引起注意。8 月 16 日，河南省委统战网上发布的一则党外人士参政建言已经开始呼吁，谨防 F 企业搬迁造成郑州有限的耕地被挤占。

四　迟疑的 F 企业

在谈判中，拥有主动权的 F 企业，对具体的项目投资绝不轻易松口。绿灯大开并没有换来地方政府所希望的 F 企业慷慨撒钱，反而是在谈判中，拥有主动权的 F 企业，对具体的项目投资绝不轻易转圜。以《战略合作框架协议》为例，据张旭升介绍，最初河南省参照了 F 企业在其他地区的投资情况之后，把 F 企业所能涉及的所有领域都纳入合作范畴，希望全面拥抱。而在实际谈判过程中，F 企业方面则是努力地不断缩小范畴，协议在讨论中反复修改了八九稿。基于 F 企业这种多方争抢的阵势，在河南的这些项目未来能发展到什么规模，当地政府心里也没底。另外，早些年，F 企业在一些内地城市的投资，实际运行几年下来，许多都未达到最初的规划规模。

第五节　小结

对F企业在中国大陆区位变化的研究表明：（1）其空间扩张可分为三个阶段：1988—2003初始扩张阶段，包含接触扩散与等级扩散、2004—2008年集中沿海布局、2009—2019加速中西部扩张。前一阶段符合企业空间扩张一般的规律，而2004年之后逐渐偏离原有扩张路径，特别是2009年之后，企业扩张表现出复杂性和独特性，主要体现在短时间内多区位的快速布局。（2）各阶段的主导影响因素不尽相同，经历了优惠政策影响为主导到区域环境为主导再到政府作用为主导的扩张过程。初始阶段主要受大陆改革开放政策的影响；集中布局沿海阶段主要考虑区域环境；布局中西部阶段，特别是快速扩张阶段，政府支持起着重要作用。（3）基于推拉力分析，并综合考虑企业性质和所处的外部环境选择影响企业区位选择的因素，主要包括劳动力、土地、交通、政府等。区域的劳动力状况、土地成本、交通条件优势为F企业投资创造了前提条件，为其扩张提供了可能，而政府支持解决了在市场条件下大量劳动力短期内可得、大量土地低价获取等限制企业快速扩张的问题，政府作用成为关键因素最终决定F企业扩张是否可行。特别是在加速布局中西部地区的过程中，政府起着举足轻重的作用，特殊的政策和F企业的特殊性共同造就了世界上罕见的企业快速扩张现象。

对于劳动密集型企业而言，劳动力充足的区域会成为企业扩张的备选区位，在一般市场规律下，企业为追逐低价劳动力会逐渐扩张到该区域，但是企业提高竞争力的期望和持续的扩张需求，会加速扩张进程。而企业快速扩张需要短期内集聚大量劳动力，这一条件是市场规律下无法实现的，需要政府自上而下政策体制的帮助，大量土地的低价获取以及交通条件的改善也离不开政府的大力支持。在特殊的政策体制支持下，企业的快速扩张才能实现，区域政府对企业扩张的介入，反映了政府极力扶持企业成长以带动区域经济快速发展的意图。但政府在短期内的大力扶持并不能从本质上留住企业，如果别的区域政策优惠更具吸引力，企业会迁移到其他地区，原本带来的就业机会也随之消失。因此，区域政府通过提供优惠政策吸引企业投资时，要充分考虑企业潜在转移的可能性以及优惠政策的强度与可实施性。劳动密集型企业从追求劳动力数量逐渐向追求劳动力质量转变，当大型劳动密集型企业入驻不能再吸纳大量劳动力时，区域政府与企业会形成新的博弈局面。在此方面，河南政府在经历了对F企业的数年召唤，加上自身作为人口大省的优势，使得F企业在内迁过程中最终得以选择省会郑州。

第三章　F企业用工模式及劳资关系问题

第一节　问题提出

伴随经济全球化的出现与发展，发展中国家与发达国家的分工体系正经历着深刻的变革，主要特征是发展中国家从事资源类初级产品的生产，发达国家从事制成品的生产。或者是发展中国家从事劳动密集型制成品的生产，如玩具、鞋帽等，属于制造业的低端产品，发达国家从事资本、技术密集型制成品的生产，如机械、电子等，属于制造业的高端产品。虽然我国在这些经济发展中取得了举世瞩目的成就，国际影响力日益增强，但我国仍是世界上最大的发展中国家。依托人口红利优势，我国对发达国家产生了巨大的吸引力，发达国家将产业链下游、附加值低的劳动力密集型产业转向我国，依靠我国廉价丰富的劳动力，最大限度地降低产品生产的成本，我国境内陆续出现了一系列代工厂。据公开资料显示，在我国制造业发展过程中，年生产量均占世界第一的有家电、电子产品、医药等行业，均属于劳动密集型产业。

劳动密集型产业是指进行生产活动需要依靠大量劳动力，而对技术和设备依赖程度低的产业，其衡量的标准是在生产成本中工资与设备折旧和研究开发支出相比所占比重较大。劳动密集型产业是一个相对范畴，在不同的社会经济发展阶段有不同的标准。其具有三个特点：第一，不可替代性。在当前技术水平下，部分劳动力仍然无法被技术取代，即使能被取代，对于资本短缺而劳动力成本相对低廉的发展中国家来说，使用技术的成本往往高于使用劳动力的成本。特别是为了满足市场上多样化和个性化的需求，或者对精湛手工艺品的追求，必须保留或采用人工作业；第二，发展阶段性。劳动密集型产业伴随经济发展的全过程，逐步由占主导地位阶段向占非主导地位阶段过渡。据统计，美国以劳动密集型产业为主导的工业化阶段持续了110年，日本持续了80年，我国台湾地区持续了40年。只有认识到我国大陆地区的工业化还处于从初期向中期的过渡时期，劳动力呈典型的“无限供给”特点，劳动密集型产业对经济增长的贡献和潜能尚未完全释放出来，才能看到我国大陆地区以劳动密集型产业为主导的工业化阶段还要持续较长的时期。第三，存在广泛性。劳动密集型产业涉及一、二、三产业和多种所有制，覆盖城乡两大地域。即使是高新技术产业中的一些工序，如光学、精密零件的研磨、抛光等，仍然需要人工来完成。一般来说，目前劳动密集型产业主要指农业、林业及纺织、服装、玩具、皮革、家具等制造业。随着技术进步和新工艺设备的应用，发达国家劳动密集型产业的技术、资本密集度也在提高，并逐步从劳动密集型产业中分化出去。长期以来，我国传统劳动密集型制造业主要以“薄利多销”作为出口的竞争优势，劳动密集型制造业对剩余劳动力的强大吸纳能力，可以缓解当前较为严峻的就业压力。对于劳动密集型产业来说，劳动力资源的质量与丰缺直接影响到企业的生产与销售等关键环节。

“十四五”规划和2035年远景目标纲要提出“实施就业优先战略”，要求“健全有利于更充分更高质量就业的促进机制，扩大就业容量，提升就业质量，缓解结构性就业矛盾”。实现这一重要目标，需加快发展有利于吸纳就业的重点企业及重要产业。作为全球最大的代工厂，F企业专业从事计算机、通信、消费电子等电子产品的研发制造，为 APPLE、DELL、HP 等世界知名品牌提供电子产品，集团从 1988 年成立时的单厂单产品到如今的多厂多区位并逐步涉足 6C 产业领域，企业现已布局中国大陆的 19 个省市，劳工也从 9000 人增加到 140 万人，甚至有些地区，短短数月建立的新厂就正式投产，并在 2—3 年内快速发展成为数十万人的生产企业，凭借对劳动力强大的吸引能力，F 企业集团在我国已走过 33 个年头。

但是 F 企业被我们熟知却并不是因为集团稳坐全球代工工厂龙头老大的地位和使企业总裁郭台铭高居台湾富豪榜榜首的光辉业绩，而是因为 F 企业的跳楼事件。据统计，企业在 2010 年发生 14 起跳楼事件、2011 年有 4 起、2012 年有 2 起，被称为“N 连跳”，这些劳工都是 20 岁出头的年轻人，正处于人生的青春年华，在这样的年华选择结束自己的生命，在让人惋惜的同时社会各界纷纷关注这些自杀的年轻人来自的企业，我们不禁好奇：为什么这些自杀的劳工来自 F 企业？为什么明明帮助人们解决就业困扰的地方，却发生了“N 连跳”事件？是什么样的原因促使这些工人选择如此极端之路？

本章主要从用工模式和劳资关系方面探讨 F 企业劳工跳楼事件背后的理论问题：该工厂采用的是怎样的用工模式、究竟存在什么样的问题？在这样的工厂里，劳资间存在怎样的关系，又是什么原因导致这种劳资关系的产生？

第二节　研究述评

一　国内研究现状

F 企业跳楼事件引起了学术界的广泛关注，国内学者从不同角度对劳动力问题进行研究，试图揭示事件背后的深层原因。从企业用工模式看，钟懿辉（2014）指出用工困难问题在我国各企业中普遍存在，各式各样的因素共同导致了该问题的存在，企业必须选择适宜的用工模式，完善企业的用工方式，从而在根本上解决此问题。马勇（2014）指出大多数企业采取的“双轨制”劳动用工模式，在一定程度上提高了企业生产效率，但此类用工机制在给社会生产率带来影响的同时，常伴随“同工不同酬”问题的出现。对于劳务派遣类用工方式，王希耕（2015）认为，随着我国《中华人民共和国劳动法》（以下简称《劳动法》）的不断完善，企业必须结合自身发展状况，采取其他方式代替劳务派遣，对不符合劳动法规定的岗位进行分流管理，规范其用工模式，如建立非全日制用工、劳动外包等。周宝妹（2015）分析了《中华人民共和国劳动合同法》（以下简称《劳动合同法》）中有关“用工单位”的定义，指出该法案中有关劳务派遣的相关规定存在不适用性，需要针对不同行业出台专门的派遣用工立法，明确限制各用工岗位，完善企业法律法规。王莉红、秦颖（2016）以国外的劳务派遣为出发点，分析了国外用工单位、被派遣劳务人员和中介机构三者间的关系，发现此类用工模式下存在工人被双重雇佣的现象。

从用工问题与方法方面看，张三保、舒熳（2014）认为，现阶段我国境内的绝大多数国企采用的用工模式为“双轨制”。在该制度出现的早期，给国有企业带来了积极的影响，但随着该制度的发展逐步引发了一系列公平性问题。二人在其研究过程中，结合了历史、成因、效应等层面，从宏观和微观角度分别提出了相应的建议对策。杨云善（2014）提出需要建立农民工、政府以及相关用工单位互为配合的同工同酬制度，加快“城乡一体化”改革，完善相应的法律法规制度，加强农民工组织的建设工作。孙蕾杨（2016）指出随着我国劳务派遣相关法律法规的不断出台和完善，劳务派遣用工单位面临着减少劳务派遣用工的问题，从我国劳务派遣相关法的视角出发，探索了我国该用工模式规范化的可行性。王林清（2016）指出法律上并未明确规定劳动用工单位对被派遣劳动者的惩戒问题，提出法律应赋予劳动用工单位一定的惩戒权力，在被派遣劳动者有了过错时进行精神性、奖金福利性类的惩罚，此外还应建立救济机制为被派遣劳动者提供申诉渠道。

综上，无论企业采用“双轨制”用工模式，还是劳务派遣类，对于劳工来讲都存在一定的不公平性；对于企业的用工问题与方法，虽然不同学者已从不同角度提出了相应的完善措施，但这些措施是否已经落地实施，维护了劳工权益，还有待进一步考证。

二 国外研究现状

国外企业的用工模式大致可分为合同制和终身制两类。现阶段绝大多数企业采用劳动合同制度，具体是指在社会主义生产资料公有制的基础上，本着兼顾国家、集体和个人三者利益的原则，通过签订劳动合同，明确国家或集体单位同劳动者个人之间的劳动关系和各项责、权、利，使劳动者能进能出、能上能下的一种用工制度。劳工在工作时，需要严格按照合同约定，履行合同内自身所对应的各项义务，而企业则需按照合同约定，按时按量支付给劳工相应薪酬。这种用工模式的发展迄今为止是相对成熟和完善的，能够较好的为企业、劳工的双方利益提供保障。然而这种用工模式也存在一些缺陷，如劳工的流动性较强，会直接造成企业的人力成本上涨，尤其是当企业想要留住某些优质人才时，人力成本上涨更为显著。同时，由于企业的管理制度缺乏对劳工主观能动性和心理因素上的考虑，仅仅将劳工当作“理性经济人”进行管理，导致劳工缺乏较好的归属感，加之用工过程中双方出于对自身利益的考虑，团队合作程度欠缺，不利于企业发展。其次是终身雇佣制。这种管理方式是从欧美等国家引进而来，在日本获得长足发展，是一种带有忠诚主义、温情主义、集体主义色彩的家族制度，其特征大致可以概括为两方面：和谐和三种用工制度。和谐是指日本企业在生产过程以及长期经营过程中高度重视和谐的观念；三种用工制度涵盖了终身制、参与制以及年工资制。企业在发展过程中要求内部劳工均能参与其中，通过这种用工方式有利于增强劳工的归属感与安全感，更好地提升劳工的工作质量与效率，认可度较高。

从人力资源管理模式来看，国外学者也进行了大量的探究，具体可分为家庭式管理、危机式管理和岗位式管理三类。对于家庭式管理，如上文所述主要集中于日本地区。在这种管理模式下，劳工可以在企业工作过程中获得较强的认同感和使命感，拥有更高的灵活性，能够较大程度的发挥自身潜力。对于企业来说有利于营造较好的企业内部文化氛围，管理人员与一线工作人员的互动较为紧密，使得企业劳工在工作中产生一种自豪感，有利于提升工作热情。对于危机式管理，是指国外大多数企业管理人员需要树立良好的危机意识，并使下属职员也意识到这个问题，在工作过程中产生相应的危机意识，更好地投身到工作中去，提升生产效率，促进企业发展。对于岗位式管理，是指将企业劳工按照工作内容进行岗位划分，对于不同岗位来说，其工作内容也有较大的差别，因此企业在进行人员分工时要充分考虑人员自身的能力因素，增强对劳工与岗位匹配性的考虑，使企业劳工可以最大限度地发挥自身的潜能，充分合理的配置劳工，使其更好地投入到工作中，为企业发展作出更高的贡献。

虽然国外合同制用工模式与国内劳动用工存在相同的弊端—轻视了劳工立场，但不可否认的是，国外已有部分制度如终身雇佣制，注意到对劳工主观能动性和心理因素的考虑，使得劳工能力、个人业绩与企业业绩间相互关联，极大地增强了劳工的工作积极性，提高了企业的生产效率。

第三节　郑州 F 企业劳动用工模式及问题

一　劳动用工模式

从用工方式来看，2018 年 F 企业郑州园区一般有四种用工方式，分别是正式雇佣、劳务派遣、校企合作、临时借调。正式雇佣的劳工

（40%）通常是正规招聘而来的，主要包括网招、人才市场发布的招聘信息，由人力资源部门组织专门的面试，求职者通过回答面试官的问题，双方都觉得相对满意后，通过一系列正常的流程，公司与面试者签订用工合同。F企业每年都很需要庞大的务工人员。为了更快地吸引人才，主要是通过旧劳工的宣传等手段，来招聘新劳工。例如公司内部劳工进行内推，主要通过一些手机软件推荐新人来上班，这项工作还将作为劳工绩效考勤，内推人数越多的劳工，绩效越高。而且内部推荐劳工成功入职之后，那么推荐人就会有行政和金钱方面的奖励。为了保障此项措施的顺利进行，公司的部门例会都会强调内推情况，让每个劳工都参与内推活动中；劳务派遣（59%）主要是由劳动者直接跟劳务公司签订派遣劳动合同，并由派遣公司与用人单位协定劳工的入职时限、工作时间及离职时限。派遣公司与劳动者之间只是雇佣关系，而F企业与劳动者之间是劳动关系，而无雇佣关系。实现了劳动关系的有机分离，三方相互交叉联系，又相对独立；校企合作（0.5%），就是社会上少部分大专院校给予毕业生的社会实践，和郑州F企业签订校企合作协议。但是这部分人力严格按照劳动法，实行5天8小时长白班工作制，这样容易造成生产的脱节，无法满足实际生产，给订单交付带来极大的阻碍；临时借调（0.5%），大概每年会需要借1万左右的劳工。主要从其他地方整体搬运一些劳工来F企业工作，此类人员仅出勤为郑州F企业管控，其余还挂靠原单位。据内部资料统计，2018年F企业郑州园区用工人数非常庞大，在高峰时期几乎达到了20万，其中劳务派遣劳工占了59%的比例，2019年公司拟采用小时工来刺激新劳工的加入，这项措施主要是为了加速劳动力的流动，因为F企业的工作压力大，很少有人能够坚持做满合同期限。据最新统计，2019年F企业郑州园区派遣工比例达70%，而正式工比例下降到30%，其余两种用工已不再出现。

从用工结构方面来看，首先，在人员构成上，由于F企业主要经营业务是电子产品的制造和研发，因此在企业生产和发展的过程当中必须要合理的分配好人员的职能，以实现企业价值的最大化。当前企业的人员构成要素主要有以下几个部分组成：（1）研发人员：研发人员是经过F企业内部培训所选拔出来的精英，相对于其他人员来说，具有更强的技术水平和理论基础，除此之外，研发人员还具有很强的创造能力，是企业研发和创造新产品的主要力量，同时也是一个企业当中最重要的资源；（2）管理人员：企业管理人员按照不同的层级分为三类，即：第一，企业高层决策人员。一般这一层级的管理人员通常具有较高的专业水平和领导才能，能够灵敏地感知企业内部管理过程的变化，从而作出相应的调整；第二，企业中层管理人员。通常企业中层管理人员最初是企业基层管理人员，并在工作过程当中逐渐培养和发展起来的，能够在工作过程当中积累经验和教训，具有组织应变能力和协调管理能力，在遇到突发事件时，能够及时地作出反应；第三，一般管理人员，即企业的基层管理人员。（3）工程技术人员：企业内部的工程技术人员主要负责企业产品和设备的生产制造过程，保证生产过程的每一个阶段安全顺利。除此之外，工程技术人员具有较为成熟的设备维修技术，是企业生产和运营过程必不可少的重要部分。（4）作业人员：F企业郑州园区当中人员组成范围最大的就是工作劳工，一般来说，企业在招聘工作劳工时，对于劳工的教育水平和基本的职业技能没有过多的要求。劳工在正式进入企业之后，企业将会为劳工组织相关的培训活动，调动劳工的工作积极性和工作热情。（5）市场人员：公司的市场人员主要负责公司相关产品的推广和营销，增强公司在市场当中的影响力。一般来说市场人员能够灵活的掌握市场动态变化，从而根据市场的变化情况选择合适的营销方式，为企业在市场当中的发展提升竞争力。综上所述，F企业郑州园区当中负责不同工作的人员对于公司的发展都有重要的作用，并且很多劳工都是通过劳务派遣的方式进入F企业，在工作过程当中逐渐发展成为正式劳工的。其次，在学历结构上，作业人员是F企业郑州园区劳工当中的一个重要组成部分，并且约占F企业郑州园区总人数的80%，由此可知，作业人员对于F企业郑州园区的发展具有重要的决定性作用。从根本上来说，F企业郑州园区的经营内容以代工制造为主，从事生产工作的工作人员一般为普通的体力劳动者，因此对于劳动者的学历要求和技能要求较低，其余20%的劳工为行政管理人员、市场人员以及专业技术人员，公司在招聘此类人员时，一般对于人员的学历水平要求较高，要求劳工具有较好的职业素质和专业技能。随着企业近几年来的发展，逐渐打破了传统的不限学历和专业的劳动者招聘要求，将招聘对象定位为应届毕业大学生，培养毕业生的科研与开发能力，提高其创新能力，致力于实现由传统制造向科技创新转型的目标，打造一个更加具有竞争力和市场的新企业。除此之外，F企业郑州园区在选择劳动用工时采用正式用工与劳动派遣用工混合的方式。一般来说，劳动派遣工的学历水平远远低于正式劳工，因此公司在选择劳务派遣人员时，需要对比人员的学历水平和基本素质，从而选择整体条件较好的派遣劳工。通过分析当前F企业郑州园区劳工的基本情况可以了解到，当前公司大部分的正式劳工学历水平为中专及以上，由此可知劳动派遣用工的标准要明显低于正式劳工。

二 劳动用工问题

薪酬管理缺乏科学性，低工资水平下的长时间劳动普遍存在。改革开放以后，如果论及以长时间、高强度为特征的过度劳动，最为普遍的还是发生在农民工群体和劳动密集型产业上，由此造成的社会经济影响以及所引起的关注也是持续而深远的。2015年2月2日，时任中华全国总工会书记处书记、法律工作部部长郭军在对《劳动法》实施20周年的总体情况进行评价时指出，F企业等长期违法安排劳动者长时间加班，导致企业的部分劳动者因为过度劳动而出现各种心理健康问题，并引发过劳死或自杀的现象。针对来自官方的点名批评，F企业于2015年2月3日立即作出了《我们不完美，但请关注我们的进步》的声明与郭军先生商榷，声明指出："请郭军先生在不断点名批评的同时，能够‘走到基层’，‘不要忽视企业的成长和进步’”。然而，对于 F 企业的（至少部分）工人来讲，对劳动时间却有着另外一番诉求：在渴望收入却又无所事事的日子，对有班可加的期待超过了对加班带来的不适的恐惧；2014 年 10 月 8 日 F 企业重庆工厂约 1000 名工人举行了罢工，旨在抗议加班时间的减少；即使在全总发声之后，仍有 F 企业劳工抱怨加班太少。工人希望加班的意愿表达似乎给 F 企业抹上了一层“无辜”的色彩。因为工资水平过低，导致制度劳动时间内的总体工资水平无法保障工人生存所需，从而迫使工人主动追求长时间劳动。这种劳动供给的行为模式，并非是经典劳动供给曲线所描述的工资上升所引发的劳动供给的增加，而是工资的逐底发散趋势所导致的劳动力供给恶化的结果，F 企业中独特的逼迫与自愿相结合的劳动力供给悖论因此而生。另外，面对 F 企业的跳楼自杀案例，不难发现 F 企业的激励机制也存在着问题，一方面劳工流动率高，劳工工作不尽力；另一方面，有限的激励机制不能够满足劳工日益增长的物质和文化需求。我们可以看到，F 企业的劳工在向媒体反映时所凸显的问题大多是工作压力大、工资薪酬低。F 企业仅仅以微薄的薪水来激励劳工，这样迫使劳工为了在物价较高、生活消费较高的城市里生存下去而被迫进行长期的简单重复劳动，当简单重复的劳动成为劳工生活中不可或缺的一部分的时候，过高的压力负荷就可能压垮劳工的脊梁。

企业劳动用工种类繁杂，岗位设置单一，存在混岗现象。对于郑州 F 企业而言，在发展过程中实际上正处于转型阶段。现阶段，为实现对用工问题的有效处理，降低人力成本，进而在用工方式上进行了相应优化，使得企业内部出现多种用工方式并存现象。但是，对于岗位设置等方面而言，整体具有较高的单一性，并不能较好地满足劳工在此方面的需求，最终使得劳工发展受阻，生产指标也难达成。在实际工作过程中，对于同一岗位往往会出现不同用工方式的人员，使得混岗问题极为严重。在薪酬分配方面，伴随用工方式的差异，进而使得薪酬待遇方面存在较大区别，进而引发劳工不满，给企业发展带来不利影响。究其原因主要在于：其一，受制于身份方面的影响，在对劳工岗位价值进行判断时，并未将其同劳工贡献相结合，而是按照身份方面的差异进行确定。伴随身份方面的差异，进而使得劳工工资、福利、社保等方面均存在较大区别，同工不同酬现象极为严重。正是因为没有实现按劳分配，这就使得劳工彼此之间会对工资待遇进行比较，在发现自身与其他劳工之间存在较大差异以后，进而产生较大不满，工作积极性丧失。其二，混岗问题较为严重，也未能实现对此问题的有效处理。具体来讲，主要是因为未能在用工主体方面进行明确，进而使得不同主体相互混合。例如，各个岗位之间劳工彼此混合，一旦出现责任问题，便不能较好地实现对劳工责任的追究；另外，还会导致各种劳务纠纷等问题的出现。

企业用工管理制度不科学，忽略人的主体性。F 企业的劳工中最多的就是年轻的“80 后”“90 后”，尤其是 F 企业的基层劳工，大部分都是年轻人，这些年轻人基本上学历不高，又不喜欢读书，想早早地来到社会打工挣钱，也有一部分劳工是家庭贫困的，只好出来挣钱养活自己。和曾经不同的是，这些年轻人的生活环境发生了很大的改变，一部分年轻人是来自贫困偏远的农村地区，这些人来到大城市寻找机遇，在 F 企业打工，但是他们不可避免地经历了城乡发展撕裂的痛楚，完全陌生的城市环境，和曾经自己生活家乡截然不同的生活，而且城市的物价高、压力大，人员之间没有城乡的联结，都让这些年轻人感到很不适应，导致这部分年轻人的人员流动性很高，甚至出现跨文化冲突。劳工是企业发展和进步的动力源泉，同时是企业的核心组成部分，因此要增强企业内部人力资源管理部门的工作效率，所谓人力资源管理就是指对于企业的人事管理，即管理与人相关的事，管理与事相关的人这两个部分，人与事对于企业的发展都具有重要的影响作用，两者之间相互联系，缺一不可，任何一个部分的偏差都会影响到企业的未来发展和进步。F 企业郑州园区从建设初期至今，一直以“保质保量”作为其发展壮大的主要口号，并以此在同行业当中获得了强大的竞争力，成为了市场发展的龙头企业。但是由于 F 企业作为电子产品生产和代工的企业，大部分工作内容为流水线工作，工作压力和工作内容强度较高，需要大量的劳动力资源，企业必须要保证产品完成的效率，在工作过程当中机器的运转是不间断的，劳工在工作时必须要长时间固定待在流水线上，甚至连日常休息和饮食都有明确的时间规定，这给劳工工作带来了极大的压力，使劳工变成一个“人力生产机械”，日复一日地完成枯燥的生产工作。一成不变的厂房、宿舍、食堂，一成不变的重复、枯燥、麻木，日复一日，年复一年，没有一丝一毫的改变，没有一丝一毫的希望，他们逃避了田间地头的风吹日晒，也失去了朝阳晚霞、虫鸣蛙叫；他们化身《摩登时代》里的螺丝钉，被死死拧在了流水线上，亲手造出了“改变一切”的 iphone，却改变不了自己的人生。这种人力资源管理方式是不利于企业长远发展的，长远来看，必然会导致企业出现问题。现在相当多的代工企业普遍上缺乏人性关怀和心灵安慰，这样也对企业内部劳工的关系产生了不良的影响。当一家企业不能提供心灵安慰，或让劳工产生了巨大心理反差后又没有适当的制度来帮助劳工消除心理影响，这对劳工心理思想的变化影响是巨大的，当社会压力、企业无形压力或企业负面影响不断影响企业的劳工时，企业劳工可能会面对愈发残酷的现状，因此导致劳工在极大的工作压力之下不得不脱离公司，这也是造成 F 企业郑州园区劳工离职率高的主要原因。

第四节　郑州 F 企业劳资关系特点

一　劳资双方力量悬殊，资方主导

这里可以分为资方强势和劳工弱势进行分析。强势指的是，与劳工相比资本在权力与社会关系方面处于明显强势，这种状况既与资本本身有关，更与我国发展模式与政策有关。尽管大量的代工企业规模不大，属于技术含量不高的劳动密集型企业，但由于它们能带来地方经济增长、税收增加、消费拉动，代工企业照样受到地方政府及基层政府的欢迎，地方政府反复强调为企业服务的理念与要求。F企业是巨无霸代工企业，更是受到政府的百般礼遇，在企业用地、税费等方面享受到了非同一般的优惠与支持，工业园区的治安管理很大程度上由企业保安单方面接管，外部很难介入。当F企业在跳楼事件发生之后开始逐渐向内地转移产能的时候，地方政府高度重视，极力做企业的工作，就F企业跳楼事件召开新闻发布会，政府发言人称跳楼事件涉及个体、企业、社会等多方面因素，情况复杂，有为企业开脱之嫌。凡此种种，说明政府所代表的公共权力对资本力量的维护与支持，相比之下，劳工的双重弱势特征就越发显著。劳工的双重弱势指的是劳工的市场力量与结社力量都处于弱势，劳工的市场力量是由劳动力在市场供求中地位决定的，从劳动力市场的情况看，低端的劳动力即没有技术等级证书的“普工”一直处于供过于求的状态。由于普工供过于求，替代性强，他们在与资方的市场博弈中就处于弱势；结社力量是一种关系力量，指的是劳工组织工会、罢工、岗位退出而带来的力量。据中国工会年鉴统计，截至2007年9月，农民工加入工会的人数达到6189万人，占农民工总数的51.6%。虽然从这一数据看，农民工入会率不低，但是我们要看到，私营企业工会空壳化是比较普遍的现象。F企业建立了工会，但企业工会不为工人维权，更不会为了工人的权益而站在与资方针锋相对的立场上，这一点事实上使工人处于“原子化”的状态。工人不具有结社力量，就很难与强势的资方与管理方进行博弈，F企业基层劳工占公司劳工绝大多数，他们的待遇及权益状况真实地反映了代工厂工人的双重弱势。F企业十多年来实行的“地板工资”政策，在2010年6月以前，F企业基层劳工的月基本工资约900元，加班则可多挣约1倍，如果不算加班，小时工资非常低，只是在劳工跳楼事件屡屡发生以后，F企业才宣布，自6

月1日起一线劳工加薪30%。10月1日F企业各厂区再度上调标准薪资，经考核合格的作业员及线组长的标准薪资上调为每月2000元，这是2010年F企业第二次大幅度提高基层劳工薪酬水平，加薪幅度达到66%。

二　劳方人格上从属性偏向严重

F企业的军事化管理可谓将"泰勒制"[①]推向了极致，极大地提高了劳动生产率，但在呼唤"人本管理"的今天，这种压抑人性的管理模式逐渐显现其"非经济性"。郭台铭提出了"走出实验室就没有高科技，只有服从的纪律"，工人从踏入F企业的第一天所学会的第一条纪律就是服从与绝对地服从，并接受封闭式管理和监控，从此每天在工作线上进行着简单重复而又高强度的工作，再加上每天超长的"主动"加班（据调查，F企业劳工每月加班达到117甚至140个小时），工人每天都身心俱疲地回到宿舍，根本没有时间和心情去使用企业提供的所谓健身房和卡拉OK等设施，回到住宿区后依然得接受监控管理，导致了劳工极度抑郁，以致出现了同一宿舍的劳工互相不认识的奇特现象。此外，F企业常设"检讨制"和"集合训话制"，每周业务检讨，每日交接班集合训话，常有工人被训到哭。据调查，有38.1%的工人表示曾有过被管理人员或保安限制自由的经历；54.6%的工人在不同程度上对工厂制度和管理感到愤怒；16.4%的工人表示曾有过被管理人员和保安体罚的经历，企业也因此被工人形容为像监狱，劳工对企业保持极高的服从，劳资关系一旦确立，劳动者就要服从雇主的指挥和安排，完成一定的工作，双方之间存在着管理与被管

① 泰勒制是美国工程师泰罗创造的一套测定时间和研究动作的工作方法，19世纪末20世纪初在美国和西欧广泛流行。其基本内容和原则包括：①科学分析人的机械动作，研究出最经济且效率最高的"标准操作方法"，制定生产规程及劳动定额；②实行差别工资，不同标准使用本周工资率；③实行职能或受理，建立工长制，将权力分散到下层管理人员，管理人员和工人分工合作。

理，指挥与服从的关系，管理模式过于严厉，实行体制化管理，对劳动者生活与工作的干预与限制较多。

三　忽视诉求，劳方对资方产生不满

F 企业的人力资源结构是典型的“金字塔”式，实行集中化管理，其层级为：普工—储备干部—全技员—线长—组长—科长—专理—副理—经理—协理—副总经理—总经理，如此长的等级链极大地影响了人际间的沟通以及劳工组织之间的沟通，使得组织无法倾听一线劳工的诉求，难以考虑对劳工的情感沟通与情感管理。一项调查表明，当询问工人“在结束一天工作之后是否有时会出现身体疼痛”时，近65%的受访者表示确实存在此情况。在问及“接下来两个月是否打算离职”的问题时，有 84.7% 的人选择了“是”。在离职的原因中，工资太低是最主要的原因、工作压力太大居于其次。F 企业的长时间劳动对劳工的社会交往与社会融入产生了以下后果：每天几乎不间断劳动，特别是女性在生理期间，导致的困顿和不适，使得劳工几乎无力进行交流；为保证流水线的不间断工作，工人会实现倒班制，而不规则的作息时间使得宿舍之间的交流时间交集更加有限。其次，郑州 F 企业并没有充分重视劳工对于培训的基本需求，在组织培训管理过程当中存在着很强的限制性。当前郑州 F 企业存在着很多不同程度的问题，例如：劳工很容易受到公司内部工作环境的影响，为其正常工作带来了很大的压力，这极大地压低降低了劳工的工作热情和参与度。从根本上来说，郑州 F 企业当前所组织的培训活动，并没有涉及满足客户要求和满足作业重点项目方面的培训，并且公司绝大部分的工作人员为劳务派遣劳工，对所在岗位工作流程和工作性质了解程度不高，因此很难保证在作业过程当中所生产的产品品质达到公司所规定的标准，从而就出现了很多的不合格现象或操作失误现象，为公司的产品返修工作带来了极大的压力。

四　劳资关系处于不安全状态

哪个园区都面临着生产人员高离职率的问题，这是一个突出特点，高离职率、连跳事件的发生便是双方关系濒危的表现。一线生产劳工的月离职率大概到达了 14%—19%，离职率的高峰达 40%，这不利于生产，没有稳定的劳动力人数来进行生产是不利于公司扩张的。这与 F 企业过大的压力具有紧密联系，除此之外也有其他原因，造成这一现象的主要原因有以下五个方面：第一，生产分淡季和旺季。第一季度和第二季度的订单量都非常少，那么公司的用工需求也会缩小。淡季订单较少，劳工收入也会随之降低，劳工大多是外出务工、想要赚取高酬金的劳动人民，工资过低的话，他们就自然会另谋出路。第二，公司对于普通劳工的管理不是很完善，特别是基层的管理人员对待一线工人，往往态度十分恶劣。这种机械化的管理，会造成工作单调生产劳工的不满，情绪低落，而且平时的劳动强度非常大，效率也相对降低。缺乏人性化的管理，不仅不利于企业生产效率的提升而且会造成劳工的不满，提高劳工的离职率。第三，在缺乏订单的淡季，没有生产任务的情况下，企业就不会继续加班，这时一线的生产人员的工资就会降下来，但他们一般都需要增加总收入来提高自己的生活质量。无法满足他们自身的需求时，很多人都会选择离开 F 企业，也算是一种恶性循环，加班时间越长，工资越高，但劳动强度也越大。第四，派遣公司雇用的劳工大多来自农村，没有正规训练过，同时知识水平较低，枯燥的流水线生产、粗暴的机械化管理会给他们带来心理上的压抑，这时不仅不利于发挥管理的优势，也不利于劳工自身的发展。第五，劳务派遣劳工受派遣周期影响，一旦派遣时间到期，或借调时期临了，就会有大批的劳工离开岗位，离职时间与生产高峰相互碰撞时，势必会影响产品的生产，但劳工也无法预测自己究竟何时离开，管理者也无法判断这个时机，很多因素的作用下，许多劳工很难忍受高强度的流水线生产，基本上都会另寻下家。

第五节　F 企业劳资关系问题深层原因探析

一　企业低成本战略是问题产生的根本原因

研究制造业的营利模式，不能不提台湾的施振荣于 1992 年所提出的著名的“微笑曲线”（Smiling Curve）理论，产业链如同微笑嘴型的一条两端朝上的曲线，曲线的左端是研发，右端是流通与销售，这两端是产业链中附加值更高的地方，而处于中间底端的制造业附加值最低。作为全球最大代工企业的 F 企业，正是处于产业链最底端，即“微笑曲线”利润最微薄的地方，企业也因此不得不采取低成本战略。为了执行低成本战略，同时为了打破“微笑曲线”底部的不利地位，F 企业加快了制造与出货速度，当大部分制造企业只能做到“853”产销，即 85% 的产品 3 天内出货，F 企业却能达到“982”，即 98% 的产品在 2 天内完成出货。作为拥有几十万劳工的劳动密集型企业，要加快生产速度，唯一的选择就是采用“泰勒制”把人当成机器的管理模式，因此有媒体把 F 企业的劳资矛盾称之为“人性与机器化的斗争”。为降低成本，F 企业同时想办法压缩劳工工资成本，虽然 F 企业的工资表面高于同行业水平，但实际上经过调查，劳工所谓的相对高收入必须得通过高强度的加班才有可能获得。处于产业链最底端，当成本上升时其利润不可避免地受到挤压且难以转嫁其成本风险，因而在当前劳动力成本上升的背景之下，一方面 F 企业成为了最大的受害者之一，另一方面也加剧了劳资矛盾。不难看出，采用“泰勒制”的生产管理模式是 F 企业当前不可绕开的路径，而这种落后的、非人性化的管理方式又与时下呼唤以人为主的大时代背景产生了激烈的冲突。因此，F 企业的营利模式及其采用的战略选择是产生问题的最根本原因。

二　薪酬体系缺乏合理性、公平性、竞争性是劳资矛盾产生的导火索

薪酬作为企业对劳工的回报和答谢，它是对劳工付出的努力、时间、学识、技能、经验和创造的奖励，是企业对劳工所做贡献的承认。在劳工的心目中，薪酬不仅是自己的劳动所得，它在一定程度上代表着劳工自身的价值。设计和实施一个具有激励性的薪酬体系，对企业治理效率的提升具有不可估量的促进作用，更是人力资源治理提升的一个重要方面。因此，薪酬管理的好坏直接决定着企业内部管理的质量。F企业的薪酬管理体系有以下的几个特点：第一，高平台、低增长速度。F企业劳工薪资在同行中处于较高水平，但其致命弱点是上涨速度非常慢，一般每年实际增长10%已是十分鲜见，所以F企业能招到很多优秀的人才，但却不能留住人才。第二，薪资严格管控。F企业除了通过不涨工资、严格管控加班、严格限制对外招聘来管控人力资本外，还通过减少在发达地区的投资，进行产业内陆布局来减少成本，其做法颇值得引人注意。F企业这种代工厂模式在产业链的低端，虽然企业很成功的发展了这种模式，但是就这种模式本身来讲，由于利润空间小，它把降低成本的压力转给了劳动者，在劳动密集型的代工厂模式当中，我们不可能真正实现产业升级，也就是我们经济结构的调整、提升，不可能靠这种模式完成，它只是整个结构调整的初级阶段。这种模式造成的一个结果就是在经济全球化之后，劳动力价格向下竞争，最后成本压力都转给了劳动者。因此，F企业的薪酬管理不可能是建立在压缩劳工的利益基础之上的，缺乏有效性、竞争性和激励性。作为这种生产模式的管理模式来看，F企业确确实实做到了效益的最大化，成为世界最大的代工厂，但是这种模式也出现了劳资关系的突出问题，工资低、工时长、工作高度紧张以及高强度的管理使劳动者失去了个人的空间，人与人之间的关系已经没有任何的情感联系，实际上这些都是造成悲剧的主要原因。

三　企业用工制度不规范是劳资矛盾产生的直接原因

首先是管理制度不规范。劳动合同或签约率低，大多数农民工未与用工单位签订劳动合同，一方面是一些企业用工管理不规范，不按规定与农民工签订劳动合同；另一方面是部分农民工法律观念淡薄，缺乏自我保护意识，与老板签订的“劳动合同”不规范，严格意义上来说只是雇佣合同，一旦出现问题，双方就容易产生矛盾。其次是劳动者合法权益侵害得不到合理解决。F企业忽视职工的劳动条件与安全，拖长工作时间、克扣劳动者工资、不提供劳动安全保障，甚至限制劳动者人身自由（为了加强与提高效率，生产线管理十分严格，不允许劳工之间说话，中途需要上厕所必须向上级主管报告，并且每次时间在5—10分钟之间，辞职的手续更是烦琐至极），这是严重侵犯劳动者合法权益的行为，从而引发恶性安全事故和职工群体性事件，影响社会稳定。对此，工会有责任及时反映情况，为避免劳资矛盾的激化，就维护职工劳动权益的问题同劳动者和企业进行交涉，使企业予以纠正，劳动者的合法权益不受侵害。然而，在调研中发现，工会领导人大多是由企业指派，形同虚设，矛盾常常得不到真正的调解。此外，劳动行政监管力量薄弱，往往对众多企业不能实施有效的监管，在现代市场经济当中，劳动力供大于求，作为劳动者要生存，要进入企业打工，他不敢得罪企业的老板，作为个人来讲，他是一个弱者，他怕丢掉自己的饭碗，这是一个很重要的原因。目前在劳动密集型产业、一些低端的劳动领域，以及我们广大的农民工，他为了得到这份工作，获得这份收入，只好采取忍气吞声的方式。我们的社会应该说经济发展很快，社会财富大量涌现，但是目前看来，在分配领域当中出现了比较严重的问题：财富向少数人集中，而在一线的劳动者，因为缺乏收入增长机制，工资普遍偏低，不能够体面的生活。在F企业整个管理制度当中，高度关注效益，管理集权化，可以说是严格高效，不加带任何私人感情的。虽然F企业的薪酬制度是具有东方特色家族企业的红包制度，也就是说在工人之间不得互相询问收入多少，带来了工人在分配收入领域当中互相之间的压力感和不信任；另外，F企业的劳工管理规章制度是非常严厉的，虽然说在保证代工厂的效率方面起到了一定的作用，但是“人”终究是社会人，F企业的管理理念还停留在泰罗经济人的管理理念时代，把人当成企业规章制度来进行管理，在这当中，没有任何的人情味，尤其在基层管理层面，实际上已经处于一种高度紧张的状态，很多劳工和他们班组长之间、车间班主之间、工段之间，只有工作关系，而且这种工作关系是冷冰冰的，严格按照制度办事。另外，人是社会人，而不是一个简单的经济动物，从整个管理理念来看，发展到今天已经从把劳动者看作经济人发展到看作社会人、自我实现人、复杂人的各个层次，而在F企业这种低端生产领域中的低端管理理念来看，它使得劳动者在劳动过程当中失去了人文关怀，失去了社会人与人之间的情感联系。F企业一个宿舍里面十几个人居然从来不打交道，这必然带来了劳动者的孤独感、失落感、无助感，由于企业的管理，人与人之间是冷冰冰的关系，怎么能不给他的心理带来巨大压力，致使其出现心理问题呢？

四 新生代劳工社会角色与心理特征的变化是劳资矛盾产生的主要原因

分析了F企业在管理方面存在的诸多问题之后提出假设：在相同的劳动条件下，如果是这一代农民工的父辈，会发生“连环跳”的悲剧么？在对跳楼劳工的年龄进行分析后，发现除了个别是80年代末出生的，几乎全是“90后”。为什么会出现这种现象，显然新生代的劳工与“60后”“70后”的产业工人之间存在极大的差异。首先，从“经济人”到“社会人”角色发生转变。从经济人对人性假设的角度看，我们认为老一代的产业工人属于“经济人”范畴，他们多数在农村有田有地，出门打工唯一的目的就是赚钱，回家盖房子，养家糊口，没有其他需求，所谓的人文关怀等并不在他们考虑至少不在重点关注的范围之内，而新生代的产业工人则属于“社会人”范畴，他们多数人属于失地农民，已没有退路，希望能融入城市生活；他们会玩手机、会上网，他们的思想较之父辈更加单纯而复杂，对社交、尊重等需求来得更加强烈；再者他们的民主与自我意识随着时代的变化逐步觉醒，因此在“人性与机器的斗争”中显得更加孤立而无助。其次，抗挫折能力下降，生命意识淡漠。中国正处于时代变革期，技术迅速变革，竞争日益激烈，人们生活工作节奏不断加快，使得新生代劳工的生存压力骤然增大，这是一个客观事实。但新生代的年轻人成长环境相对安逸，即使在农村，生活环境也远比他们的父辈更舒适，普遍存在缺乏吃苦耐劳的精神，抗挫折能力不足，加上生命意识的缺乏，一有问题就容易走上绝路。

五　企业缺乏相关的劳资纠纷处理机制是劳资矛盾的重要原因

随着我国加入 WTO，全球化市场经济体制逐渐建立，但与之相适应的劳动法律、法规严重滞后，增加了企业预防和处理劳资纠纷的难度。许多企业特别是非国有企业、民营企业没有“劳资纠纷处理”的意识，没有相关的管理制度和劳资纠纷处理机制。在企业看来，劳资纠纷就是坏事情，是丢人的，特别是像 F 企业，出现了劳资纠纷，往往不敢应诉，不敢与劳动者对话，要么与争议劳工私下解决，企业的合法权益没有得到保护；要么就是欺压劳工，侵犯劳工的合法权益，造成恶劣的社会影响，甚至给社会造成危害。F 企业有时会瞒报工伤，企业给工伤职工发经济补贴时不按照法律法规标准的情况时有发生，部分劳工要求鉴定享受应有的待遇；一些早年承包或自行离岗的“两不找”职工想回厂上班，或要求企业支付生活费、缴纳社会保险费，或要求经济补偿的情况经常得不到满足；企业裁减雇用人员、未签订劳动合同的临时工，这部分人要求补缴社会保险费的情况，F 企业也不给予处理。对于 F 企业来说，管理制度和危机意识都有了，但在劳资纠纷处理过程中，还是出现了很多问题，比如许多外资企业管理者法律意识淡薄，对劳动法理解过于僵化，为了不发生劳资纠纷而运用劳动法，法律如何说就如何做，忽略了劳动法及其相应的法律法规规范程度以外，以及没有规范的劳资关系中企业权益的发现与保护，即很多人力资源经理深谙人力资源管理真谛却不熟悉劳动法。

第六节　小结

F 企业作为大型代工企业，本身的业绩是让人瞩目的，但 F 企业劳工跳楼自杀的现象，折射出在经济高速增长与社会加速转型时期，传统低端制造、劳动密集型企业劳工过度劳动和权益受损的现实。本章就其现阶段的劳动用工模式、用工问题及劳资关系特点进行了详细分析，并在此基础上论述了 F 企业劳资矛盾产生的根本原因、导火索、直接原因、主要原因与重要原因。不得不说 F 企业在用工管理方式上的落后和守旧，导致了诸多问题的产生，劳工跳楼自杀事件就是其管理方式不合理的集中体现。通过研究 F 企业的劳动用工模式来帮助企业提高优化管理机制，促进企业的长远发展，同时，对缓和劳资冲突、协调社会就业配置、促进经济人性化增长、增强社会整体幸福感、缓解劳动者劳动强度和工作压力、心理压力，提升劳动者工作生活质量、确保劳动者合法劳动权益具有重要而紧迫的现实意义。

第四章　企业劳工地方认同特征及影响机制

劳工是企业的重要组成，是可以积极塑造经济景观的能动性因素，其价值不仅通过企业间或企业—地方生产关系产生，也由劳动过程决定，劳工的素质与活力是企业和地方发展的根本动力。我国拥有十分丰富的劳动力资源，但是庞大劳动人口在促进经济发展的同时也展示出众多问题，劳工在解决温饱问题之外对精神层面的关注日益增多，就业选择已不仅仅是关注金钱，对地方的认同状况等也成为其重要的价值取向。但是以往对地方认同的研究中，国内外人文地理学者主要围绕休闲—游憩场所、主题餐厅、传统村落等“正式”场所展开，劳动力因素在企业等“非正式”场所的地方认同状况并没有被放在重要位置加以考虑，只是将其作为一个影响企业布局的区位因素关注其经济问题，对社会问题关注较少。

郑州 F 企业作为园区核心企业，劳工人数常年最低保持在 12 万人左右，高峰期达到 30 余万，劳动力市场弹性特征明显。因此，研究郑州 F 企业的劳工地方认同状况对 F 企业乃至中国其他企业都具有重要示范意义。基于此，本章以地方认同理论为指导，以郑州 F 企业作为典型案例，在经济全球化背景下从劳工心理微观层面出发，探讨特定时期、特定地方企业劳工的地方认同特征和机制。根据上述思路，本章围绕地方认同的研究进展、劳工地方认同的形成、劳工地方认同的尺度展开论述，从理论上分析劳工地方认同的内在特征和形成机制。

基于劳工地方认同形成机制的理论基础设计问卷量表和访谈问题。完成以下工作：（1）利用SPSS统计量表各项指标并结合深度访谈和调研过程中观察到的情况分析F企业劳工的地方性特征。（2）采用有序Logistic回归模型详尽分析在企业、园区、城市三个尺度下劳工地方认同的特征和差异。（3）采用结构方程模型综合分析劳工地方认同的形成机制。通过本章对劳工地方认同进行多尺度定量分析。

第一节　问题提出

一　研究背景

随着经济全球化时代的到来，经济的增长给企业和地方带来了巨大的竞争压力。如何在不断增长的竞争中保持领先地位，劳工就成为了决定企业和地方发展状况的关键。劳工的素质与活力是企业和地方发展的根本动力。企业和地方只有将劳工和其他因素有机结合起来，才能获得二者的长远发展和最终成功。研究劳工地方认同状况对企业和地方的发展有不可忽视的作用。

Proshansky通过对“地方”的理解，在环境心理学领域最早提出“地方认同”的概念，认为地方认同是自我认同的一部分，是“通过人们有意识和无意识中存在的想法、信念、偏好、情感、价值观、目标、行为趋势以及技能的复杂交互作用”，与社会认同相对，是“与物理环境有关”的个人认同。地理学对地方认同的理解则更为复杂，不只关注区域特性与个体自身，还关注区域特征如何作用于个体心理，进而影响其地方认同的产生机制。人文地理学者以往对地方认同的研究主要围绕休闲—游憩场所、主题餐厅、传统村落等“正式”场所展开，对基于不同维度“非正式”场所的劳工的地方认同状况关注较少。劳工最早被被动地视为位置计算中的惰性“因素”，被视为“可变资本，是资本本身的一个方面”，直到20世纪80年代，劳工在经济地理学界开始受到重视，作为行为主体，劳工被认为存在与资本明显不同的方式塑造经济景观，并通过自己的行动有意或无意地影响着经济地理的发展，是资本主义经济地理空间景观的积极塑造者。20 世纪 90 年代中后期劳工地理学（labor geography）的提出使得经济地理学界开始把劳工问题置于经济地理学研究的中心位置。Herod 提出“劳工空间修复”的概念，认为工人通过发挥主观能动性，在经济景观创造的理论建设和实证研究中发挥着积极和核心的作用。表现为劳工为了获得收益，嵌入新的地方工作环境和社会环境，通过表达自我、消解无力感和提升价值感，在不断自我反思过程中，获得自我认同，最终达到自我实现。

20 世纪 70 年代中期新自由主义政策开始实施，经济组织模式也由“福特主义”向“后福特主义”转变，为雇佣方式的转变创造了条件，促使国家、组织和工人寻求更大的就业灵活性。全球经济变化增加了企业之间的竞争和不确定性，给企业带来了更大的压力，为了争取更大的利润，雇佣方式变得更加灵活，劳工自身的能动性和流动性也越来越强。劳工面临来自不同方面的压力越来越大，负面影响明显，这就造成了他们对自己工作的安全感和满意度状况发生变化，劳工安全感和工作满意度的变化进而影响劳工地方认同的构建。地方政府政策、区域劳动力特征、交通区位条件是 F 企业在郑州投资设厂的主要原因。F 企业作为大型劳动密集型企业，有着巨大的用工需求，而河南作为劳动力大省，在郑州投资设厂符合劳工导向型企业的选择。但是显著的人口红利背后存在着一系列更为复杂的劳工问题，主要原因就是作为“代工之王”的 F 企业长期处于被压榨的微利状态，其劳资纠纷问题难以根本解决。事实上，F 企业作为劳工地方认同形成的主要载体，不能为其形成提供健康的“土壤”，不具有劳工自我实现的基础环境。使得劳工个体和劳工之间的心理层面问题开始凸显。截至 2017 年媒体报道，由于劳工冲突、薪资调整、工作时间、岗位分流等问题，全国 F 企业负面事件共 43 起，其中，大型罢工事件 8 起、跳楼事件 33 起、持械斗殴事件 2 起。这既不利于 F 企业自身发展，也不利于社会经济的可持续发展。事实上，F 企业劳工问题不仅是企业和社会发展问题，更是民生问题。党的十四大提出，中国经济要转向高质量发展，这就要求在更加复杂的社会背景下，富士康要在保证生产力的同时，解决内部劳资矛盾，从提升劳工地方认同出发，增强企业市场竞争力。因此，基于不同空间尺度，从劳工心理微观层面分析特定时期、特定地方的企业劳工地方认同特征及机制，可以为企业健康发展和区域经济可持续发展提供科学的理论依据。

二　研究意义

（一）理论意义

目前国内外人文地理学者对地方认同的研究已经相当丰富，但对不同维度“非正式”场所的劳工地方认同状况关注仍较少。本研究以郑州 F 企业作为典型案例，在经济全球化背景下，基于不同空间尺度分析劳工心理微观层面在特定时期、特定地方的地方认同特征和机制可以为地方认同研究提供有效补充，进一步扩展和丰富相关理论。

（二）实践意义

本章以郑州 F 企业为案例，基于不同空间尺度，对郑州 F 企业劳工地方认同状况进行分析，探讨企业劳工地方认同特征和机制，有助于重新理解中国正在发生的经济转型和空间重构背后劳工地方认同状况对企业、地方发展的影响。剖析郑州 F 企业劳工地方认同特征和机制，力图通过地方典型经验为理解企业与区域发展的战略耦合关系提供有效“均衡解”。

第二节　研究述评

一　地方认同的研究进展

地方认同（place identity）概念最早与地方依赖（place dependence）、

地方依恋（place attachment）一同被提出。“地方”一直是人文地理学领域最重要的理论研究之一，但是受到的争议也颇多，毫无疑问，“地方”是人与环境感情联系所创造出的概念，可以从物理环境、人类活动以及其心理意义三个方面进行理解，由于“心理意义”的复杂性和多变性，从主观性角度对“地方”进行探讨，意义重大。“认同”是个体内部的、每个人固有的无意识的驱动力，最早是哲学概念，在心理学领域广泛应用，随后被引入人文社科领域。不同学科对“认同”的理解存在不同的解释。Proshansky 通过对“地方”的理解，在环境心理学领域最早提出“地方认同”的概念，他认为，地方认同是自我认同的一部分，是“通过人们在有意识或无意识中存在的想法、信念、偏好、情感、价值观、目标、行为趋势以及技能的复杂交互作用”，与社会认同相对，是“与物理环境有关”的个人认同，认为人通过对地理意义上“地方”的依恋而获得一种归属感。Sarbin、Korpela、Bricker 等人在 Proshansky 的基础上对“地方认同”进行了补充，认为地方认同受到特定情节和自我功能性原则的影响，是态度、价值观、思想、信仰、意义和行为倾向等的集合体，远远超出情感依恋，归属于特定的地方，是自我认同的一部分，是社会认同的显著成分之一。国内人文地理学者对地方认同也多有研究，唐文跃在讨论地方感研究的主要领域及其进展时认为，地方认同是对某个地方作为社会角色自我感知的一部分认知。朱竑认为地方认同的内涵具有多元化、不断变化的特点，要求人文地理研究者从“地方”本身入手来理解人地互动过程，解读不同的社会、文化、政治与经济情境下“地方”建构的不同方式及其背后的社会与文化关系。在对地方认同研究中，维度划分至关重要。由于不同学者学科背景和研究目的差异、对地方认同概念理解的不同，对维度的划分出现了不同的结果。Proshansky 从环境心理学学科出发，认为地方认同是多个维度的，包括有意识和无意识的观点、信念、偏好、感觉、价值观、目标以及行为倾向和技能，这为地方认同维度的划分提供了思想前提。Breakwell 将地方认同划分为 4 个维度：独特性（distinctiveness）、连续性（continuity）、自尊（self-esteem）和自我效能（self-efficacy）。Lalli 提出的“居住城市认同量表”，研究强调人与环境间的联系，认为个体对地方的熟悉程度、归属感是地方认同的评估标准，将地方认同划分为 5 个维度：外部评价（external evaluation）、总体依恋（general attachment）、承诺（commitment）、连续性（continuity with personal past）和熟悉感（perception of familiarity）。Droseltis 等将地方认同分为自我延伸（self-extension）、环境适宜（environmental fit）、地方—自我一致性（place-self congruity）及情感依恋（emotional attachment）4 个维度。人文地理学方向学者对维度划分进行了不同程度的创新，郭文露等在 Proshansky 等和 Breakwell 的基础上，归纳出 5 个主要维度，分别为认知、情感、行为、自我效能和承诺，探索大学生地方认同的组成结构；胡宪洋等采用自然独特性、人文独特性、自我效能、环境可管理性、一致性、自我尊重和依恋 7 维度模型设计地方认同量表，研究旅游目的地地方性外部认同的隐含逻辑，明晰地方性游客认同的基本结构。随着近年来地方认同相关理论的不断发展，地方认同维度多样化日趋明显，呈现与研究密切相关的独特性。

综上，目前国内外人文地理学者对地方认同的研究已经相当丰富，主要围绕地方理论与目的地影响和管理、休闲—游憩场所、主题餐厅、节事活动、传统村落等展开，但是对基于不同空间尺度劳工的地方认同状况关注较少，本研究在经济全球化背景下从劳工心理微观层面分析在特定时期、特定地方企业劳工的地方认同，可以为地方认同研究提供有效补充。

二　劳工地方认同的形成

（一）劳工地方认同行为研究

劳工地方认同形成的过程，是劳工与地方环境相互作用而发生的嵌入过程，20 世纪 70 年代末之前，劳工在理论研究中一直不被重视。

许多经济地理学家和资本主义空间经济的地理理论家同时也是主流的马克思主义者都忽视了劳工在资本主义经济地理中的作用，或者经常以被动的方式思考它们。尽管经济地理学家已经发表了大量的文章，试图了解资本如何试图以特定的方式使资本主义的地理有利于资本主义社会关系的积累和再生产，但很少有研究试图明确地从理论上阐明工人如何积极地塑造经济景观。在他们对资本主义空间经济动态的解释中，新古典主义和马克思主义的地理学方法都主要从资本（以企业、企业等形式）如何流动的角度来考虑劳工。企业和地方只是根据特定地区劳工之间的差异作出投资决定，正如韦伯所说“劳动力只在它的成本随区位的不同而不同这一点上，可以成为一个考虑的因素”。对主流学者来说，决定经济活动区位或企业结构的是各种生产和消费因素，而对马克思主义者来说，是资本在起作用，资本在不断寻求利润的过程中创造景观。在这两种观点中，资本家被理论化为能够通过他们的投资决策积极对经济地理作出分析，而工人则被被动地视为位置计算中的惰性“因素”，被视为“可变资本，是资本本身的一个方面”。

20 世纪 80 年代，劳动力开始受到重视，经济地理学家认为劳动力作为行为主体以与资本明显不同的方式塑造经济景观，通过自己的行动有意或无意地影响着经济地理的发展，是资本主义经济地理空间景观的积极塑造者。Walker 和 Storper 深入探讨了劳动力作为区位因素对企业发展的作用。他们批判了新古典主义经济地理学、马克思主义理论中把劳动力等同于商品和否定生产过程中人的因素的行为。劳动力有和商品的相同之处，但是又不同于商品，他们通过自身行为影响着整个劳动过程。如威尔士矿工和钢铁工人的文化和工作实践是界定南威尔士煤田区域劳动分工的关键；20 世纪 20 年代和 30 年代加州的移民农场工人是如何在塑造农业景观方面发挥积极作用的，他们利用巡回组织者将全州各地的劳工斗争联系起来，并削弱种植者遏制从而解决某些当地社区工人纠纷的能力；汽车行业不断变化的经济背景导致加拿大和美国工人在20世纪80年代采取截然不同的地理战略，最终导致加拿大当地人脱离美国汽车工人联合会，并对该行业的地理结构产生了更广泛的影响。

20世纪90年代中后期劳工地理学（labor geography）的提出使得经济地理学界开始把劳工问题置于经济地理学研究中心位置。Herod提出“劳工空间修复”的概念，认为工人通过发挥主观能动性，在经济景观创造的理论建设和实证研究中发挥着积极和核心的作用，主要有三种形式：适应/弹性（Resilience），在不改变劳资关系的情况下，应付现在的工作状况；重制（Reworking），为了改善物质生活条件，改变劳资关系，进行资源的再分配；抵抗（Resistance），改变资本主义生产关系，自由分配时间和自身劳动力。不同于劳动力地理学（geography of labor）只把劳动力作为生产要素中的一个区位因素，利用他们的专业技能来帮助企业进行区位分析。劳工地理学（Labor geography）认为通过工人视角看待经济地理学的形成过程，理解工人如何把利用和创造空间作为他们日常和实现自我重塑的一部分，并将行动者置于所在区域的生产和再生产情境之中，进一步拓展劳动力空间。对于劳工具有和资本相似的“空间修复”能力的认识促使了全球生产网络、地方劳动力管控理论和劳工地理学之间的交流。20世纪70年代中期新自由主义政策开始实施，经济组织模式也由“福特主义”向“后福特主义”转变，为雇佣方式的转变创造了条件，促使国家、组织和工人寻求更大的就业灵活性，传统的雇佣方式开始瓦解。全球经济变化增加了企业之间的竞争和不确定性，给企业带来了更大的压力，为了争取更大的利润，雇佣方式变得更加灵活，劳工自身的能动性和流动性也越来越强。地理学在劳工问题的研究中不同于其他学科的地方在于，认为劳工的能动性不是独立存在的，而是依附于特定的地理空间。Coe于2011年和2013年在《Progress in Human Geography》连续撰文对全球生产网络中的劳工问题进行了重新思考，认为劳工能动性不是独立存在的，而是受到全球生产网络的影响，并嵌入劳工所在地方的特定制度、经济和社会关系实践之中。因此，在经济全球化背景下，分析劳工能动性如何受制于地方“情境”的影响，将有助于重新理解特定时期特定地方正在发生的经济转型和空间重构。

（二）劳工地方认同测度研究

劳工为了获得收益嵌入新的地方工作环境和社会环境、通过表达自我、消解无力感和提升价值感，在不断自我反思过程中，获得自我认同，最终达到自我实现。

劳工与环境相互作用过程的产生基于环境的自我感知，主要表现为劳工安全感和工作满意度。对劳工安全感的研究首先来源于劳工的不安全感，随着社会经济的不断发展，产业结构的升级与调整，企业自身也在不断发生着变化，劳工面临来自不同方面的压力越来越大，这就产生了劳工的不安全感。所谓劳工安全感就是指在工作环境中，对维持预期工作的一种心理上的感受。当劳工对自身工作的确定性越强，其自身的安全感也就越强。国外关于劳工安全感的研究是自 20 世纪 70 年代末开始的，经济衰退、产业结构调整、技术变革、全球竞争的加剧极大地改变了工作的性质。为了降低劳动力成本和提高竞争力，大多数工业化国家的企业都参与了重组、裁员和“合理规模”的工作。从企业自身的角度来看，这为许多公司提供了功能和数量上的灵活性，以适应不断变化的环境。但从个体的角度来看，负面影响明显，数以百万计的工人流离失所，这就造成了他们对自己工作的性质和未来的存在产生了不安全感。越来越多的文献表明，对工作不安全感的感知可能会对劳工的态度产生不利影响，表明劳工的安全感状况对劳工自身以及对企业的发展产生着巨大的影响。在对劳工安全感的研究中主要存在 Maslow、Herzberg 和 Super 三种观点：Maslow 的需求层次理论认为在不同的企业中，所有劳工都倾向于选择有保障的工作，这会增加他们的工作动力和安全感；Herzberg 的双因素理论则与 Maslow 认为安全是一种动力的观点相反，Herzberg 认为安全是一种外在因素，如工资和工作条件等；Super 职业发展理论认为工作安全感的主要组成部分是资历和稳定的公司。综上，本章认为劳工安全感是指在不断变化的环境中，劳工对自己所处环境的一种心理预期，影响工作安全感的因素有经济发展、产业结构、工资状况、工作环境等。

工作满意度一词是在 Hoppock 所著《工作满意》一书中首次提出的，他认为劳工的工作满意度是心理和生理两方面共同作用的，是对工作环境满足的程度；对工作满意度的定义包括三个方面：（1）工作满意度是劳工在工作情景中的一种主观感受；（2）工作满意度是劳工预期与实际工作所得的一个差值，工作所得与预期越接近工作满意度越好；（3）劳工对客观环境的主观感受，这种主观感受受到客观环境、个体差异等的影响；Vroom 认为工作满意度是指劳工在工作中所扮演角色对组织的情感态度；Robbins 认为，工作满意度是劳工对所在企业的一般态度；Adams 认为工作的满意程度受到工资状况的影响；Maslow 认为个体动机的获得程度影响个体的满意度；Locke 则认为个人价值观和工作组织价值观的统一度是影响劳工工作满意度的直接因素。综合上述理论，本章认为工作满意度是指劳工对工作环境、公司制度、居住环境等的一种体验和感受。

受 Tajfel 认同理论的启发，本章将劳工的地方认同定义为：劳工在不同社会尺度的活动中，基于个人属性、社会属性、劳工安全感、工作满意度和企业归属感状况的主观性态度，并且这一主观性态度视不同社会场景和工作场景变化而变化。

三　劳工地方认同的尺度

（一）劳工地方认同的微观尺度

在对地方认同的研究中，存在于不同空间和尺度的人们的地方认同状况存在特殊性。人们对与个体生活更接近的尺度认同明显更强。地方一词存在两种含义：一是指代具体的一个地点；二是指在空间尺度存在差异的一个范围，如一个房间、社区、城市。空间尺度差异，是诸多研究中的独特类型，因空间的连贯性与包含性而具有特别的研究意义。本章基于空间尺度从企业、园区、城市三个尺度研究劳工地方认同。

企业认同主要通过企业归属感来衡量，企业归属感对企业发展尤为重要。企业归属感是指在精神和物质层面下企业劳工与企业牵绊的程度，在个体意识中把自己归属于企业，与企业融为一体，把企业利益放在最高位置是劳工企业归属感强的表现。增强劳工企业归属感是增强企业竞争力、凝聚力的根本所在。20世纪中叶，企业归属感一词被首次提出，提出者Salancik认为企业归属感是指个体对所在企业的依恋在行为上的表现有四条行为标准，分别是：清晰性、自愿性、持久性和公开性。在企业归属感对企业影响方面最早作出解释的是美国西北大学商学院心理学系学者，他们认为企业归属感是一种劳工对企业的态度，企业归属感越强，对企业的表现越积极，工作效率等方面的表现越好。1998年美国密歇根大学研究人员通过实验认为归属感是一种寄托，是一种社会角色的选择，是一种把自己隶属于某个群体的并对其产生自豪感和骄傲的情感体验。从不同的角度出发，不同学者对企业归属感的定义不同。腾雁认为，企业归属感强主要表现为四个方面：从企业角度考虑问题、积极工作、遵守制度和暂无离职意向；张朝抒从行为支持角度提出，劳工的企业归属感主要表现为对企业的“依恋”，对企业的“依恋”感受越强，在企业面临困难时越容易和企业共同抵御困难；王炎明认为归属感指由于精神、物质两方面的共同作用使得某一个体对所属整体产生高度的信任和深深的眷恋从而使该个体在潜意识里将自己融入整体中，将整体利益作为自己行事的出发点和归结点；李红华从精神状态角度分析认为，劳工企业归属感是一种精神状态，归属感越强越容易融入企业与企业共同发展进步；陈正认为劳工的企业归属感是个体在工作单位中承担相应的角色时产生的对工作单位的一种心理依附情感，即劳工对企业认可的前提下将自己归属于企业，产生亲切、信任、自豪等积极情绪体验，并通过实际行动来证明自己是企业的一员；汪天娇认为劳工企业归属感状况决定了劳工对自身的约束力和责任感，关系认同、劳工关怀、信任和尊重是影响劳工企业归属感的重要因素；韦洋旸认为工作环境、团结和谐、合理薪酬机制是增强劳工企业归属感的重要因素。综上，本章认为劳工企业归属感是指劳工在工作时产生的一种因企业获得进步时而感到骄傲和因自己是企业的一员而自豪的情绪体验，是对企业的认同。

（二）劳工地方认同的中宏观尺度

园区作为社区中劳工工作和生活的社区，园区认同与社区认同存在相似和相同之处。舒晓虎认为社区认同的基础是居民之间相互频繁的交往和互动。园区作为劳工生活和工作的场所，是劳工生存和发展的物质基础，存在“园区生长点”，人们与其生活和工作的场所存在着特殊的联系，这些联系最终就会促进园区认同的形成；宋瑞华认为园区认同状况是通过工作满意度来衡量的，园区工作满意度是指一个人根据内心标准对工作特征进行解释后所得到的结果，影响园区认同的因素有：园区的软、硬件环境，文化环境和生态环境以及非工作因素。Tajfel 认为城市认同刻画了个体对某个城市的归属感和热爱程度；蒋如意认为城市认同是指，外来务工人员与城市管理机构、居民逐步建立相互信任的关系，顺利融入城市，产生对城市的认同，逐渐将城市生活作为参照对象和评价标准，更多地将自己归类于城市市民，借此获得归属感；滕朋认为城市认同是互相认同，也是一种自我互动，是个体与他人交往的产物；贵永霞将城市认同定义为对城市人群、城市环境的肯定、趋同以及融入归属；陈映芳认为城市认同既是一种制度安排，也是一种自我建构，它是个体因素、制度因素和网络因素综合影响的产物；蔡禾认为影响城市认同的因素主要有市场能力、制度压力、社会网络因素；杜斌认为经济能力、家庭支持、城市体验和制度政策等方面对劳工城市认同产生影响；叶鹏飞认为城市认同主要受市场性、文化心理性和制度性三类因素的影响。综上，本章认为园区和城市认同是指劳工在工作和生活过程中因社会制度、经济条件、软、硬件环境、工作满意度等共同作用下所形成的认同状况。

第三节 研究方法

一 信效度检验

（一）遗漏值检验

遗漏值检验可分析问卷题目的遗漏状况，检验被试者对题目的回答倾向，进而了解问卷题目的有效性。本次数据均通过问卷星收集，作答项目均无遗漏，因此不删除问卷中的题目。

（二）区分度检验

区分度可反映问卷中题目的有效程度，本章采用临界比率法（CR值）初测问卷的项目区分度。将被试的问卷总分进行降序排列，记录前27%为高分组，后27%为低分组，对高分组与低分组在每个题目上的得分进行独立样本t检验，删除差异不显著（即 $p>0.05$）的题目（见表4－1）。

表4－1　劳工认同问卷区分度检验

题号	T	题号	T	题号	T
C1	28.15***	D4	33.98***	E12	25.02***
C2	24.37***	D5	35.98***	E13	34.35***
C3	8.72***	D6	30.56***	E14	47.54***
C4	14.87***	D7	40.39***	E15	36.03***
C5	30.32***	D8	16.94***	F1	31.21***
C6	29.47***	D9	36.17***	F2	41.4***
C7	26.69***	D10	26.14***	F3	53.82***
C8	27.08***	E1	38.25***	F4	52.6***
C9	26.88***	E2	27.67***	F5	39.89***
C10	25.99***	E3	43.36***	F6	39.47***
C11	16.76***	E4	34.51***	F7	38.16***
C12	20.41***	E5	51.18***	G1	30.82***

续表

题号	T	题号	T	题号	T
C13	7.5***	E6	38.74***	G2	31.71***
C14	6.61***	E7	40.75***	G3	38.92***
C15	15.83***	E8	47.49***	G4	34.8***
D1	44.49***	E9	26.56***	G5	41.27***
D2	36.8***	E10	40.83***	G6	46.36***
D3	41.69***	E11	49.92***	G7	32.37***

（三）信度检验

信度检验显示 Cronbach's Alpha 系数最小为 0.79，最大为 0.91，表明此问卷信度较好（见表 4－2）。

表 4－2　　劳工认同问卷信度检验

变量	Cronbach's Alpha	标准化 Cronbach's Alpha	问题个数
劳工安全感	0.79	0.80	15
工作满意度	0.88	0.88	10
企业归属感	0.95	0.95	15
园区认同	0.91	0.91	7
城市认同	0.88	0.89	7

（四）效度检验

进行因子分析，首先需要做适合度检验，通常可做 Bartlett's 球形检验和 KMO 取样适合度检验。一般而言，KMO 值至少要达到 0.7 以上。本章对 1485 份问卷进行初次因子分析时，变量的 KMO 值最小为 0.83，最大为 0.96。Bartlett 球形检验 $\chi^2=6680.49$（最小）、$\chi^2=20902.80$（最大），（自由度最小为 21，最大为 105），结果均显著（$p<0.000$）（见表 4－3）。

表 4－3　　劳工认同问卷效度检验

变量	KMO	χ^2	自由度	显著性
劳工安全感	0.83	9194.12	105	0.000

续表

变量	KMO	χ^2	自由度	显著性
工作满意度	0.91	8046.56	45	0.000
企业归属感	0.96	20902.80	105	0.000
园区认同	0.91	7748.70	21	0.000
城市认同	0.89	6680.49	21	0.000

（五）关联度检验

为了考察F企业劳工量表的效标关联效度的有效性，该研究采用person积差相关法分别计算样本劳工安全感、工作满意度、企业归属感、园区认同、城市认同得分之间的相关关系，以此作为衡量效标关联效度的指标，结果显示（见表4－4），各量表得分均呈正相关，且均在0.01的置信水平下显著。表明其关联度较好。

表4－4　　劳工认同问卷关联度检验

	C_ sum	D_ sum	E_ sum	F_ sum	G_ sum
C_ sum	1				
D_ sum	0.580***	1			
E_ sum	0.594***	0.761***	1		
F_ sum	0.589***	0.711***	0.814***	1	
G_ sum	0.572***	0.677***	0.739***	0.830***	1

注：***表示相关性在0.01的置信水平下显著。

二　有序Logistic模型

由于本章分析的被解释变量较多，劳工地方认同作为因变量其水平数大于2，且本研究问卷题项的回答可分为非常不同意、不同意、不清楚、同意、非常同意5个等级，属于排序选择问题，为有序变量，因此采用有序Logistic模型来分析F企业劳工地方认同特征，其基本形式为：

$$\text{logit}(P_j)=\ln\left(\frac{p(y\leqslant j)}{1-p(y\leqslant j)}\right)=$$

$$\alpha_j + \sum_{i=1}^{n} \beta_i x_i \quad (j=1,\ 2,\ 3,\ 4,\ 5;\ i=1,\ 2,\ \cdots,\ n) \tag{4-1}$$

式中，y 是被解释变量，代表 F 企业劳工的地方认同，x_i（$i=1$，2，…，n）是解释变量，代表 n 个影响劳工地方认同的因素，α_j 是截距参数，β_i 是回归系数。

三 结构方程模型

劳工企业认同、园区认同、城市认同之间存在复杂的交互关系，结构方程模型（SEM）可以从众多题项中提取潜在变量（即因子），从而达到压缩题项数量，得到抽象概念的目的。能同时处理多个因变量（包括潜在变量和因变量）容许自变量和因变量含有测量误差，还能同时处理观测变量、潜在变量及误差项。直接验证因子与题项之间的关系，直观揭示出潜在变量之间的关系，并估计出理论模型与实际数据之间的拟合程度。基于此，本章采用结构方程模型（SEM）来检验劳工属性、劳工安全感、工作满意度、劳工企业认同、园区认同、城市认同之间的关系。测量方程和结构方程如下：

$$x = \Lambda_x \xi + \sigma \tag{4-2}$$

$$y = \Lambda_y \eta + \varepsilon \tag{4-3}$$

$$\eta = \beta\eta + \Gamma\xi + \delta \tag{4-4}$$

式（4-2）、式（4-3）分别为外生潜变量和内生潜变量测量方程，x 和 y 是外生和内生观测向量，ξ 和 η 分别为外生和内生潜变量向量，其中外生潜变量是指劳工属性、劳工安全感、工作满意度、企业认同、园区认同、城市认同。Λ_x 和 Λ_y 为待估参数矩阵，σ 和 ε 为测量方程的测量误差向量。式（4-4）是结构方程，β 是反映内生潜变量之间相互影响的待估参数矩阵。Γ 是反映外生潜变量 ξ 对内生潜变量 η 影响的待估参数矩阵，δ 是结构方程的测量误差向量。

第四节　F企业劳工地方认同特征分析

一　F企业劳工的地方性特征

从不同社会维度的郑州F企业劳工特征的统计数据来看，来自河南省内的1359人，占总样本数的91.51%，来自河南省外126人，占样本总数的8.49%，由此可见，郑州F企业吸引的几乎全部是河南籍劳动人口，这也是河南作为人口大省吸引F企业在本省设厂的优势之一。基于被调查对象的社会学特征分析，性别差异较大，男性人数占比相对较高，男女比例分别为59.46%、40.54%，表明在选择工作时男性更倾向于选择外出务工，女性相对较少。这是因为男性作为家庭内部主要劳动力，更倾向于外出务工，而女性大多因需要照顾家庭更倾向于选择在距离家庭比较近的地方工作，这些也可以通过不同维度下男女占比情况得到验证。F企业位于郑州，在来自郑州及下辖区县地区的F企业劳工中男女性别差异并不显著，但是在来自除郑州外河南籍其他地区和河南省外的F企业劳工中男性占比明显高于女性。

就婚姻状况而言，不管是从样本总体情况出发还是从不同维度来看F企业已婚劳工比例都远高于未婚劳工，结婚后的人们更多地开始寻求安稳，需要一个稳定的环境去工作从而照顾家庭，F企业正好符合这一情况，工作稳定，日常开销少，工资按时发放等这些都更符合已婚人士的需求。从年龄结构来看，主要以新生代劳工为主，16—25岁的青年人占比为22.22%，26—35岁的年轻人占比为61.82%，36—45岁的中年人占比为13.47%，46岁及以上的劳工仅占样本总量的2.02%，35岁及以下的青年人占总样本的比重高达84.04%。新生代劳工占比大的原因首先从招工方面来看，在我们所了解到的中介机构的招工信息中大都把招工年龄限制在16—48周岁这个区间内，所以F企业劳工年龄趋于年轻化；其次，F企业存在大量招收暑假工和与学校签订协议让学生进厂实习以缓解生产旺季F企业劳工短缺问题的情况；再次，现在的很多年轻人愿意到F企业工作，与学历情况相结合，在总样本中有98.52%的劳工是研究生以下学历，高中及以下学历占样本总量的48.49%，接近样本总数的一半，这些人学历相对较低，没有专业技能，而F企业的工作，脑力劳动少，精神压力小，工作环境也好；最后，是由新生代劳工自身特点决定，新生代劳工已基本不存在初代劳工那种过重的乡土情结，他们更愿意外出寻找机会，改变自己的命运，所以F企业劳工更趋于年轻化。

从进入F企业的方式来看，熟人推荐的占比最高，为26.40%，其次是内部招聘、中介公司、学校招聘、网络招聘和其他，分别为19.80%、17.37%、16.70%、11.31%、8.42%，熟人推荐和内部招聘主要是靠F企业劳工的社会关系进行招工，社会网络在其中发挥着重要作用，对朋友和亲人的信任感会使人们更愿意进入F企业工作。F企业劳工通过向企业推荐劳工可以获得相应提成，激励了熟人推荐和内部招聘这两种招工方式的发展。

从F企业劳工的居住方式来看，有48.89%的人选择在宿舍居住，接近劳工总数的二分之一。主要原因是宿舍费用低，每月仅需300元；其次，F企业园区位于郑州郊区，社会人士众多，人员复杂多样，安全性低，宿舍区有专门的管理人员负责，安全性更好；F企业劳工中选择租房的占30.10%，人数相对较高，这是因为F企业园区周围存在大量廉租房，房租为500—600元不等，费用较低，且大多为情侣和已婚劳工，为了照顾家庭，在宿舍区居住不方便。也有少数组长、线长为了追求更好的生活环境在外租房，房租在1000元以上。租住廉租房的劳工大多都在F企业园区附近的城中村张庄租住，一是房租低，二是距离乘坐厂车的园区近，交通便捷度高，可为F企业劳工上班节约时间。选择买房的劳工占总人数的18.86%，这其中除了极少数管理层领导在郑州当地买房，多数劳工选择在家乡。最主要的原因是郑州房价过高与个体工资收入不匹配，其次是不打算长期留在F企业，准备挣够了钱就离开，对郑州归属感较低。

从进入F企业工作时间来看，F企业劳工流动性较大，在F企业工作时长1—5年甚至更长时间不等，符合F企业劳工人口流动大的特点，在工作时长中占比最高的工作"5年以上"的仅占劳工总数的40.34%，说明F企业劳工对企业甚至是对地方的归属感相对较高，但是仍有超过一半的劳工因无法适应厂区环境和工作环境、工作节奏、领导管理等离开工作岗位，在工作时长中有28.15%的劳工工作时间不足一年，首先，是F企业存在大量暑假工、短期工、临时工，他们在F企业工作时间很短，或者回到学校继续读书；或者把F企业作为中转站，当找到更好的工作时就会离开；还有一部分人是为了拿高额"返费"。所谓"返费"是F企业在生产旺季需要大量劳工时采取的一种经济手段，可以在短时间内迅速吸引大批人员，以此帮助F企业度过订单量大增的时期，通常只需要工作90天就可以拿到，90天后F企业生产旺季已过，多数人会自动离职，F企业也不需要支付高昂遣散费，实现双赢。2020年，受到新冠肺炎疫情影响，部分劳工因无法离开家乡回到自己的工作岗位选择到F企业工作，这是今年特殊年份下F企业人口流动的又一个原因。

从工资水平来看，工资在2000—3000元、3001—4000元、4001—5000元以及5000元以上的劳工占比分别为26.53%、39.73%、19.06%、14.68%。F企业劳工基本工资为2100—2300元不等，工资水平在3001—4000的劳工占总体部分的三分之一以上，劳工月生活消费在1000元左右，如果购进其他物品或去一次郑州市区能够留下的并不多，F企业劳工收入与郑州当地居民收入形成断层，这也是劳工在当地没有办法完全融入，地方认同情况较差的原因（见表4－5）。

表4－5　　　基于不同社会维度的郑州F企业劳工特征

	郑州市		河南省内		河南省外		总体	
	人数	占比（%）	人数	占比（%）	人数	占比（%）	人数	占比（%）
性别								
男	274	55.35	794	58.43	89	70.63	883	59.46

续表

	郑州市		河南省内		河南省外		总体	
	人数	占比（%）	人数	占比（%）	人数	占比（%）	人数	占比（%）
女	221	44.64	565	41.57	37	29.37	602	40.54
婚姻状况								
已婚	362	73.13	869	63.94	77	61.11	946	63.70
未婚	133	26.87	490	36.06	49	38.89	539	36.30
年龄								
16—25 岁	76	15.35	303	22.30	27	21.43	330	22.22
26—35 岁	322	65.05	839	61.74	79	62.70	918	61.82
36—45 岁	83	16.77	182	13.39	18	14.29	200	13.47
46—55 岁	8	1.62	29	2.13	1	0.79	30	2.02
55 岁以上	6	1.21	6	0.44	1	0.79	7	0.47
受教育程度								
初中及以下	87	17.58	233	17.14	8	6.35	241	16.23
高中及中专	137	27.68	445	32.74	34	26.98	479	32.26
大专及本科	262	52.93	660	48.57	83	65.87	743	50.03
研究生及以上	9	1.82	21	1.55	1	0.79	22	1.48
进入方式								
学校招聘	87	17.58	210	15.45	38	30.16	248	16.70
内部招聘	90	18.18	278	20.46	16	12.70	294	19.80
中介公司	78	15.76	243	17.88	15	11.90	258	17.37
熟人推荐	131	26.46	359	26.42	33	26.19	392	26.40
网络招聘	66	13.33	153	11.26	15	11.90	168	11.31
其他	43	8.69	116	8.54	9	7.14	125	8.42
居住方式								
宿舍	202	40.81	667	49.08	59	46.83	726	48.89
租房	122	24.65	404	29.73	43	34.13	447	30.10
买房	148	29.90	256	18.84	24	19.05	280	18.86
其他	23	4.65	32	2.35	59	46.83	32	2.15
工作时间								
1 年以内	113	22.83	393	28.92	25	19.84	418	28.15
1—3 年	101	20.40	286	21.04	27	21.43	313	21.08

续表

	郑州市		河南省内		河南省外		总体	
	人数	占比（%）	人数	占比（%）	人数	占比（%）	人数	占比（%）
3—5 年	47	9.49	141	10.38	14	11.11	155	10.44
5 年以上	234	47.27	539	39.66	60	47.62	599	40.34
职位								
生产线劳工	156	31.52	486	35.76	33	26.19	519	34.95
技术人员	173	34.95	496	36.50	58	46.03	554	37.31
管理人员	104	21.01	231	17.00	22	17.46	253	17.04
其他	62	12.53	146	10.74	13	10.32	159	10.71
工资								
2000—3000 元	129	26.06	375	27.59	19	15.08	394	26.53
3001—4000 元	184	37.17	547	40.25	43	34.13	590	39.73
4001—5000 元	93	18.79	249	18.32	34	26.98	283	19.06
5000 元以上	89	17.98	188	13.83	30	23.81	218	14.68

资料来源：根据问卷资料整理。

二 F 企业劳工企业认同特征

F 企业劳工企业认同综合特征

1. 劳工企业认同综合评价

正如职业社会学和劳动社会学中所说的那样，发挥自己的才能、履行自己的社会角色、获得合理的经济报酬和福利待遇是人们在职业实践过程中的有机统一体。在不同行业，对不同工作者来说，这三方面的侧重点都有不同，但是任何一个部分的变化都会影响劳动者对工作的认同状况。数据分析显示（见图 4－1），归属感平均得分为 3.63，劳工企业归属感整体较好。归属感得分相对偏低的分别是“我认为高层领导充分考虑了劳工的利益”“我认为企业为我提供了良好的发展晋升机会”“我认为这是一个理想的工作”平均得分依次 3.31、3.23、3.20。劳工企业归属感的首要体现是集体荣誉感，“当单位取得成绩时 F 企业劳工会感到自豪”，这正是劳工将自我身份认定为企业一部分的外在表现。并且作为企业的一部分，在企业“大家庭”之中，尽管仍然存在个别的不愉快事件，但劳工整体氛围是“合作愉快”。但是却对这“是否是理想的工作”产生了怀疑，对自己的“晋升”不抱有太多的幻想，并且“不清楚”领导是否充分考虑了自身的利益。

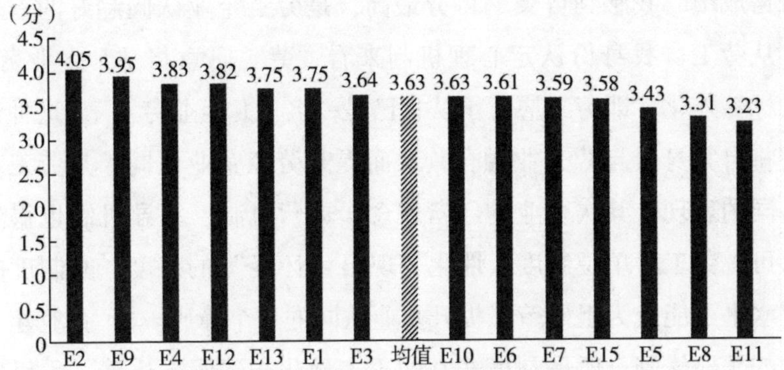

图4－1　劳工企业认同得分表

劳工企业归属感是劳工与企业交互的作用效应，企业归属感状况是影响劳工企业认同的关键。企业作为劳工的基本场所，承担了劳工的工作与生活，是劳工自我认知的重要组成部分。劳工能动性具有适应工作环境以及塑造空间景观的能力，劳工的能动性会促使企业与劳工、劳工内部、企业内部进行空间修复，进而形成特定的空间景观。劳工作为独立个体，劳工企业认同状况首要的考虑要素包含企业发展状况、社交环境以及自我价值的实现。

从劳工工作环境出发，将劳工的企业归属感分为三个方向：劳工对企业发展状况的评价、劳工对人际关系的评价、劳工对自我价值的评价。从平均分来看，F企业无论是企业发展状况，劳工人际关系状态，还是劳工自我价值实现，都具有偏“好”表现。企业发展状况平均得分3.74、人际关系状态平均得分3.62、自我价值实现平均得分3.54，处于评价体系的“同意”评价水平，表明劳工对自我工作环境具有明显的“乐观”心态，“乐观”情绪强烈程度依次是企业发展状况、人际关系状态、自我价值实现。表明劳工视角下的企业发展状况良好、劳工人际关系和谐、自我价值基本实现。

从劳工的自我工作环境认知出发，分析劳工企业认同的三个方面：（1）企业发展状况健康是劳工企业认同趋好的首要原因，其中“当单位取得成绩时我感到自豪”得分最高，是劳工企业认同趋好的首要体现，从劳工自我身份认定心理机制来看，劳工愿意将“F企业劳工”这一标签外化，即劳工愿意承认自己是一名“F企业劳工”，这种认定心理将自我身份与F企业融合，从而提升劳工企业认同，是劳工对企业认同的表现；其次企业的经营理念、运营机制、领导机制也得到劳工认可；劳工对单位制度人性化表现出“怀疑”的态度，其制度的人性化水平可能成为阻碍劳工提升企业认同的一个障碍。“F企业建立了完善的领导体制，但是制度非常的不人性化，请假不让请，科里面会发话，不允许劳工请假，这一周的排班很满，需要完成一定的产量，如果完不成就会被领导批评，所以下面的人请假肯定不会同意，有些人请病假请不下来就会选择离职，最近因为疫情的原因请病假相对容易。”——访谈者01（2020－08－13）。（2）人际关系状态中，劳工与劳工之间的和谐为整体劳工人际关系良好作出了最多的贡献，“劳工之间合作愉快”是劳工内部和谐的首要因素，F企业劳工虽然拥有较长的工作时间，以及很少的交流机会，但是并不影响劳工在闲暇时间与同事交流感情，其次F企业劳工都有其为人真诚的一面，待人友善是劳工的基本面貌。劳工人际关系好的原因不仅来自企业的工作性质，更是来自企业对劳工的生活管理，以及劳工的自身素质。“平时和本部门的联系很多，人际关系很好，出来打工都不容易。”——访谈者02（2020－08－11）；在F企业调研中，存在这样一种情况，相互认识的人在工作分配时是分不到一起上班的，即使分到同一条流水线，也会错时上班。想要建立良好的同事关系都需要重新认识新的人，但是，F企业的流水线是全程严禁讲话的（当然也有例外但是极少出现这样的情况），不能进行沟通，想要建立新的良好关系几乎不可能。

在长达10个小时，甚至更长时间的工作之后，劳工之间想要沟通的欲望更低，同一个宿舍之间由于排班时间的不同也很少交流。所以在F企业想要建立新的朋友圈很难，所有的劳工几乎都停留在老的社交圈中，也没有冲动形成新的社交圈，在这样一种大环境下，“相敬如宾”是F企业劳工人际交流的基本状态，也使F企业劳工之间“和谐相处”；劳工认为大家都具有一定的“奉献精神”，并且“上下级之间也相处融洽”。“为企业奉献的精神”是一种无私给予的表现，F企业劳工不排斥自我身份认同，同样也不排斥自我工作认同。“在宿舍厂区很难交朋友，有的白班，有的夜班，一个星期和宿舍里的人也说不上几句话，宁愿干累一点、需要出力、工地上的活，也不愿意来F企业干了。”——访谈者03（2020－08－13）；虽然F企业上下级之间相处融洽，但是“高层领导却没有充分考虑劳工的利益”。F企业上下级的相处方式不存在明显的等级制度，但是利益分配却具有等级制度，从而使得高层领导可以从多方面压榨劳工利益。在F企业领导对劳工利益的压榨可以分为以下几个方面：第一，F企业的领导可以直接决定劳工的加班时长和加班时间，F企业劳工的基本工资为2100—2300元，想要拿到高工资就必须大量加班；第二，F企业劳工每个月的奖金、季度奖金、技术津贴等都是由领导打分决定的；“在港区F企业上班七八年了，现在组长不知道什么原因看不惯我，把我的技术津贴和岗位补贴扣掉了。”——访谈者04（2020－08－13）；第三，劳工的升职也是由F企业领导直接决定。从这几个方面来看，F企业的领导考虑了劳工利益但是考虑的并不多。如果自己表现不好，领导不会吵自己，会以不给排加班的形式来惩罚，迫使劳工因工资低而自动离职。“遇到问题没有找过工会，但是听说别人因为表现不好领导不让加班找过工会，但是有的解决了，有的没有解决具体原因不清楚，领导只会关心我有没有完成工作，从来不会关心我的身心健康。”——访谈者05（2020－08－10）。（3）自我价值的实现中，首先劳工肯定自身工作的价值，表现出自我认同的特征。认为自己的工作能给“企业的发展提供帮助”并且可以从自己的工作中获得“成就感”，这种心理机制仍然是将自己融入F企业的一种体现；劳工希望自己可以得到“足够的培训机会”并在企业中通过自己的努力获得晋升，然而企业仅为劳工提供了例行公事的“足够的培训”。“F企业虽然有一些培训，但都没什么用，与工作中的实际应用没有什么关系，都是一些假大空的东西。”——访谈者06（2020-08-13）；也没有为劳工开辟顺畅的“发展晋升通道”，F企业作为世界代工巨头，为劳工提供的培训也只限于例行公事的基本技能培训，并不包含高级技能培训，加上没有良好“晋升通道”，导致劳工对自己的未来发展产生疑惑。

即使劳工不承认这是“自己理想的工作”但是也“不会轻易离开自己的工作岗位”。由于自身能力限制，F企业劳工虽然有追求更理想工作的愿望，却不得不继续坚持在自己的工作岗位。相当多的劳工将F企业作为务工“中转站”，一旦有更好就业机会，便会离职。F企业劳工的晋升渠道有两个，一个是学历，另一个是与领导搞好关系，职场也是人情社会。而一直无法得到晋升机会时，一部分人就会选择跳槽；F企业的进入门槛很低，对于很多低学历的年轻人来说是不错的选择。但是一份好的工作要有良好的发展空间，F企业要升职很困难，所以，F企业只能满足其短期需求。作为F企业的一员，虽然对自我工作环境有趋好的归属感，但却并没有让自己完全淹没于F企业这潭“温水”之中，F企业劳工同样对自我生存环境有着种种思考，想要跳出这个圈子，但同时综合考虑社会现状以及自我能力，更多的劳工会迷茫，不认为这是“理想的工作”，但又无可奈何地接受了这份工作（见表4-6）。

表4-6　　劳工企业认同分角度得分表

劳工评价	平均得分	问题	得分
企业发展状况	3.74	E2 当单位取得成绩时我感到自豪	4.05
		E4 我认为企业建立了完善的运营机制	3.83
		E1 我认为企业具有先进的经营理念	3.75
		E3 我认为企业建立了完善的领导体制	3.64
		E5 我认为单位的制度非常人性化	3.43

续表

劳工评价	平均得分	问题	得分
人际关系状态	3.62	E9 我认为同事之间合作愉快	3.95
		E6 我认为每个劳工有为企业奉献的精神	3.61
		E7 我认为单位上下级之间相处融洽	3.59
		E8 我认为高层领导充分考虑劳工利益	3.31
自我价值实现	3.54	E12 我认为企业发展中，我起到了一定作用	3.82
		E13 我认为我的工作很有成就感	3.75
		E10 我认为企业为我提供了足够的培训学习机会	3.63
		E15 我不会轻易离开我所工作的单位	3.58
		E11 我认为企业为我提供了良好的发展晋升机会	3.23
		E14 我认为这是理想中的工作	3.20

2. 劳工企业认同特征

劳工归属感的提升是企业环境和劳工嵌入结构改善的综合结果，而劳工的企业认同是企业与劳工相互作用的结果，企业环境的好坏是劳工能否形成地方认同的关键。企业的外部环境是劳工企业认同的基础条件，劳工的工作嵌入和社会嵌入是劳工企业认同的两个重要部分。工作嵌入是劳工和企业内外所有与工作相关的情境之间所形成关系网络的密切程度；社会嵌入是经济行为嵌入在复杂和庞大的本地社会联系网络中。从劳工企业认同特征来看，在劳工视角下，企业环境整体具有偏“好”趋势，劳工基本认同企业完善的运营机制以及先进的经营理念。事实上，企业的运营与发展虽然关系着企业内劳工的每一个人的工作稳定性，但是企业层面的责任并不属于劳工，劳工作为企业的底层，是劳动密集型企业最主要的生产力来源，但是在中国廉价劳动力丰富的大环境下，劳工对于企业的“决定性”就显得微不足道，就导致劳工在企业层面是被动的。所以企业对劳工的依赖性是非唯一性依赖，即 F 企业想要拥有长期熟练的工人以保证其生产率，但是由于其工作性质简单，不需要特殊技能，可替代性较强，就导致这种依赖关系变的不稳定。F 企业作为劳动密集型企业，劳动力市场可扩展性较强。而劳工作为地方性劳工，需要将自己的身份认证与地方特征结合，并且F企业劳工已经将自己的身份认证与F企业紧密联系在一起，F企业劳工具有以F企业为基础的集体荣誉感，并将自我价值的实现寄托于F企业，但是F企业劳工在企业选择上的被动，就导致F企业劳工的横向改变受阻，而纵向上升欲望强烈，F企业劳工也渴望通过良好的培训从而得到晋升，但是F企业的晋升通道并不通畅。这不仅是由于F企业晋升体制的原因，更与F企业企业性质以及地域环境有关。劳工追求的发展晋升，既包括职位的提升，也包含工资的提升。对于劳动密集型企业，管理岗位以及高薪职位相较于人数众多的基础劳工相形见绌，就使得劳工虽然已经将自身通过工作嵌入F企业，但是整体认同并不强，评分为3.68，虽然具有偏“好”趋势，但是并没有得到劳工的充分认可。所以劳工不认为这是一份理想的工作。但是综合考虑自我条件以及社会环境，又不得不接受自己工作。

F企业劳工在企业层面的社会嵌入，包含了自身与上下级之间的关系以及与同事之间的关系。从劳工的视角来看，F企业的环境并不完全友好，而这份不友好主要来源于高层领导与劳工利益之间的矛盾。虽然劳工之间可以融洽相处，提升劳工的嵌入程度，但是上下级之间的不平等成为劳工企业的嵌入阻力，影响着劳工的企业认同状况。虽然环境对于F企业劳工并不友好，但是F企业劳工并没有与上级斗争的资本，从而不得不忍受这种推力。在整体上看，F企业的企业环境比社会环境要好，但是劳工的工作认同程度要弱于劳工的社会认同程度（见表4-7）。

表4-7　　　　劳工企业认同分角度得分表

环境—嵌入	得分	环境—嵌入	得分	问题	得分
外部环境	3.55	企业环境	3.58	E4 我认为企业建立了完善的运营机制	3.83
				E1 我认为企业具有先进的经营理念	3.75
				E3 我认为企业建立了完善的领导体制	3.64

续表

环境—嵌入	得分	环境—嵌入	得分	问题	得分
外部环境	3.55	企业环境	3.58	E10 我认为企业为我提供了足够的培训学习机会	3.63
				E5 我认为单位的制度非常人性化	3.43
				E11 我认为企业为我提供了良好的发展晋升机会	3.23
		社会环境	3.46	E6 我认为每个劳工有为企业奉献的精神	3.61
				E8 我认为高层领导充分考虑劳工利益	3.31
自我认定	3.71	工作嵌入	3.68	E2 当单位取得成绩时我感到自豪	4.05
				E12 我认为企业发展中，我起到了一定作用	3.82
				E13 我认为我的工作很有成就感	3.75
				E15 我不会轻易离开我所工作的单位	3.58
				E14 我认为这是理想中的工作	3.20
		社会嵌入	3.77	E9 我认为同事之间合作愉快	3.95
				E7 我认为单位上下级之间相处融洽	3.59

3. 企业归属感占比分布特征

为进一步了解 F 企业劳工企业归属感状况，本章通过对问卷第五部分不同问题回答人数的占比情况进行分析，可以看出，F 企业劳工归属感占比分布整体从“非常不同意”到“非常同意”，先增高再降低，并均在“同意”达到最大值，并且“非常同意”明显要高于“非常不同意”。在问卷第五部分企业归属感中不同问题均展示出这样的情况，这表明郑州 F 企业劳工对企业的归属感偏“好”，但是却没有达到“非常同意”的水平。这种占比分布趋势，表征了有一部分极端劳工，心理状态较差，对自己、领导、同事以及企业的评价较低，可能存在高危人群。从企业归属感综合分值来看，这部分人群占总体人数的 3.32%，当然也具有非常乐观的一部分人群，企业归属感综合分值表明，这部分人群占总人数的 14.77%。有超过 16.03% 的人对问卷内各问题表现出了负面评价，表现为正向评价的占比为 69.20%。这表明有 16.03% 的劳工可能因为企业归属感较差而作出不好的反应，另外企业存在“怀疑”态度的劳工占比为 16.89%，也就是表明 32.92%

的劳工在嵌入企业的过程中存在问题，这也是F企业需要认真对待的问题，这些问题会影响企业、区域、城市、民生（见表4－8）。

表4－8　劳工企业认同频率分布　单位：%

问题	非常不同意	不同意	不清楚	同意	非常同意	非常不同意＋不同意	同意＋非常同意
E1 我认为企业具有先进的经营理念	1.89	9.83	17.24	53.47	17.58	11.72	70.71
E2 当单位取得成绩时我感到自豪	0.81	3.30	10.37	60.88	24.65	4.11	71.25
E3 我认为企业建立了完善的领导体制	2.90	12.93	17.10	51.85	15.22	15.82	68.96
E4 我认为企业建立了完善的运营机制	1.48	6.40	16.23	59.33	16.57	7.88	75.56
E5 我认为单位的制度非常人性化	4.65	19.12	17.31	46.13	12.79	23.77	63.43
E6 我认为劳工有为企业奉献的精神	2.90	13.60	17.17	51.99	14.34	16.50	69.16
E7 我认为单位上下级之间相处融洽	3.50	14.61	15.29	52.79	13.80	18.11	68.08
E8 我认为高层领导充分考虑劳工利益	7.54	20.00	20.40	38.11	13.94	27.54	58.52
E9 我认为同事之间合作愉快	1.08	5.25	9.90	64.92	18.86	6.33	74.81
E10 我认为企业为我提供了足够的培训学习机会	3.37	13.00	15.29	54.21	14.14	16.36	69.49
E11 我认为企业为我提供了良好的发展晋升机会	7.00	21.68	22.02	39.73	9.56	28.69	61.75
E12 我认为企业发展中，我起到了一定作用	1.35	4.71	19.46	59.33	15.15	6.06	78.79
E13 我认为我的工作很有成就感	1.95	9.02	15.56	58.92	14.55	10.98	74.48
E14 我认为这是理想中的工作	5.72	25.25	20.07	40.88	8.08	30.98	60.94
E15 我不会轻易离开我所工作的单位	3.70	11.85	19.93	52.19	12.32	15.56	72.12

劳工的能动性特征是劳工空间修复的过程，劳工的适应性特征是劳工主动嵌入企业的过程。企业与劳工之前的作用效果决定了劳工的空间景观特征。从劳工企业归属感来看，在劳工视角下，企业发展状况具有正态分布的“右偏”趋势最为明显，这也说明更多的劳工看好企业的发展状况，有12.66%的人群“不看好”企业的发展状况，其中有2.34%的人群“非常不看好”企业的发展状况。其中劳工最为关心的问题是“单位制度的人性化改善”。F企业是典型的“泰勒制”管理模式，在最大程度上压榨劳动力，导致更多的劳工认为制度不人性化。其次单位的领导体制被15.82%的劳工“不认可”。从人际交往来看，在劳工视角下，有17.12%的人群认为自己在人际交往方面并没有得到良好的感受，并且“贡献”最大的是“高层领导与劳工利益”之间的矛盾，其次是“上下级之间的相处方式”。而仅有6.33%的劳工认为“同事之间的合作不能愉快进行”。从自我价值的实现来看，在劳工的视角下，有18.10%的人群认为自己自我价值实现“受阻”，其中有3.85%的人群“完全否定”了自身在F企业的价值实现路径。劳工自我价值实现的问题中，“不足的培训机会”与“晋升机会”激起了更多人的不满。并且有近1/3的劳工觉得这不是他们的理想工作，但是仅有15.56%的劳工可以轻易离开自己的工作单位（见表4-9）。

表4-9　劳工企业认同分角度频率分布　单位：%

劳工评价	非常不同意	不同意	不清楚	同意	非常同意	非常不同意+不同意	同意+非常同意
企业发展	2.34	10.32	15.65	54.33	17.36	12.66	71.69
人际交往	3.75	13.37	15.69	51.95	15.24	17.12	67.19
自我价值	3.85	14.25	18.72	50.88	12.30	18.10	63.18

劳工的企业认同是劳工与企业环境、与企业内社会环境相互作用下，对自身工作与社交结果认知的过程。企业环境与工作环境并没有存在较大的分异，有17.37%的人群“否定”企业环境以及13.54%的

人群在工作嵌入过程中受阻，嵌入过程受阻影响劳工的认同状况。社会环境与社会嵌入却有明显的分异，有22.02%的人群认为自身处于“较差”的社交环境中，但是仅有12.22%的人群将较差的社交感受外化，这种非外显的社交感受，在同事之间淹没于“无所谓”的心态，而与领导之间的对话，沉积于对话资本限制之中（见表4-10）。

表4-10　劳工企业认同分角度频率分布　单位：%

	非常不同意	不同意	不清楚	同意	非常同意	非常不同意+不同意	同意+非常同意
企业环境	3.55	13.83	17.53	50.79	14.31	17.37	65.10
社会环境	5.22	16.80	18.79	45.05	14.14	22.02	59.19
工作嵌入	2.71	10.83	17.08	54.44	14.95	13.54	69.39
社会嵌入	2.29	9.93	12.59	58.86	16.33	12.22	75.19

4. F企业劳工企业认同社会属性分异

劳工的企业认同主要是通过劳工对工作的满意度、对地方的归属感等体现，企业认同指劳工在工作和园区中构建的多重网络关系，反映了将劳工约束于现状，并阻碍其脱离工作的各种客观因素和主观因素，与自身的社会属性有着较大的关系。从劳工的社会属性来看，年龄的大小对劳工的企业认同并没有显著的影响，劳工通过企业获得社会层面的身份认同，而这种身份认同是与年纪无关，但与劳工的性别有关，相对于女性，男性的企业认同相对较低，男性在中国社会里通常承担着家庭支柱的身份，所以往往男性需要承担更多的社会与家庭压力，从而更容易感受到环境的不可控，这种感知会降低男性的自我效能，自我效能（self-efficacy）是社会学习理论（social learning theory）中的概念，指的是人们对自己能够完成一项行为或任务的信念。如果这种信念水平高，即自我效能感高。居住在可控制（manageable）的环境中意味着人们对环境的日常功能具有自我效能感。人们相信他们可以在此环境中做他们选择的事情。如果人们知觉到的环境不可控制，那么这将对自我效能形成威胁。自我效能的降低使得男性更倾向于否定F企业劳工的自我身份认同。原住民，相较于非原住居民其企业认同明显更高，先入为主是一种人的基本习惯，家乡情感作为一种与生俱来的认同，对家乡企业的认同提升效应显著。年龄、性别以及是否为原住居民作为劳工的先天个人属性，是不可抹灭的，这些先天因素与社会环境及企业环境的交互，以劳工的自我效能为媒介影响劳工的认同。而“教育程度”“婚姻状况”作为劳工的后天个人属性则以“主观能动性”为媒介，影响劳工认同。模型1显示（见表4-11），劳工的教育程度越高，其企业认同越差，教育提升了劳工的素养，同时也提升了劳工的自我追求。F企业作为一个劳动密集型企业，一线劳工的劳动成分并不需要高精尖技术，而是机械式重复劳动，这种劳动方式与教育相悖。技术劳工虽然需要技术支撑，但却仍然在一线劳动，其工作内容并不轻松；管理岗位虽然体面，但是在F企业劳工众多，且上升渠道闭塞，学历变现的通道并不通畅。其次F企业劳工的“主力军”是低学历的农民工，大专及本科以上的劳工更多的将F企业作为“中转站”，并没有将自我身份的认同与F企业相结合，从劳工的入职方式就可以看出：通过学校招聘的劳工，相对于“其他”渠道招聘的劳工，其企业归属感更低。已婚劳工的企业归属感明显更高，婚姻使得劳工更加追寻生活的稳定，从而更容易接受F企业的嵌入过程，认同更强。

表4-11　　劳工企业认同社会属性分维有序Logistic模型

变量	模型1		模型2		模型3		模型4	
	估算(E)	P-Value	估算(E)	P-Value	估算(E)	P-Value	估算(E)	P-Value
年龄	0.033	0.680	-0.073	0.363	0.126	0.115	0.059	0.465
教育程度	-0.271	0.000	-0.125	0.080	-0.177	0.013	-0.096	0.182
工作时间	-0.008	0.867	0.005	0.926	0.134	0.009	0.135	0.008
工资水平	0.189	0.002	0.146	0.016	-0.168	0.007	-0.158	0.011
男	-0.453	0.000	-0.466	0.000	-0.011	0.913	-0.082	0.421
女	—	—	—	—	—	—	—	—

续表

变量	模型 1		模型 2		模型 3		模型 4	
	估算(E)	P-Value	估算(E)	P-Value	估算(E)	P-Value	估算(E)	P-Value
已婚	0.324	0.006	0.188	0.112	0.171	0.149	0.141	0.239
未婚	—	—	—	—	—	—	—	—
原住民	-0.230	0.021	-0.227	0.023	-0.223	0.026	-0.228	0.023
非原住民	—	—	—	—	—	—	—	—
学校招聘	-0.346	0.076	-0.173	0.376	-0.103	0.600	-0.018	0.927
内部招聘	0.165	0.404	0.204	0.303	0.030	0.880	0.099	0.619
中介公司	0.078	0.698	0.165	0.409	-0.077	0.701	0.005	0.979
熟人推荐	0.353	0.061	0.426	0.024	0.152	0.420	0.242	0.200
网络招聘	0.188	0.367	0.191	0.361	0.174	0.405	0.239	0.254
其他	—	—	—	—	—	—	—	—
劳工宿舍	-0.115	0.724	-0.128	0.695	-0.022	0.946	0.010	0.975
周边租房	0.077	0.814	-0.004	0.991	0.069	0.834	0.047	0.886
附近买房	-0.187	0.575	-0.380	0.256	-0.013	0.969	-0.138	0.681
其他	—	—	—	—	—	—	—	—
生产线劳工	-0.297	0.092	-0.208	0.241	-0.316	0.075	-0.274	0.124
技术人员	-0.019	0.905	0.104	0.522	0.156	0.336	0.207	0.203
管理人员	0.160	0.387	0.177	0.340	0.108	0.560	0.109	0.556
其他	—	—	—	—	—	—	—	—
劳工安全感	—	—	0.202	0.000	—	—	0.117	0.000
工作满意度	—	—	—	—	0.307	0.000	0.270	0.000
模型卡方	124.1	0.0	680.9	0.0	1303.1	0.0	1460	0.0
偏差卡方	9597.1	1.0	9830.5	1.0	9189.8	1.0	9107.9	1.0
样本量	1485	—	1485	—	1485	—	1485	—
R^2	0.080	—	0.368	—	0.584	—	0.626	—

入职时间、工资水平、职位、居住方式、入职方式作为企业赋予劳工的工作属性，则以“获得感”为媒介，影响劳工企业嵌入过程。入职时间并不提升劳工的企业认同，入职时间虽然是劳工获得认同的必要条件，但非充分条件；工资水平可以显著提升F企业劳工企业认同，劳工工作的基本目的都是为了获得工资，工资越高，劳工的企业

黏性就越强。相较于“其他”职位，一线技术劳工具有更低的企业认同，作为F企业最底层的组成部分，其生存环境在多方压榨之下，导致其认同较低，企业黏性较低，有更大的可能性选择离职；居住方式并不会影响劳工的企业认同。入职方式中只有熟人推荐对劳工企业认同有着显著的正向影响，熟人推荐作为F企业劳工的重要来源，约占F企业劳工总数的四分之一。F企业熟人推荐的方式决定了这些劳工拥有基本相同的社会属性以及生活追求，其次作为推荐者，已经基本完成了自我嵌入过程，有着较强的企业认同，从而促使其所推荐的劳工经历与其相似的嵌入过程获得企业认同。而学校招聘劳工，相较于“其他”渠道入职的劳工企业认同明显较低，学校招聘的劳工一般具有两个属性，一是教育程度相对较高、二是未婚。这两个属性都决定了学校招聘劳工具有更强的主观能动性。

相较于劳工的个人属性和社会属性，劳工的劳工安全感和工作满意度对劳工地方认同形成的作用更大：劳工安全感和工作满意度作为劳工对自我工作环境以及工作状况的评价，反映了劳工对工作以及环境的综合感受，这些感受是劳工企业认同形成的必经过程，也是劳工在企业内部进行生产生活的真实体验。随着劳工安全感和工作满意度进入模型，个人属性和社会属性对劳工企业认同也发生了一些变化：当工作满意度进入模型后，入职时间从不显著变为显著，且存在显著的正向影响，这表明入职时间与工作满意度之间存在内在联系，共同促进劳工企业认同的形成。教育程度在劳工安全感和工作满意度的共同作用下，失去对劳工企业认同的显著关系，这表明教育程度在劳工企业认同的形成过程中，直接作用对象是劳工安全感和工作满意度，对企业认同形成的间接作用被掩盖了。熟人推荐的入职方式在工作满意度进入变量后，由显著变为不显著，熟人推荐在一定程度上可以通过心理寄托和熟人帮助促进劳工企业认同的形成，但是在面对工作时，这种效应开始淡化。生产线劳工相较于技术劳工和管理劳工，其企业认同的形成对工作满意度更为敏感，而对劳工安全感不敏感。

三　F 企业劳工园区认同特征

F 企业劳工园区认同综合特征

1. 劳工园区认同综合评价

“地方”是对地理状况和实践经验的表达媒介，“地方”在地理学和心理学上都有重要的含义。与“地方”概念相对的是“空间”，是社会运行的物质载体和社会生产的平台。相对于人们对“空间”思想的讨论，“地方”在 1947 年被怀特提出后就沉寂下来，直到 20 世纪 70 年代，才被以段义孚为代表的人文地理学者再次进行讨论，并确立为地理学人地关系讨论的重要概念。他们认为，人在空间上的实践形成了地方，强调人在地方形成过程中的重要作用。

同样，在地方形成过程中人的心理活动对地方景观的形成和发展都发挥着重要的作用。地方的形式多种多样，小至厕所、园区，大到城市等都可以是地方。“认同”是人们内心的主观感受，受到意识的影响，人们的行动和喜好能够反映认同程度。在一个地方，人们很容易产生认同、归属感和依恋感，只是受到不同因素的影响，不同的人对“地方”的认同程度不同。在企业组织中工作环境影响着劳工工作行为，工作环境中的各种信息影响劳工心理状况进而影响他们后续的行为。本研究通过对问卷第六部分定量分析郑州 F 企业劳工对园区和城市的地方认同情况，探讨 F 企业劳工不同尺度下的地方认同特征。

在 F 企业园区尺度下，问卷从治安条件、基础设施、消费水平等角度出发设置问题。通过计算不同问题的平均值（见图 4 – 2），可以看出，“我能接受园区的消费水平”得到了最低分 3.31 分，表明劳工对园区的消费水平并不是很满意。郑州航空港区 F 企业位于郑州新郑综合保税区，距郑州市中心较远，因此，园区附近的物价低于郑州市区，但是人均消费对于 F 企业劳工来说并不便宜。从劳工的工资水平来看，调研问卷显示 F 企业劳工平均工资为 3646 元，吃饭和购进生活用品的花费相较于工资，就显得并不是一笔小的开销。这样的消费水

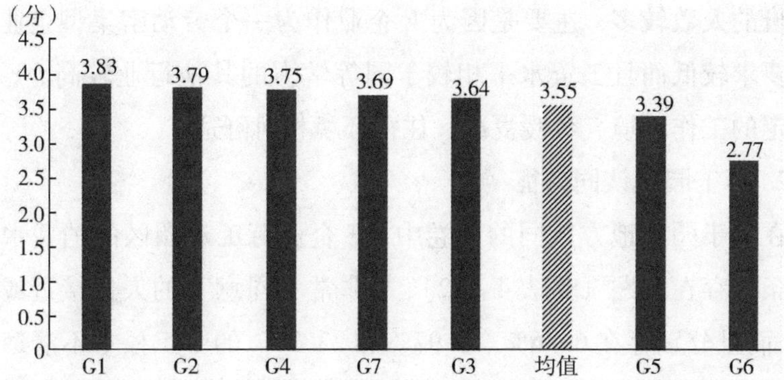

图 4－2　劳工园区认同得分

平对 F 企业基层劳工来说还是相对较高的。F 企业园区的治安条件在所有问题中得到了最高分。F 企业的厂区和宿舍区都设有保安。进入 F 企业厂区有专门人员进行厂牌检查，非工作人员很难进入厂区。且厂区内处处有监控，丢东西事件极少发生。进入宿舍区也要进行工牌检查，不同宿舍区和宿舍楼也都有各自的门禁，非本宿舍区和宿舍楼的人员不可以进入。劳工对治安条件评分最高符合我们的预期。在我们调研的过程中发现，F 企业园区附近相对大型的医院只有一家：郑港医院，非三甲。劳工生病都是去小诊所拿药，医院数量少、医疗水平相对较低。F 企业园区附近人员复杂、全国各地的人都汇聚于此，受教育程度参差不齐，原住居民中年轻人很少留在当地，大多为上了年纪无工作能力或工作能力较低的中老年人，文化程度低，素质也相对较低。依托 F 企业，园区附近形成了两个商圈，沃金商圈和锦荣悦汇城商圈，基础设施齐全，可以满足 F 企业劳工的衣食住行；以 F 企业园区为中心，附近有恩平湖广场、兰河公园、大寨路公园和青年公园，在空间上分布较为分散，恰好为不同区域的宿舍区提供休憩服务。“对园区环境，治安比较满意，打算长期留在当地工作，但不会在 F 企业工作，宿舍条件较好，基础设施完善。”——访谈者 07（2020－08－10）。

劳工宿舍区附近就有地铁 2 号线，出行方便。愿意留在 F 企业园区上班的人数较多，主要是因为F企业作为一个劳动密集型企业，对学历要求较低而且工资水平相较于同等学力的其他行业较高。F企业有稳定的工作环境，冬暖夏凉，住宿环境相对舒适。

2. 劳工园区认同特征

在关于园区地方认同的问卷中，F企业劳工对园区的消费水平和医疗条件存在问题（见表4－12），“非常不同意”的人群接近或超过5%，而且分别存在6.46%、3.97%和23.37%的劳工根本不清楚F企业园区的医疗条件情况，表明相当一部分F企业劳工生病时并没有选择在园区附近就医，对园区附近医疗机构的信任感不强。消费状况因与人们生活密不可分，选择“不清楚”的占到7.61%。对问卷问题表示不清楚人数相对较多的还有“园区居民素质好”“园区未来发展愿景好”和“我非常愿意留在园区工作”，占比分别为18.11%、21.50%和20.00%。在调研过程中我们发现，F企业劳工和当地原住居民处于分离状态，园区周围商铺的劳工和老板也大多为外地人，本地人进行投资的极少。“男，50岁左右，外地人，药店开了三四年，房租一年八九万。店开在哪里都一样，选择这里原因是这里人多。”——访谈者08（2020－08－12）。大多外出务工，选择在F企业工作的也只有少数人。实际上，虽然F企业园区距离本地居民小区极近，但是原住居民和F企业劳工的接触机会并不多。在本次调研中的F企业劳工大多属于底层劳工，技术人员和领导职位也并不高，我们所接触到的领导职位最高的是组长，他们的工作是监管和统筹不同线体劳工的工作，对园区发展的谋划几乎参与不到。这些组长对F企业的满意度并不高，更多的人认为如果有更好的工作机会就会马上离开。

表4－12　劳工园区认同频率分布　单位：%

问题	非常不同意	不同意	不清楚	同意	非常同意	非常不同意＋不同意	同意＋非常同意
F1 我认为园区治安条件很好	1.28	5.93	10.57	65.66	16.57	7.21	82.22

续表

问题	非常不同意	不同意	不清楚	同意	非常同意	非常不同意+不同意	同意+非常同意
F2 我认为园区基础公共设施很完善	2.02	13.94	10.77	59.46	13.80	15.96	73.27
F3 我认为园区居民素质很好	2.76	18.25	18.11	50.10	10.77	21.01	60.88
F4 我认为园区医院及医疗水平很好	3.97	16.09	23.37	47.07	9.49	20.07	56.57
F5 我能接受园区的消费水平	6.46	24.58	7.61	53.87	7.47	31.04	61.35
F6 我认为园区未来发展愿景很好	2.40	7.50	21.50	55.30	13.30	9.90	68.60
F7 我非常愿意留在园区工作	2.60	9.80	20.00	55.40	12.20	12.40	67.60

3. F 企业劳工园区认同社会属性分异

企业认同是劳工自我认同过程中的工作嵌入，是小微空间的嵌入过程与认同。园区作为劳工生活工作的主要场所，是劳工与环境相互作用，并塑造劳工地理景观的载体。园区认同是从劳工自身出发，反思自我生活环境的嵌入过程，包含着劳工对生活环境的主动嵌入、被动嵌入以及景观塑造。劳工的园区认同因受到不同因素的影响，从而不同的人对“地方”的认同程度不同。从模型 1 来看（见表 4－13），年龄、性别以及是否为原住居民作为劳工的先天属性，对园区认同的影响与企业认同相似，都是通过影响劳工的主观能动性，提升或降低其园区认同，也表明先天属性不仅影响着劳工的工作嵌入过程，同时还影响着劳工的生活嵌入过程，最终影响地方认同。教育程度和婚姻状况作为劳工的后天个人属性，对劳工的园区认同具有显著影响。教育程度越高的劳工往往具有更高的自我诉求，对园区环境的感知就越为敏感，从而促使自我效能下降，满足感下降，想要脱离环境的欲望增大。而已婚劳工想要的是稳定的生活环境，F 企业园区生活环境良好，配套设施完善，可以满足日常需求。

入职时间、工资水平、职位、居住方式、入职方式作为企业赋予劳工的工作属性，在劳工嵌入园区的过程中，通过与园区环境的交互影响劳工的园区认同。入职时间对F企业劳工的园区认同有两个方面的影响，一是入职时间长从而适应园区环境；二是入职时间长反而更加反感周围环境，在园区内这两种效应并没有对地方认同展现出显著影响。工资水平高，其可支配资金就越多，那么在F企业园区内所获得的生活条件回馈就越好，从而具有更好的认同。从劳工职位来看，只有技术劳工对园区认同有着显著的负向影响，其余职位的影响并不明确，技术劳工作为F企业劳工中的中低层成员，既没有管理岗位那么体面，也没有一线劳工那么劳累，但是技术劳工对生活的追求相较于一线劳工更高，其主观能动性更强，在嵌入园区环境的过程中，更难获得归属感，其自我状况与园区环境不符，导致园区认同低。在不同的居住方式中，周边租房的劳工具有更强的园区认同，相对于劳工宿舍周边租房的劳工其生活质量与生活幸福感更高，自我效能更高。在不同的入职方式中，熟人推荐和网络招聘的劳工具有更高的园区认同，熟人推荐的方式中，推荐者与被推荐者的属性相似性决定了园区认同的提升。网络招聘进入F企业的大多为新生代劳工，对于新事物他们善于也乐于接受，灵活性更强，能够很快融入园区的工作和生活中，而且晋升空间相对较大，更容易获得归属感，地方认同更强。

劳工安全感、工作满意度与劳工的社会属性和个人属性相比，是劳工的生活与工作的心理评价水平与周围环境的相互作用，是工作嵌入与生活嵌入在园区层面的综合体现。劳工安全感和工作满意度更能提升劳工的园区认同，其作用相对于劳工的个人和社会属性更为直接。随着劳工安全感和工作满意度进入模型，个人属性和社会属性对劳工园区认同形成的影响发生变化：年龄在工作满意度的单独作用下，表现出显著的正向作用，而在其他条件下均不显著。教育程度则在劳工安全感和工作满意度的影响下，其正向作用消失，也表明其对园区认同形成的影响作用是具有不直接性的。入职时间在劳工安全感的作用下变得显著，表明随着入职时间的增加，劳工慢慢接受园区环境，且其过程与劳工安全感的提升有联系。工资水平在劳工安全感和工作满意度的作用下显著度下降，这说明园区尺度下，当考虑劳工安全感和工作满意度时，工资水平的影响开始消失，劳工在园区层面更多追求的是精神获得，而非单纯的物质获得。相较于女性，随着工作满意度进入模型，男性更难以形成园区认同的特点消失，这说明 F 企业工作性质对男性更为友好。在劳工安全感和工作满意度的共同作用下，已婚劳工更容易形成园区认同的特点消失，说明已婚劳工在考虑安全感和满意度时便开始丧失工作的积极性。学校招聘的劳工对于安全感和工作满意度的考虑更为乐观，在二者的影响下更能获得园区认同。熟人推荐的劳工在园区尺度下具有和企业尺度下的相同作用，都是在工作满意度进入模型后失去显著性。周边租房的劳工随着劳工安全感进入模型，其正向作用消失，这是由于周边租房的劳工对园区依赖性较低，其认同过程发生在园区外围，而非园区内，所以在考虑劳工是否在园区内获得安全感时，周边租房的劳工便将其认同过程转移到园区外。附近买房的劳工则在工作满意度的作用下，更容易获得园区认同。技术劳工更难获得园区认同，但是在考虑安全感和满意度时，其负向作用消失，表明技术劳工虽然对园区不认同，但是却可以获得更好的劳工安全感和工作满意度。反而管理层劳工在考虑工作满意度时，更难以获得园区认同，这是由管理层劳工拥有较高的企业地位造成的。

表 4－13　　劳工园区认同社会属性分维有序 Logistic 模型

变量	模型 1		模型 2		模型 3		模型 4	
	估算(E)	P-Value	估算(E)	P-Value	估算(E)	P-Value	估算(E)	P-Value
年龄	0.067	0.407	0.002	0.976	0.157	0.055	0.104	0.208
教育程度	−0.233	0.001	−0.103	0.155	−0.095	0.188	−0.036	0.621

续表

变量	模型1		模型2		模型3		模型4	
	估算(E)	P-Value	估算(E)	P-Value	估算(E)	P-Value	估算(E)	P-Value
工作时间	-0.080	0.119	-0.103	0.045	0.015	0.768	-0.012	0.822
工资水平	0.200	0.001	0.157	0.011	-0.114	0.069	-0.097	0.124
男	-0.361	0.000	-0.363	0.000	0.052	0.609	-0.010	0.926
女	—	—	—	—	—	—	—	—
已婚	0.297	0.012	0.128	0.287	0.064	0.596	0.037	0.763
未婚	0.000	—	0.000	—	0.000	—	0.000	—
原住民	-0.239	0.017	-0.226	0.026	-0.231	0.023	-0.215	0.035
非原住民	—	—	—	—	—	—	—	—
学校招聘	-0.028	0.886	0.118	0.549	0.304	0.125	0.394	0.048
内部招聘	0.165	0.405	0.130	0.517	0.003	0.988	0.045	0.822
中介公司	0.178	0.376	0.242	0.233	0.016	0.937	0.121	0.552
熟人推荐	0.416	0.028	0.428	0.025	0.219	0.253	0.288	0.134
网络招聘	0.414	0.049	0.394	0.063	0.392	0.065	0.441	0.039
其他	—	—	—	—	—	—	—	—
劳工宿舍	0.335	0.305	0.329	0.317	0.527	0.110	0.453	0.170
周边租房	0.544	0.097	0.466	0.157	0.670	0.043	0.566	0.088
附近买房	0.283	0.399	0.165	0.624	0.580	0.087	0.433	0.203
其他	—	—	—	—	—	—	—	—
生产线劳工	-0.273	0.125	-0.160	0.373	-0.221	0.220	-0.166	0.361
技术人员	-0.323	0.048	-0.212	0.197	-0.236	0.152	-0.184	0.268
管理人员	-0.245	0.189	-0.299	0.111	-0.350	0.063	-0.381	0.044
其他	—	—	—	—	—	—	—	—
劳工安全感	—	—	0.198	0.000	—	—	0.120	0.000
工作满意度	—	—	—	—	0.265	0.000	0.225	0.000
模型卡方	90.5	0.0	631.2	0.0	1041.3	0.0	1207	0.0
偏差卡方	7317.1	1.0	7507.8	1.0	7084.8	1.0	6986.2	1.0
样本量	1485	—	1485	—	1485	—	1485	—
R^2	0.059	—	0.346	—	0.504	—	0.556	—

四　F企业劳工城市认同特征

F企业劳工城市认同综合特征

1. 劳工城市认同综合评价

郑州作为河南省省会，中原城市群核心城市，经济发展水平位于河南省前列（见图4－3）。郑州F企业劳工对郑州的归属感情况可以从图中看出。平均分最低的是“我能接受郑州的平均房价”，只有2.77分。稳定的居住条件对劳工地方认同情况至关重要，但是郑州市2020年平均房价是12899元/平方米，相较于F企业劳工的工资，是一个天文数字，劳工面对这样的房价，更多的会放弃在郑州买房，从而导致归属感降低，流动性更强，城市认同弱。地方认同中平均分最高的问题和园区认同最高的问题相同，都是治安条件，由此可见，郑州市人民法治观念以及人民素质都有很大程度的提高，治安条件并不会对劳工造成困扰。郑州基础设施完善，作为全国重要的电力、铁路、航空等枢纽，截至2020年拥有5条地铁线，交通便捷，出行方便；据统计，郑州三甲医院有69家，医疗水平良好，医疗设施齐全。来F企业上班的绝大多数劳工来自农村，在他们来到郑州之前就会认为郑州是一个比自己家乡发达的地方，经济发达、文明程度高、繁华、工资水平高，来到这里可以为他们提供更多的工作机会，更容易对郑州产生认同。通过问卷我们可以看出，F企业劳工也认为郑州的基础设施很完善、治安条件好、居民素质高、医院的医疗水平较高，他们希望留在郑州工作的意愿也很强，有较强的地方认同。“不打算长期在郑州工作，消费高且家里有孩子，但也不想在老家工作，老家工资太低。”——访谈者09（2020－08－10）。

2. 劳工城市认同特征

从本次问卷中可以看出，F企业劳工对郑州整体很满意（见表4－14），但是能接受郑州房价的仅占总人数的34.41%，在这部分人群中包括一部分没有考虑过在郑州买房以及对郑州房价不了解的人，郑州

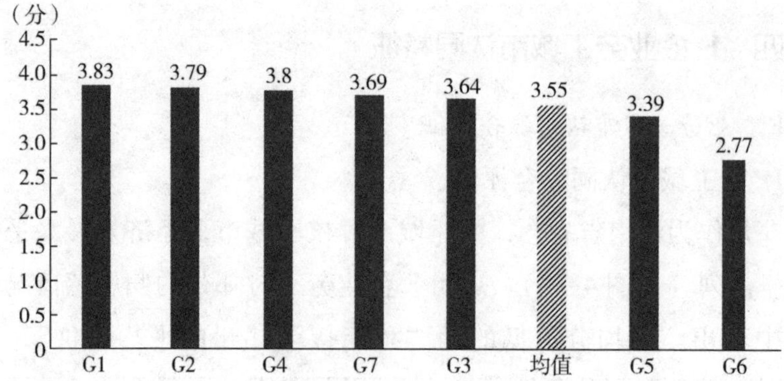

图 4-3　劳工城市认同得分

房价让人望而却步。其他关于郑州的治安、基础设施、居民素质、医疗、消费水平、愿意留在当地工作超过半数的人都选择了“同意”或“非常同意”，分别占问卷总人数的 78.79%、77.37%、68.01%、63.84%、70.44%，证明 F 企业劳工的工资水平应对除购房以外的消费还可以，存在活在当下、“月光”、及时享乐的思想。非常不同意的可能处于最底层，或者心理素质较低，社会融入情况较差，但仅占极少数。与 F 企业劳工同园区附近居民呈现分离状态相似，F 企业劳工和郑州本地居民的接触机会也很少，对于郑州居民的素质问题，不清楚的人数接近总人数的 1/5，为 18.45%。F 企业劳工并没有太多的机会接触到郑州当地居民，他们每天过着宿舍—园区—餐厅三点一线的生活，工作时间漫长，平均每个工作日 10 个小时的工作时间；休息时间较少，每周休息日只有一天；且距离郑州市中心较远，工作时间的差异导致结伴出行困难；而且园区周边基础设施完善，F 企业劳工几乎不选择外出。与郑州当地居民接触的机会比与园区居民更少，分离的也更加明显。“对郑州很满意，在郑州待 6、7 年了，感觉很好，在郑州只要好好干都能拿到钱。”——访谈者 10（2020-08-11）。

3. F 企业劳工城市认同社会属性分异

劳工城市认同是劳工通过将自我融于城市，并通过对自我的思考，

表 4 – 14　　劳工城市认同频率分布　　单位：%

问题	非常不同意	不同意	不清楚	同意	非常同意	非常不同意 + 不同意	同意 + 非常同意
G1. 我认为工作城市治安条件很好	0.94	7.68	12.59	65.32	13.47	8.62	78.79
G2. 我认为工作城市基础公共设施很完善	1.08	8.48	13.06	64.78	12.59	9.56	77.37
G3. 我认为工作城市居民素质很好	1.35	12.19	18.45	56.77	11.25	13.54	68.01
G4. 我认为工作城市医院及医疗水平很好	1.08	7.54	18.65	60.94	11.78	8.62	72.73
G5. 我能接受工作城市的消费水平	4.65	22.96	8.55	56.43	7.41	27.61	63.84
G6. 我能接受工作城市的平均房价	12.79	37.10	15.69	29.16	5.25	49.90	34.41
G7. 我非常愿意留在当地工作	2.29	8.42	18.86	58.52	11.92	10.71	70.44

评价城市的过程。劳工与城市环境的交互不是城市的全部特征，却是劳工眼中的城市。这种过程同样与劳工的社会属性有着密不可分的关系（见表 4 – 15）。在先天个人属性之中，年龄仍然对认同没有显著影响，而性别和是否为原住居民的影响与企业、园区认同的影响一致：男性具有更强的主观能动性，不易产生地方认同。而作为郑州市的原住居民，自然对郑州市具有更强的归属感，地方认同更强。在城市层面的嵌入过程中，原住居民的家乡情感发挥着重要作用；在后天个人属性的社会属性中，园区认同与城市认同相同：已婚劳工所关注的已经不再是个人，而是整个家庭，对于郑州市并没有太多思考，自我能动性已经不再是追求更高层次的生活，而是更稳定的生活。教育程度越高的劳工同样具有更低的城市认同。

在工作属性之中，入职时间会显著提升劳工的城市认同，随着入职时间的增加，在劳工的主动嵌入过程中，在这个城市所积累的社会关系与景观认同就越多，进而具有更强的城市认同。工资是劳工嵌入城市过程中的动力来源，工资越高，其城市认同越强。对于入职方式和居住方式，无论何种入职方式和居住方式，都对劳动的城市认同没有显著影响。当劳工把自我思考放到城市层面，其居住环境和入职方式都不会影响劳工对城市的认同。而作为F企业的技术人员，相较于其他职位的劳工，对郑州的认同更低。郑州市近些年虽然发展较快，但是其产业结构仍然是以第二产业为主，高新技术产业较少，这对技术劳工并不友好。

表4-15　　劳工城市认同社会属性分维有序 Logistic 模型

	模型1		模型2		模型3		模型4	
变量	估算(E)	P-Value	估算(E)	P-Value	估算(E)	P-Value	估算(E)	P-Value
年龄	0.059	0.463	-0.032	0.697	0.149	0.066	0.079	0.337
教育程度	-0.203	0.004	-0.053	0.462	-0.047	0.511	0.026	0.718
工作时间	-0.155	0.002	-0.177	0.001	-0.080	0.118	-0.105	0.041
工资水平	0.233	0.000	0.182	0.003	-0.045	0.474	-0.029	0.647
男	-0.264	0.008	-0.201	0.046	0.149	0.143	0.108	0.292
女	—	—	—	—	—	—	—	—
已婚	0.213	0.072	0.066	0.580	0.014	0.910	-0.009	0.943
未婚	—	—	—	—	—	—	—	—
原住民	-0.273	0.006	-0.276	0.006	-0.267	0.008	-0.268	0.008
非原住民	—	—	—	—	—	—	—	—
学校招聘	-0.040	0.839	0.144	0.464	0.218	0.269	0.291	0.142
内部招聘	0.065	0.745	0.051	0.799	-0.160	0.423	-0.124	0.537
中介公司	0.086	0.670	0.127	0.531	-0.089	0.660	-0.037	0.856
熟人推荐	0.232	0.220	0.197	0.299	-0.050	0.793	-0.011	0.955
网络招聘	0.341	0.103	0.326	0.122	0.227	0.281	0.268	0.206
其他	—	—	—	—	—	—	—	—
劳工宿舍	0.129	0.692	0.083	0.799	0.162	0.621	0.160	0.627
周边租房	0.188	0.565	0.046	0.889	0.083	0.801	0.050	0.880
附近买房	0.398	0.235	0.281	0.404	0.561	0.096	0.485	0.151
其他	—	—	—	—	—	—	—	—
生产线劳工	-0.080	0.650	0.077	0.664	0.035	0.843	0.115	0.523
技术人员	-0.288	0.077	-0.177	0.279	-0.218	0.182	-0.182	0.268
管理人员	-0.091	0.624	-0.154	0.407	-0.131	0.481	-0.172	0.359
其他	—	—	—	—	—	—	—	—

续表

	模型 1		模型 2		模型 3		模型 4	
劳工安全感	—	—	0. 188	0. 000	—	—	0. 113	0. 000
工作满意度	—	—	—	—	0. 230	0. 000	0. 188	0. 000
模型卡方	80. 3	0. 0	574. 1	0. 0	849. 3	0. 0	1000	0. 0
偏差卡方	7302. 5	1. 0	7518. 9	1. 0	7241. 9	1. 0	7146. 5	1. 0
样本量	1485	—	1485	—	1485	—	1485	—
R^2	0. 053	—	0. 321	—	0. 436	—	0. 490	—

劳工安全感与工作满意度对劳工城市认同具有显著的正向影响，无论是独立影响还是联合影响都在城市层面显著。在城市尺度下，随着劳工安全感和工作满意度进入模型，劳工的社会属性和个人属性发生变化，事实上，园区认同和城市认同作为更高尺度的认同，其形成过程对劳工在企业内的安全感和满意度的获得不产生直接作用，即劳工安全感和工作满意度更直接的作用对象是企业认同。作为高尺度的地方认同，这种与劳工实际工作脱离的特征，决定了在考虑劳工安全感和工作满意度时，个人属性和社会属性的变化特征在两个尺度下具有相似性，即同一指标在考虑劳工安全感和工作满意度时，其影响作用或被掩盖或被显现，说明高尺度劳工地方认同的形成具有相似机制，本章对于其具体的变化不再展开分析。

五　不同尺度下 F 企业劳工地方认同差异比较

企业作为劳工的工作归属，是劳工工作嵌入过程的载体，承担了劳工在工作中与企业环境交互，并相互塑造的过程，是劳工实现自我价值和塑造工作的关系场所。而园区是劳工生活嵌入过程的载体，也是企业的载体，承担着劳工、企业与周围环境进行交互，并相互塑造的过程，劳工的园区认同是具有空间性的，是基于区位的认同。而城市则承担了劳工的园区认同和企业认同过程，是劳工在城市进行主动嵌入的过程，是劳工与城市环境交互过程中产生的对城市环境的认同。

从不同尺度的认同来看，企业尺度认同好于园区认同，园区认同好于城市认同。企业作为劳工工作的场所与劳动的心理距离最近，其次是园区和城市，心理距离越近，就使得劳工对场景（setting）和景观（landscape）的记忆与感受越清晰，从而劳工在不同尺度的归属感具有不同的强度，而归属感越强则地方认同越强（见图4－4）。

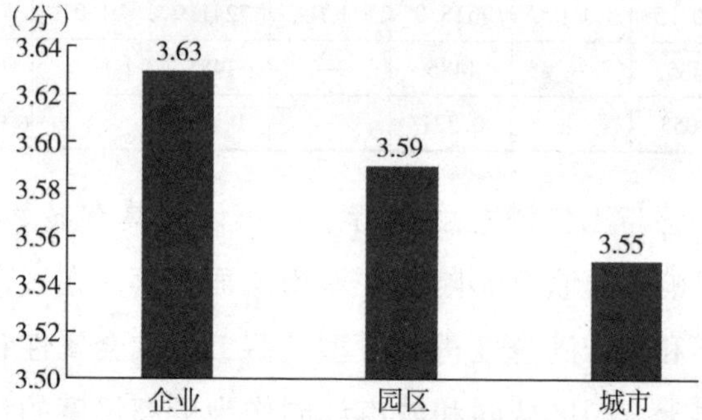

图4－4　不同尺度下地方认同得分

不同尺度下劳工的心理诉求是不同的，所展现的自我效能以及主观能动性也是具有差异的，这些差异又通过劳工的社会属性展现。从模型验证来看（见表4－16），先天个人属性中年龄对三个尺度的影响均不显著，性别特征中，男性对三个尺度的地方认同更弱，从企业到城市男性的地方认同逐渐降低，三个尺度的原住居民均具有很强的地方认同。后天个人属性中教育程度越高，劳工地方认同越差，已婚劳工则有很强的地方认同。在劳工的企业属性之中，由于劳工的嵌入过程不同，其认同差异开始显现：在企业层面，学校招聘的劳工往往具有更差的地方认同，而在园区和城市层面却没有显著的效应，学校招聘的劳工对于F企业劳工的身份认同是抗拒的，但对园区环境以及城市环境并不抗拒，作为学校招聘的劳工，他们想要通过更能体现自我价值的工作去提升自我认同，而无论是园区，还是城市，并不影响这部分劳工的身份认同。其次熟人推荐的劳工在企业和园区尺度上具有显著的正向效应，而在城市上并不显著，熟人推荐的社会属性相似性只在企业和园区具有明显效应，而当上升到城市之后，由于接触到不同层次的人群增多，地方归属感降低，地方认同也开始变弱。园区网络招聘劳工具有较强的园区认同，网络招聘进入F企业的大多为新生代劳工，对于新事物他们善于也乐于接受，灵活性更强，能够很快融入园区的工作和生活中，而且晋升空间相对较大，具有更高的地方认同。生产线劳工在工作之中承受压榨，但是在园区内以及城市内，劳工所面对的是相同的，所追求的都是更为舒适美好的生活。技术劳工在作为企业内部的中低层劳工，企业内部的自我身份否定没有显现，但在园区与城市尺度表现为明显的负向影响，在工作中技术劳工相较于生产线劳工，其工作可能会提升劳工的自我效能，但是相较于管理人员，其自我效能又会缩减，即技术劳工所面对的压榨相对较小，但是在园区与城市尺度上，生活的压力则将这种不满情绪外显。

表4-16　不同尺度下地方认同社会属性分维有序 Logistic 模型

变量	企业		园区		城市	
	估算（E）	P-Value	估算（E）	P-Value	估算（E）	P-Value
年龄	0.033	0.680	0.067	0.407	0.059	0.463
教育程度	-0.271	0.000	-0.233	0.001	-0.203	0.004
工作时间	-0.008	0.867	-0.080	0.119	-0.155	0.002
工资水平	0.189	0.002	0.200	0.001	0.233	0.000
男	-0.453	0.000	-0.361	0.000	-0.264	0.008
女	—	—	—	—	—	—
已婚	0.324	0.006	0.297	0.012	0.213	0.072
未婚	—	—	—	—	—	—
非原住民	-0.230	0.021	-0.239	0.017	-0.273	0.006
原住民	—	—	—	—	—	—
学校招聘	-0.346	0.076	-0.028	0.886	-0.040	0.839
内部招聘	0.165	0.404	0.165	0.405	0.065	0.745
中介公司	0.078	0.698	0.178	0.376	0.086	0.670
熟人推荐	0.353	0.061	0.416	0.028	0.232	0.220
网络招聘	0.188	0.367	0.414	0.049	0.341	0.103
其他	—	—	—	—	—	—

续表

变量	企业		园区		城市	
	估算（E）	P-Value	估算（E）	P-Value	估算（E）	P-Value
劳工宿舍	-0.115	0.724	0.335	0.305	0.129	0.692
周边租房	0.077	0.814	0.544	0.097	0.188	0.565
附近买房	-0.187	0.575	0.283	0.399	0.398	0.235
其他	—	—	—	—	—	—
生产线劳工	-0.297	0.092	-0.273	0.125	-0.080	0.650
技术人员	-0.019	0.905	-0.323	0.048	-0.288	0.077
管理人员	0.160	0.387	-0.245	0.189	-0.091	0.624
其他	0.000	—	—	—	—	—
模型卡方	124.1	0.0	90.5	0.0	80.3	0.0
偏差卡方	9597.1	1.0	7317.1	1.0	7302.5	1.0
样本量	1485	—	1485	—	1485	—
R^2	0.080	—	0.059	—	0.053	—

第五节　F企业劳工地方认同机制研究

一　理论模型

从“地理学中的劳动力”转向“劳工地理学”，是从传统的将劳工视为与资本一样的生产要素的视角，转向将劳工视为具有主观能动性，能够通过积极的参与行为来塑造地方景观格局的地理行动者的过程。虽然资本具有空间流动性，但同样具有流动性成本，当流动性收益超越流动性成本时，劳工的不可替代性就逐渐显现，雇主则可能处于意想不到的被动情景，这就为劳工采取行动策略塑造地方景观格局提供可能。地方景观格局是区域内的地方性特征，包含劳工景观和环境景观。实际上劳工在塑造地方性特征时，也在适应性地改变自身，所以劳工与地方是具有相互作用的人文地理要素。其地方认同的形成是劳工主观能动性激发的地方感知，即劳工在与地方性特征作用的过程中，塑造了地方的劳工景观，并与环境景观共同决定了劳工的安全感特征和获得感特征。劳工对安全感的思考从生活和工作出发，既需要工作的稳定性，又需要工作环境的可嵌入型，表现为劳工对自身工作安全和生活安全的感知，其次劳工的获得感不仅是物质获得，还需要精神获得。所以劳工的地方感知是对自身安全感以及获得感的综合感知，通过地方感知的积累，地方认同在不同空间尺度下分异，表现为劳工地方感知通过企业认同向高尺度扩展，企业认同对园区认同具有直接作用，而企业认同对城市认同具有间接作用。劳工三个尺度的地方感知共同构成了整体地方认同特征（见图4－5）。

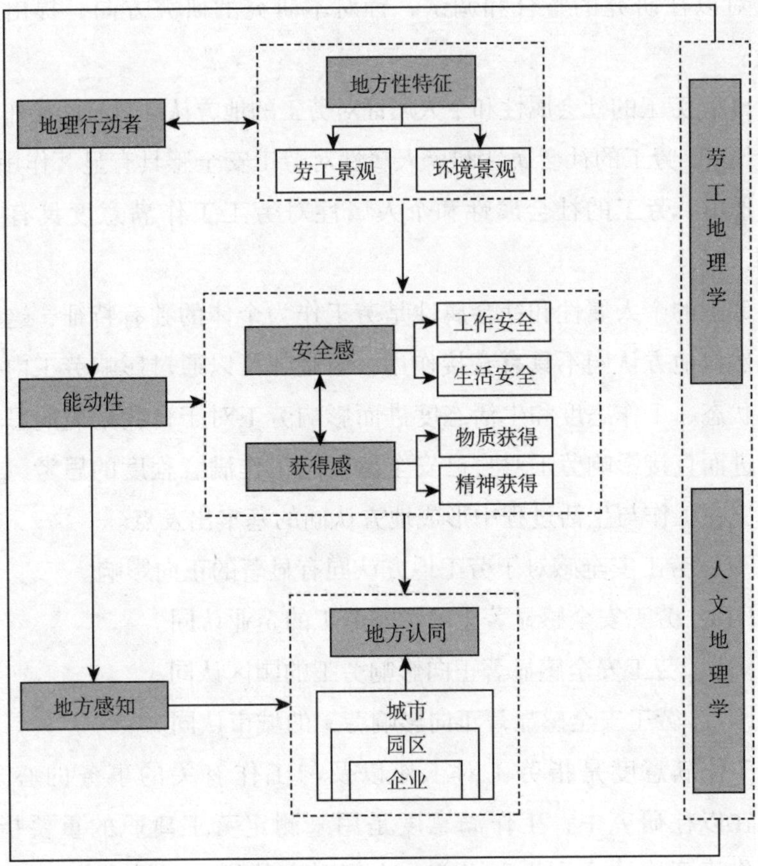

图4－5　理论模型

二　研究假设

国内外对劳工安全感的研究已经很多，劳工安全感对企业的管理与发展存在着重大的影响。早期对劳工安全感的研究主要集中在对劳工不安全感的界定上，主要是两方面的界定，一方面是劳工对是否会失去这个工作焦虑和对未来的不确定性；另一方面是对自己工作以及相关工作特征重要性的无助。是资源保护（COR）理论观点模型中四个观点的其中一个，环境背景对个体的保护或对劳工提供的培养界限不清晰，体现出人地关系对劳工安全感存在影响。通过对以往研究的整合和调试，针对本研究的研究方向，提出以下假设：

H0：劳工的社会属性和个人属性对劳工的地方认同具有间接作用。

H0a：劳工的社会属性和个人属性对劳工安全感具有显著作用。

H0b：劳工的社会属性和个人属性对劳工工作满意度具有显著作用。

劳工的个人属性和社会属性是劳工作为个体的独有特征，这些特征虽然对地方认同不具有直接作用，但是却可以通过影响劳工内在的心理状态、工作态度和生活态度进而影响劳工对于自我处境的思考过程，进而直接影响劳工对自己安全感以及工作满意程度的思考，是考虑劳工在工作与生活过程中形成地方认同的基本出发点。

H1：劳工安全感对于劳工地方认同有显著的正向影响。

H1a：劳工安全感显著正向影响劳工的企业认同。

H1b：劳工安全感显著正向影响劳工的园区认同。

H1c：劳工安全感显著正向影响劳工的城市认同。

工作满意度是指劳工对工作以及与工作有关的事务的心理感受。在以往研究中，工作满意度是用来测定劳工离职的重要指标。在工作满意度这个词出现之前，人们对它的研究就没有停止过，最早弗雷德里克·泰勒提出，如何使劳资两利，在什么样的情景下可以使劳工展示出最大的劳动效率，这句话已经隐含了工作满意的思想；1912 年芒斯特伯格在其《心理学与工业效率》一书中写道：劳工在什么样的心理条件和情绪状况下会对资本主义的发展产生好的影响；以梅奥为代表的霍桑试验者则在前人的基础上创新性地提出，劳工的工作情绪对工作效率存在重要影响，影响劳工工作情绪的因素有两个，社会环境是其中一方面，这个问题的提出突出了人的作用，侧面反映出特定的空间对人情绪的影响，最终影响工作满意度。所以本研究认为，劳工工作满意度对地方认同存在影响，提出以下假设：

H2：工作满意度对于劳工地方认同有显著的正向影响。

H2a：工作满意度显著正向影响劳工的企业认同。

H2b：工作满意度显著正向影响劳工的园区认同。

H2c：工作满意度显著正向影响劳工的城市认同。

劳工在选择工作时首先会对工作城市进行选择，影响劳工工作城市选择的因素是多方面的，最重要的原因可以从三个方面出发：首先工作城市收益相对最高；其次，环境状况佳；最后，存在熟悉的人际关系。在符合这些因素的情况下表明劳工对城市存在一定城市的认同。与以上原因相似，劳工对不同维度下的园区和企业也存在相似心理。通过上述思考，本研究认为不同维度的企业、园区和城市三者之间也存在着相应的联系。因此，提出如下假设：

H3：劳工的企业认同对于劳工的园区认同有显著的正向影响。

H4：劳工的园区认同对于劳工的城市认同有显著的正向影响。

综合以上假设，构建本研究的假设模型（见图 4－6）。

采用结构方程模型分析郑州 F 企业劳工地方认同状况的影响机制，探讨（直接和间接）影响 F 企业劳工地方认同机制的因素以及对劳工地方认同影响的程度。本章将个人因素、社会因素、劳工安全感、企业满意度、企业、园区、城市认同纳入模型进行思考。对 5 个测量模型的情况及各自变量处理情况（见表 4－17）。

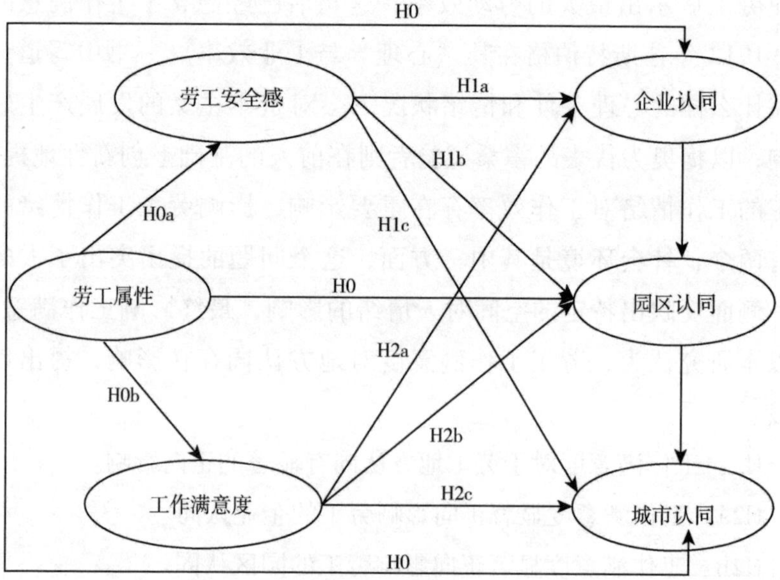

图 4－6　假设模型构建

表 4－17　　测量模型变量说明

模型	潜变量	测量变量	变量编码说明
模型一	劳工属性	A3 您的年龄段	16—25 岁 =1；26—35 岁 =2；36—45 岁 =3；46—55 岁 =4；55 岁以上 =5
		A4 您的受教育程度	初中及以下 =1；高中及中专 =2；大专及本科 =3；研究生及以上 =4
		A5 是否为原住民	是 =1；否 =0
		A7 您进入 F 企业的方式	学校招聘 =1；内部招聘 =2；中介公司 =3；熟人推荐 =4；网络招聘 =5
		A8 您主要的居住方式	宿舍 =1；租房 =2；买房 =3；其他 =4
		A10 您的职位是	生产线劳工 =1；技术人员 =2；管理人员 =3；其他 =4
		A11 您每月的工资	2000—3000 元 =1；3001—4000 元 =2；4001—5000 元 =3；5000 元以上 =4

续表

模型	潜变量	测量变量	变量编码说明
模型二	劳工安全感	C2 公司不会减少我每周的工作时间	非常不同意 =1；不同意 =2；不清楚 =3；同意 =4；非常同意 =5
		C4 我相信我能在公司做好我的工作	非常不同意 =1；不同意 =2；不清楚 =3；同意 =4；非常同意 =5
		C5 只要我不辞职，我的工作就不会丢	非常不同意 =1；不同意 =2；不清楚 =3；同意 =4；非常同意 =5
		C10 我的工作环境很安全	非常不同意 =1；不同意 =2；不清楚 =3；同意 =4；非常同意 =5
		C13 工作中，我经常感到焦头烂额	非常不同意 =1；不同意 =2；不清楚 =3；同意 =4；非常同意 =5
		C15 我从来不觉得的事情很糟糕没有希望	非常不同意 =1；不同意 =2；不清楚 =3；同意 =4；非常同意 =5
模型三	工作满意度	D3 您认为公司的薪酬制度合理	非常不同意 =1；不同意 =2；不清楚 =3；同意 =4；非常同意 =5
		D4 您对假期制度和假期安排感到满意	非常不同意 =1；不同意 =2；不清楚 =3；同意 =4；非常同意 =5
		D5 您的晋升机会多	非常不同意 =1；不同意 =2；不清楚 =3；同意 =4；非常同意 =5
		D6 您在工作中感到有乐趣	非常不同意 =1；不同意 =2；不清楚 =3；同意 =4；非常同意 =5
		D7 您感到被公司尊重与关怀	非常不同意 =1；不同意 =2；不清楚 =3；同意 =4；非常同意 =5
		D8 在工作中，您有友谊与朋友	非常不同意 =1；不同意 =2；不清楚 =3；同意 =4；非常同意 =5
模型四	企业认同	E1 我认为企业具有先进的经营理念	非常不同意 =1；不同意 =2；不清楚 =3；同意 =4；非常同意 =5
		E5 我认为单位的制度非常人性化	非常不同意 =1；不同意 =2；不清楚 =3；同意 =4；非常同意 =5
		E6 我认为每个劳工有为企业奉献的精神	非常不同意 =1；不同意 =2；不清楚 =3；同意 =4；非常同意 =5
		E8 我认为高层领导充分考虑劳工利益	非常不同意 =1；不同意 =2；不清楚 =3；同意 =4；非常同意 =5

续表

模型	潜变量	测量变量	变量编码说明
模型四	企业认同	E10 我认为企业为我提供了足够的培训学习机会	非常不同意 =1；不同意 =2；不清楚 =3；同意 =4；非常同意 =5
		E14 我认为这是理想中的工作	非常不同意 =1；不同意 =2；不清楚 =3；同意 =4；非常同意 =5
模型五	园区认同	F1 我认为园区治安条件很好	非常不同意 =1；不同意 =2；不清楚 =3；同意 =4；非常同意 =5
		F2 我认为园区基础公共设施很完善	非常不同意 =1；不同意 =2；不清楚 =3；同意 =4；非常同意 =5
		F3 我认为园区居民素质很好	非常不同意 =1；不同意 =2；不清楚 =3；同意 =4；非常同意 =5
		F4 我认为园区医院及医疗水平很好	非常不同意 =1；不同意 =2；不清楚 =3；同意 =4；非常同意 =5
		F5 我能接受园区的消费水平	非常不同意 =1；不同意 =2；不清楚 =3；同意 =4；非常同意 =5
模型六	城市认同	F9 我认为工作城市治安条件很好	非常不同意 =1；不同意 =2；不清楚 =3；同意 =4；非常同意 =5
		F10 我认为工作城市基础公共设施很完善	非常不同意 =1；不同意 =2；不清楚 =3；同意 =4；非常同意 =5
		F11 我认为工作城市居民素质很好	非常不同意 =1；不同意 =2；不清楚 =3；同意 =4；非常同意 =5
		F12 我认为工作城市医院及医疗水平很好	非常不同意 =1；不同意 =2；不清楚 =3；同意 =4；非常同意 =5
		F13 我能接受工作城市的消费水平	非常不同意 =1；不同意 =2；不清楚 =3；同意 =4；非常同意 =5
		F14 我能接受工作城市的平均房价	非常不同意 =1；不同意 =2；不清楚 =3；同意 =4；非常同意 =5

三　劳工地方认同机制分析

（一）模型评价

由于变量之间存在共线性等问题，使用全部变量构建模型会使模型估算出现偏差，并且各项拟合指标也不能得到适配标准，因此在对变量进行比选之后，对模型进行了调整，得到模型估算的具体参数不论是测量模型还是5个结构模型效果均为显著，修改后结构模型（见图4－7），在调整模型时，有部分具有较强相关性的变量需要用双箭头连接，为了图示的简洁，本章所展示图不包括观测变量残差之间的双箭头。本章主要采用的是拟合优度指数GFI、比较拟合指数CFI、卡方值与自由度之比CMIN/DF、残差均方和平方根RMR和渐进残差均方和平方根RMSEA，具体参数为：GFI＝0.915、CFI＝0.901、CMIN/DF＝3.929、RMR＝0.050、RMSEA＝0.044，表明理论模型得到了数据的支持，模型拟合良好，结果可靠。从自变量对因变量的结实度来看，企业认同累计有71.9%的方差被解释，园区认同累计有67.3%的方差被解释，城市认同累计有72.9%的方差被解释。表明自变量对因变量解释度高，模型结构合理，可以反映地方认同的形成机制。

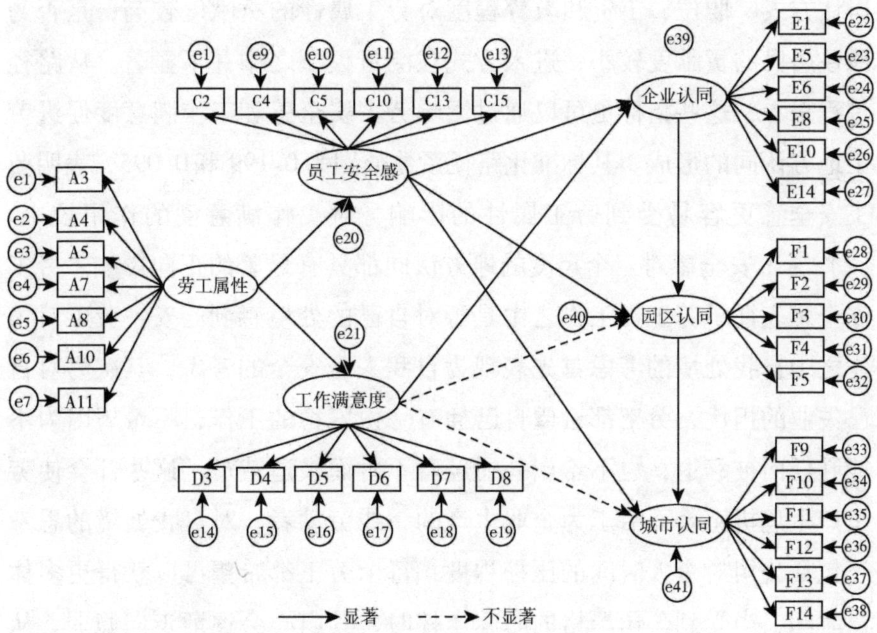

图4－7　结构方程模型结果示意图

（二）标准化路径系数分析

从各个测量模型以及中介模型来看：(1) 本章将个人属性和社会属性合并为单个潜在变量—劳工属性，作为劳工个体特征，测量在劳工地方认同形成过程中的个体作用。从测量模型来看（见表4－18），具体测量变量包含了劳工的教育程度、年龄、是否为原住居民、居住方式、入职方式、工资和职位。劳工地方认同的形成归根结底是一种心理过程，而劳工的个人属性和社会属性决定了其心理基础环境，在这层基础环境之上，劳工通过对安全感和工作满意度的感知，而逐渐获得认同感。从路径过程来看，劳工属性对于劳工安全感和工作满意度具有显著的正向作用，表明劳工的基础心理环境是有利于地方认同形成的，事实上劳工地方认同的形成不仅需要劳工心理上的宽容，还需要合适土壤，才能让劳工逐渐从心理寄托出发，逐渐形成地方认同；从测量模型来看个人属性和社会属性整体上对劳工属性具有较好支撑，居住方式、职位、工资和教育程度对劳工属性的贡献度较高，是否为原住居民的贡献度较小，进入方式在测量模型之中并不显著。从路径过程来看，这些指标更可以通过影响劳工安全感和工作满意度促进劳工地方认同的形成。其标准化路径系数分别为0.199和0.095，表明劳工安全感更容易受到劳工属性的影响，对工作满意度的作用较小。(2) 劳工安全感对三个尺度的地方认同都具有显著的正向影响。劳工安全感表征了劳工在工作之中是否对自己的处境感到心安，劳工对工作之中自我处境的考虑首先表现为自我人身安全的考虑，其次为对自己失业的担忧，劳工都希望自己拥有一份安稳的工作，不希望因为不能胜任而被辞退，也不希望公司经营不善而被迫裁员，这些都会使劳工产生危机感。而劳工为企业生产的一线劳动者，对自我处境的思考还包括公司对个人时间的压榨程度，每个劳工都希望可以获得更多休息时间，当受到公司严格的时间压榨时，其内心会逐渐走向脆弱，从而自我安全感降低。劳工不仅要面临公司的压榨，工作之中诸多事情都可能让劳工出现心理危机，当然针对不同的人，有着不同心理压力和耐受力，乐观的人对工作往往会持有更多的希望，而悲观的人往往会对事物持有消极的状态。劳工安全感对劳工的企业认同、园区认同和城市认同表现为显著的正相关，表明劳工安全感是劳工进行企业嵌入的必备条件，劳工安全感的高低，直接影响着劳工的地方认同。在尺度上，随着尺度的增加，劳工安全感对地方认同的影响逐渐减小，劳工安全感对企业、园区、城市三个尺度下的标准化路径系数分别为0.223、0.205和0.189，企业作为劳工嵌入的第一发生场所，是劳工进行自我归属的第一载体，承担劳工最多的归属感知，劳工安全感与企业环境联系紧密，随着尺度的增加，劳工安全感的影响效应下降。从标准化路径系数来看，劳工安全感每增加1，企业认同感、园区认同感和地方认同感就分别增加0.223、0.205和0.189。（3）工作满意度对企业认同有显著的正向影响，而对园区和城市没有显著影响。工作满意度反映了劳工对于自我工作状态的评价，是对自我工作的认可程度。劳工的满意度是表现为获得感，作为F企业劳工，其获得感的第一来源并不是工资，而是精神层面的获得，相对于工资，劳工更加关注自己是否在企业获得尊重，是否在企业中获得相应的乐趣，是否可以得到足够的休息时间。而对于在公司内的地位上升于工资上升，他们并没有抱太多关注，在获得地方认同的过程中，精神层面的获得，比物质的获得更重要。工作满意度对劳工的企业认同具有显著的正向影响，工作满意度每增加1，企业认同感就增加0.673。但是工作满意度对劳工的园区认同以及城市认同并不存在显著影响，事实上，劳工的地方嵌入是劳工与环境相互作用，并相互改变的过程，劳工的工作环境是由企业环境决定的，相对于城市和园区，他们只是为企业提供了场所，却没有直接影响其内在的运行机制。（4）劳工的企业认同可以提升其园区认同，而园区认同又可以提升城市认同。对于不同尺度之间地方认同的影响，企业认同会提升园区认同感，园区认同感又会提升城市认同感。企业认同作为城市认同的中介变量，其中介作用明显。企业认同每提升1，园区认同就提升0.699，园区认同每提升1，城市认同就提升0.722，从路径关系来看企业认同每提升1，城市认同就提升0.505。总体来说劳工进行地方嵌入的第一场所是企业，进而是园区和城市，随着认同尺度的扩大，企业层面的地方认同带来的心理寄托作用变小，但是仍然具有显著作用，对于高尺度地方认同的形成，劳工不仅需要企业层面的获得感，还需要获得园区和城市层面的认可和包容。

表4-18　　模型的路径分析与假设检验结果

路径假设	标准化路径系数	标准差	p值	验证结果
H0a：劳工属性→劳工安全感	0.199	0.300	***	支持
H0b：劳工属性→工作满意度	0.095	0.046	***	支持
H1a：劳工安全感→企业认同	0.223	0.077	***	支持
H1b：劳工安全感→园区认同	0.205	0.062	***	支持
H1c：劳工安全感→城市认同	0.189	0.067	***	支持
H2a：工作满意度→企业认同	0.673	0.047	***	支持
H2b：工作满意度→园区认同	-0.044	0.041	0.414	不支持
H2c：工作满意度→城市认同	-0.009	0.033	0.820	不支持
H3：企业认同→园区认同	0.699	0.041	***	支持
H4：园区认同→城市认同	0.722	0.044	***	支持

注：*** 表示 $p<0.001$。

（三）结构方程模型影响效应分析

劳工地方认同形成是一个复杂的系统性问题，是从劳工个体属性出发，通过多重地理感知形成的，过程中涉及自变量对因变量的直接效应和间接效应。劳工属性直接作用与工作满意度和劳工安全感，并通过安全感和获得感的感知间接作用于地方认同，在三个尺度上其间接效应分别为0.108、0.112和0.118，劳工在三个尺度上的间接作用随尺度增大，但较为接近，表明劳工属性不仅在企业层面发挥着重要作用，也在园区和城市层面发挥着较强的作用；工作满意度直接作用与三个尺度的地方认同，并间接通过企业认同作用于园区认同和城市认同。直接效应显示，工作满意度会显著提升劳工企业地方认同。虽然在工作满意度对园区认同和城市认同中具有微弱的负向影响，但却间接正向作用于园区认同和城市认同，其总作用效应分别为 0.427 和 0.299，总效应随尺度较小。表明工作满意度与企业认同关系密切，这主要是由于企业作为劳工工作的主要载体，是劳工地方感知的第一发生场所。劳工安全感对地方认同的直接效应随尺度扩大而减小，而间接效应和总效应随尺度扩大而增大，这与工作满意度的作用关系恰恰相反，这表明工作满意度对地方认同不具有尺度积累效应，而劳工安全感对劳工地方认同的形成具有尺度积累效应。实际上安全感是一种自上而下的过程，F 企业劳工主要来源于河南省内部，所以城市在劳工地方感知中具有先入为主的效应；企业认同对园区认同和城市认同的直接效应分别为 0.699 和 0.505，园区认同对城市认同的直接效应为 0.722。表现出跨尺度递减的规律，这是由劳工地方感知的心理距离决定的。

第六节　小结

本章利用对郑州 F 企业劳工进行网络调研和实地调研所收获的数据，以 F 企业劳工为研究对象，对企业劳工地方认同特征和机制进行研究，主要得出以下结论：

1. 通过分析劳工的地方性特征，发现郑州 F 企业劳工来源符合就近工作的原则，河南籍劳工占样本总数的 91.51%，这也是吸引 F 企业在河南投资设厂的原因之一；性别差异明显，在 F 企业劳工中，有 59.46% 为男性，表明男性更愿意到 F 企业工作，女性相对较少；在婚姻状况中，从样本总量到不同维度已婚人士的占比都表明 F 企业安稳的工作环境是已婚人士的工作首选；35 岁及以下的青年劳工占总样本的比重为 84.04%，表明更多的新生代劳工选择到 F 企业工作；F 企业是很多低学历劳工的首选，高中及以下学历占样本总数的 48.49%；

在进入 F 企业工作的方式中，熟人推荐所占比重最高，为 26.40%，是劳工的社会网络在发挥作用；从居住方式看，有 48.89% 的人选择在宿舍居住，主要是因为相对低廉的房租和安全的环境；F 企业劳工流动率高，劳工更新速度快，有 59.66% 在 F 企业工作时长为 5 年以下；在高消费的河南省会郑州，F 企业劳工的人均收入仅为 3500 元左右，收入水平与城市经济发展形成断层，收益与需求差距较大。

2. 从劳工的地方认同特征来看，F 企业劳工在不同维度的地方认同较好，企业、园区和城市三者地方认同平均得分均在 3.5 分以上。心理距离越近，认同越强，因此企业认同好于园区认同，园区认同好于城市认同。就企业尺度而言，从劳工对企业发展状况的评价、劳工对人际关系的评价、劳工对自我价值的评价三个方向分析劳工的企业认同状况，劳工对企业取得成就有极高的自豪感，但是在“这是一份理想的工作”的问题上，评分最低。劳工对自身、人际以及工作存在正向评价，他们认可自己以及工作的价值，存在较高的集体荣誉感，并因自己是 F 企业的一员而感到骄傲，在与同事交往中表现出和谐的人际关系，但是企业晋升渠道狭窄、领导制度不合理推动劳工在心理上远离企业。在对园区和城市的评价上，劳工对基础设施和治安评分最高，表明在这一部分园区和城市给予了劳工极大的安全感，但是在涉及经济问题，如工资、房价时，却得到了最低分。在园区和城市层面，劳工对基础设施、治安条件、消费水平的评价存在一致性，劳工对园区和城市的基础设施、治安条件表现出认同的特征，但是对物价的评价却因距离认同存在差距，且 F 企业劳工作为外来务工人员，与当地原住居民表现为分离状态，并不了解当地居民的素质水平。在医疗水平上，城市认同要远高于园区认同，郑州作为省会城市医疗水平较高，但园区周围并不存在较好的医院。

3. 从劳工地方认同的社会属性来看，在企业、园区、城市三个维度，劳工的地方认同程度在年龄、性别、婚姻状况、教育程度、职位方面存在一致性：在劳工的个人属性方面，年龄的大小对劳工的企业、园区、城市认同并没有显著的影响；但相对于女性，男性的认同相对较低；相较于非原住居民，原住居民认同明显更高；劳工的教育程度越高，其认同越差；已婚劳工的认同明显更高；从劳工的社会属性来看，工资水平可以显著提升F企业劳工认同状况；相较于“其他”职位，一线技术劳工具有更低的认同。劳工的地方认同程度在入职方式、居住方式方面存在差异性：在企业、园区、城市三个维度不同的入职方式中，熟人推荐对劳工企业认同有着显著的正向影响，而学校招聘的劳工，相对于“其他”渠道招聘的劳工，其企业认同程度更低；熟人推荐和网络招聘的劳工具有更高的园区认同；不同的入职时间对劳工的企业认同影响较小，但是对劳工的城市认同却存在显著影响；在不同的居住方式中，周边租房的劳工具有更强的园区认同。

4. 通过理论假设构建结构方程模型，分析F企业劳工地方认同机制的形成，本研究得到以下几点结论：劳工地方认同的形成是以劳工的个体特征为基础，在与企业、园区和城市三个尺度下不同环境的交互过程中形成的。劳工的个人属性和社会属性决定了其心理基础环境，在这层基础环境之上，劳工通过对安全感和工作满意度的感知，逐渐获得认同，从路径过程来看，劳工属性对于劳工安全感和工作满意度具有显著的正向作用，从测量模型来看个人属性和社会属性整体上对劳工属性具有较好支撑；劳工安全感对三个尺度的地方认同都具有显著的正向影响，表明劳工安全感是劳工进行企业嵌入的必备条件，劳工安全感的高低，直接影响着劳工的地方认同；工作满意度对企业认同有显著的正向影响，而对园区和城市没有显著影响，对于不同尺度之间地方认同的影响，企业认同会提升园区认同，园区认同又会提升城市认同。企业认同作为城市认同的中介变量，其中介作用明显。

第五章　工作安全感对企业劳工地方认同的影响

地理学视角下的地方认同需要更多关注地方性特征如何作用于主体心理层面，进而影响个体地方认同的内在机制。研究基于对郑州 F 企业的实地调研，重点分析了企业劳工工作安全感对地方认同的影响，结果发现：(1) 郑州 F 企业劳工地方性特征明显，且具有一定的空间临近溢出效应，基于性别、年龄、婚姻、受教育程度、工作时间、职位等社会属性特征的劳工地方认同存在显著差异。(2) 工作安全感对地方认同存在显著的正向作用，地方认同不仅受外部环境因素的影响，更易受主观体验的影响，即地方认同形成是“人—心理过程—地方”的动态过程。(3) 工作满意度和企业归属感在工作安全感对地方认同的影响中发挥链式中介作用，表明工作安全感通过工作满意度和企业归属感的提升从而影响其地方认同。将劳工作为劳动密集型企业地方认同的核心要素，从工作安全感视角丰富和深化人文—经济地理学对劳工的认知，研究有助于进一步拓展国内劳工地理学的研究范畴，相关研究结果也对劳动密集型企业地方嵌入与区域发展实现战略耦合具有重要的现实意义。

第一节　问题提出

地方 (place) 是人与地方的情感联系创造出来的意义，不仅具有地理上的含义，还有社会心理的内涵，是理解和解释各类社会问题的重要理论视角，而地方理论则是人文地理学和环境心理学的重要内容，包括了地方感、地方依恋、地方认同等核心概念。近年来，随着地方理论研究的不断深入和推进，地方认同逐渐成为相对独立的研究主题，有关地方认同的理论研究和实证分析不断涌现，成为地方理论研究的前沿议题之一。“地方认同”作为人地关系研究中的一个经典问题，背后的哲学思维“我来自哪”“我在哪里”“我该怎么做”等深刻影响着行为主体的空间行动和关系实践。需要注意的是，地理学视角下的地方认同不仅仅要关注地方性特征以及社会学特征的影响，更要聚焦地方性特征如何作用于主体心理层面，进而影响到行为个体地方认同的内在机制。

1978 年，Proshansky 基于对“地方”的理解，从自我和环境关系的角度提出“地方认同”的概念，指出通过个体头脑中存在的想法、信念，与个体偏好、情感、价值观、目标、行为趋势以及技能产生交互，并与物理环境紧密相连而形成的个人认同，是个体将客观地理环境在意识中进行社会化、群体化而内化成为的自我意识，使得人们能够根据行动背景来推测人与环境的关系，从而使这种关系成为了“人的一部分”并将其纳入自我的概念之中。国内学者庄春萍等从积极心理学视角出发，认为地方认同是个体基于其自我意识在所处环境中心理倾向、态度倾向和行为倾向的具体表达，并与环境之间产生的心理、行为等交互。近年来不少学者基于地理学、社会学、心理学等视角对地方认同的维度和因素进行了大量的实证探索，Lalli 将其划分为外部评价、总体依恋、延续性、熟悉度、承诺五个维度，Breakwell 将其划分为自尊感、自效感、独特性及一致性四个维度，Droseltis 等将其划分为地方依恋、环境认同、地方—自我一致性三个维度，而地方认同的影响因素主要包括个人、地方自然环境及社会文化三个方面，尤其是人地要素的相互作用就是地方认同机制的形成过程。总体来讲，人文地理学更关注地方的物理特征，诸多研究试图从中寻找物理特征和地方认同之间的关系，但是物理特征如何作用于人的心理层面从而影响个体地方认同水平的内在机制仍需要加强。总之，虽然目前尚未形成被学界广为接受的地方认同的内涵框架，但基于不同学科、不同研究视角建构的理论框架有助于进行不同的实证研究，而基于人文地理学视角的人地关系研究是地方认同形成机制的主要范式，但在未来研究中还要试图综合运用多理论视角对多重要素的综合作用进行分析，这是地方认同影响因素探究的重要方向。基于上述分析可知，国内外学者在地方认同研究的核心内容上存在一致性，但研究的深度和广度不同，国外学者在内涵、维度、影响机制等方面对基础理论研究给予了极大关注，而国内研究则更多以实证为主，研究的理论框架也多以修正国外相关研究成果为主。

20 世纪 90 年代开始，伴随经济全球化带来的国际经济竞争，劳工资源成为中国提升全球竞争力的重要手段。为了保持廉价劳工的战略优势，各级政府自觉或不自觉地产生了“压制劳工、吹捧资本”的施政风格。中国政府虽然通过制定《中华人民共和国新劳工法》、健全劳工社会保障制度、完善工会体制等手段维护劳工权益，但由于地方政府角色的模糊，使得劳资利益和权力关系严重失衡，形成了“强资本—弱劳工”的格局，而在这一格局下，劳工权益受到严重挑战。虽然国内地理学者对地方认同研究已取得较大进展，然而在经济全球化背景下从劳工心理微观层面分析特定时期、特定地方的企业劳工的地方认同相对较少。结合以往研究，本章创新之处主要包括以下三点：其一，将劳工作为劳动密集型企业地方认同的核心要素，从安全感、满意度、归属感等视角丰富和深化人文—经济地理学对劳工的认知，进一步拓展国内劳工地理学的研究范畴；其二，一手调研数据弥补了宏观统计数据所掩盖的工作安全感特征，进而相对准确地分析工作安全感、工作满意度、企业归属感与劳工地方认同的逻辑关系；其三，由于 F 企业属于“轻资产”企业，并不具备典型的“嵌入/根植”特征，在“松脚性”的现实背景下，如何基于劳工视角揭示劳动密集型企业的地方嵌入具有重要的现实意义。

第二节　研究述评与框架建构

一　文献综述

对工作安全感的研究，学界普遍认为工作安全感是从安全需要与动机领域引申而来，是一个人在工作中获得的信心、安全和自由，特别是能够满足一个人现在或将来的各种需要。工作安全感一般包括两种要素，即情感安全和工作认知安全，通常可以从时间维（企业发展阶段等）、空间维（工作距离等）、主体维（劳工社会属性等）和环境维（工作环境等）四个方面进行考虑。工作安全感研究则主要包括形成前因和影响后果两个方面，对工作安全感形成前因的研究主要包括个人属性要素和工作雇用模式，不仅仅体现在性别、年龄等人口统计变量方面，还体现在个人心理特征如何感知内部控制或外部控制的效用、劳工与组织角色产生歧义与冲突的结果等。工作安全感的影响后果研究表明工作安全感可能会影响单个劳工的心理状态，使得他们在组织中的行为可能最终会影响组织运营的有效性，同时相关研究也已证实，临时就业很可能产生工作不安全感，其主要原因在于临时性劳工缺乏对企业的归属感，并且其工作满意度普遍低于固定劳工。同时部分学者从工作不安全视角出发，讨论了其定义和影响，Greenhalgh等首次将工作不安全感定义为对于工作在未来的时间内是否仍然能够具有存续性而产生的一种担忧。Hellgren 等则把工作不安全感从概念上分为数量不安全感（对持续就业的感知威胁）和质量不安全感（对重要工作特征可能受到威胁的担忧）。国内学者陈兴华认为国外学者对于不安全感的研究仅仅局限于对劳工不安全感的片面考虑，对现有工作担忧、失去工作威胁等非自愿性和评价主观性仍是工作不安全感的重要本质。在实证层面，杨友仁基于对深圳 F 企业的实地调研，发现巨大的晋升压力、裁员压力使劳工产生强烈的不安全感，其表现为一种长期疏离社会关系状态和频繁的流动特征。综上，以往对工作安全感的研究主要集中在社会学、心理学等领域，强调工作安全感具有较强的主观性和不确定性。基于不同群体、不同场所、不同经历的人对工作安全感存在典型异质性，研究视角也主要集中于消极层面所带来的空间行为策略，较少从积极层面探究劳工安全感对工作、组织和地方产生的影响。

20世纪80年代开始，经济地理学的文化转向、制度转向、关系转向等进一步促使了对企业劳工问题的关注。从大规模标准化生产转向弹性专业化生产，企业将劳工分解为具有功能弹性的“核心”工人和具有数量弹性的“边缘”工人，同时伴随凯恩斯福利国家向熊彼特福利国家的转向和在劳资谈判中工会地位的弱化，劳工地理学越发重视劳工能动性研究。然而劳工能动性却也受限于一定的社会结构，因此不仅要将劳工能动性理解为一种地理现象，更要深入剖析劳工能动性的地理嵌入性。工作安全感和地方认同作为劳工能动性的地理现象和地方嵌入性的主要变量，研究亟待强化。在新古典经济学中，劳工与其他“商品”并没有本质区别，雇主在确定时间段受益于工人的劳动能力，而工人得到工资用以维持生存和发展所需的商品，然而马克思主义政治经济学却认为，无论是理论上还是实践上，剥削都将工人、雇主摆到了对立面。以 Herod、Harvey 为代表的马克思主义地理学派认为，劳工与资本一样是具有“空间修复（spatial fix）”能力的社会和地理行动者，特别是新自由主义政策的实施和经济组织模式使得部分传统的雇佣方式正逐步地让位于灵活的、弹性的和基于任务契约规定的雇佣方式，雇佣方式变化会通过工作安全感影响其工作满意度和企业归属感，进而深刻影响到劳工地方认同的建构。实际上，影响劳工地方认同的因素较多，同时各种因素之间的作用也可以做更为细致的研究。基于此，本章不仅考虑了工作安全感对地方认同的直接影响作用，还深入分析了劳工工作满意度和企业归属感的中介作用

（见图5－1）。

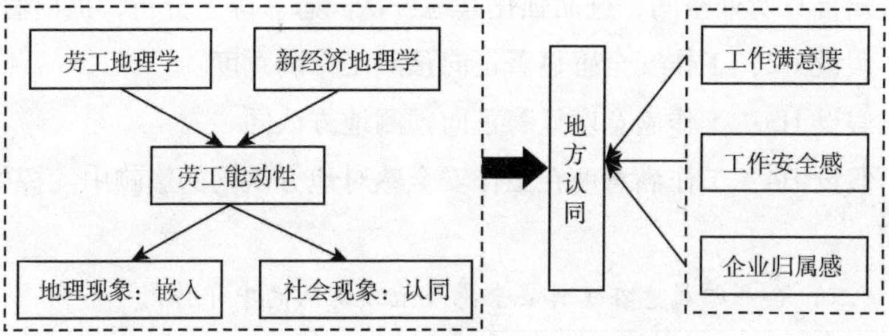

图5－1　研究框架

二　研究假设

（一）工作安全感与地方认同

工作安全感作为劳工在工作中既不会担心工作丧失，又不会担忧雇佣关系质量下降的积极主观体验，对劳工的态度及行为具有重要影响。地方认同是个体与所处环境互动中对地方在态度和行为倾向上的具体表达，强调个体在心理上对地方积极的情感依赖，同时更加强调人们对地方认知成分的反应，而这种成分更多来源于个体对自己所处微观环境（家、工作单位等）的判断。对于劳工来说，工作是劳工生活的重要组成部分，工作安全感成为其特定空间生活和工作的基础，并将此内隐式主观心理体验自然迁移到其所处的特定地方，从而产生地方认同。综上分析，提出假设：

假设H1：工作安全感显著正向影响地方认同。

（二）工作满意度在工作安全感与地方认同的中介作用

工作满意度是研究个体态度和行为的理论和模型的核心变量，特殊政治经济文化背景下的工作因素和个人因素是影响工作满意度的重要内容。以往研究已证实了工作安全感对工作满意度存在显著正向影响。高工作安全感意味着劳工能够更多感知工作稳定性和持续性以及高质量的雇佣关系，即工作满意度越高，劳工就越能通过感知方式积极认知自身所处空间，进而强化其地方认同感。综上分析，提出假设：

假设 H2：工作安全感显著正向预测工作满意度。

假设 H3：工作满意度显著正向预测地方认同。

假设 H4：工作满意度在工作安全感对地方认同的影响中发挥中介作用。

（三）企业归属感在工作安全感与地方认同的中介作用

企业归属感和组织认同感在社会学、管理学上具有内在逻辑的一致性。具体到企业组织层面，企业认同体现了个人与企业组织在价值观上的一致性。已有研究表明，工作安全感会显著正向预测组织认同，即当劳工在工作中获得安全感时，可以显著提升劳工对企业的归属感，同时企业归属感也会由于劳工对企业的身份认同而提升地方认同感。综上分析，提出假设：

假设 H5：工作安全感显著正向预测企业归属感。

假设 H6：企业归属感显著正向预测地方认同。

假设 H7：企业归属感在工作安全感对地方认同的影响中发挥中介作用。

（四）工作满意度与企业归属感的链式中介作用

工作满意度和企业归属感作为劳工对工作/企业的情感“寄宿”，往往带有很大程度上的主观意识偏好，而工作安全感作为劳工的基础考量因素，已成为工作满意度和企业归属感的客观基础。在企业层面上，通过制定各种措施，以降低劳工对丧失工作以及雇用质量下降的“担忧”，从而获得更多工作安全感，在一定程度上也提升了工作满意度水平，工作满意度越高，劳工的企业归属感则越强，而基于更大地方尺度层面的认同感也越强（见图 5 - 2）。综上分析，提出假设：

假设 H8：工作满意度显著正向预测企业归属感。

假设 H9：工作满意度和企业归属感在工作安全感对地方认同的影响中产生链式中介作用。

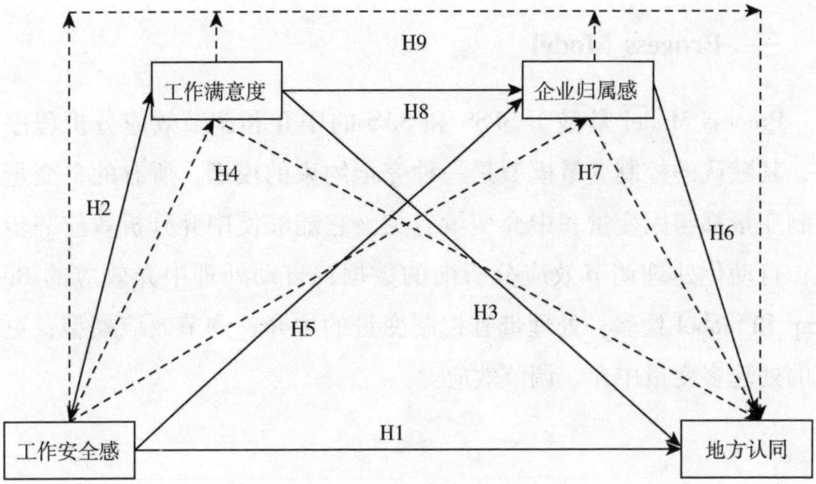

图 5-2　概念模型假设图

第三节　研究方法

一　独立样本 t 检验

独立样本 t 检验用于分析定类数据（X）与定量数据（Y）之间的差异情况，要求被比较的两个样本彼此独立，即没有配对关系，并且两个样本均来自正态总体，除了需要服从正态分布以外，还要求两组样本的总体方差相等，从而比较两个平均数的差异是否显著。

二　单因素方差分析

在单因素方差分析中，设因素 A 有 r 个水平 A_1，A_2，…，A_r，在每一水平下考察指标值 X_{ij}的全体可以看成是一个总体，并假定：各总体都服从正态分布；各总体的方差相同；从各总体中抽取的样本相互独立。单因素方差分析用来研究一个控制变量的不同水平是否对观测变量产生了显著影响，仅研究单个因素对观测变量的影响。

三　Process Model

Process Model 是基于 SPSS 和 SAS 的中介和调节效应分析程序插件，其默认的控制变量模型是一种完全约束的模型，所有的自变量和控制变量都与因变量和中介变量有关。它能够使中介分析效应一步到位；自动化处理调节效应分析前的数据；自动处理中介效应的 Bootstrap 和 Slobel 检验；处理带有控制变量的中介、调节效应模型；更方便的处理多变量中介、调节效应。

第四节　企业劳工地方认同的社会性特征差异

一　企业劳工地方属性特征

基于问卷结果发现，1875 个被调查对象中，1708 个来自河南本省，167 个来自河南省以外的地区，可知 F 企业劳工中河南省内流动最多，省际流动较少，省外劳工主要来自河南省周边的地级市，说明郑州 F 企业对省外地区也产生了一定的“溢出”效应。基于被调查对象的社会学特征，发现郑州 F 企业劳工主要来自农村地区且以男性劳工为主，男性劳工占比为 58.08%，女性劳工占比为 41.92%，已婚劳工占比 60.37%，未婚占比 39.63%。劳工主要以新生代为主，其中 16—25 岁的青年人占比为 25.01%，26—35 岁的年轻人占比为 60.16%。从职位来看，普通流水线劳工和技术工占比分别为 36.00% 和 37.44%，而不同等级的管理者（线长、组长等）仅占 17.17%。生产淡季时工资 2000—3000 元占比 26.56%，生产旺季时工资 3001—4000 元占比 39.68%，说明从事低等级工种的劳工比例较高，且只有在生产旺季通过加班才能得到相应高工资。从进入 F 企业的方式看，熟人推荐的占比最高，为 25.97%，其次是内部招聘、学校招聘、中介公司、网络招聘和其他，分别为 20.05%、18.40%、17.07%、11.63% 和 6.88%，社会关系网络在其中发挥着重要作用。

二　企业劳工地方认同的社会属性差异分析

为进一步分析不同性别、年龄、受教育程度、婚姻状况、应聘方式等社会属性特征在地方认同上是否存在显著差异，研究采用独立样本t检验和单因素方差统计（ANOVA）来检验组间差异的显著性（见表5－1）。t检验和F检验结果显示：（1）不同年龄阶段的F企业劳工在地方认同上差异显著，且46岁以上的F企业劳工地方认同显著高于其他年龄阶段劳工的地方认同，而其他年龄阶段的F企业劳工地方认同差异不显著。（2）不同性别的F企业劳工在地方认同上差异显著，男性劳工地方认同感更低。（3）不同婚姻状况的F企业劳工在地方认同上存在显著差异，已婚劳工地方认同感更高。（4）不同受教育程度的F企业劳工在地方认同上存在显著差异，高中以上学历的地方认同感显著低于初中及以下的劳工地方认同感。（5）不同工作时间的F企业劳工在地方认同上存在显著差异，1—3年工作时间的F企业劳工的地方认同显著高于1年以内和5年以上的劳工地方认同。（6）不同工作职位的F企业劳工在地方认同上存在显著差异，技术人员相较于其他职位的劳工地方认同感更低。（7）不同应聘方式在地方认同上存在显著差异，通过熟人招聘方式进入F企业的劳工其地方认同感显著高于通过学校招聘和中介公司方式进入的劳工地方认同感。（8）工资收入在F企业劳工地方认同上差异不显著，但随着收入的增长，地方认同会逐渐增强。综上所述，绝大多数社会属性变量对劳工地方认同产生了显著影响，新生代劳工特别是已婚男性劳工的地方认同感显著低于中生代劳工及女性，主要原因在于新生代劳工有更多资本选择迁移至能获取更多经济收益的地方，而中生代劳工选择机会较少；高中及以上学历劳工的地方认同显著低于初中及以下，主要原因与上述情况类似，其对外选择工作机会较多；工作时间过短（陌生感）或过长（排斥感）都会影响其地方认同，进一步验证了F企业劳工流动性强和流失率高的典型特征；技术人员相较于流水线工人和管理阶层，由于其自由流动受限和经济收益较低，所以其地方认同感较低；通过熟人介绍进入 F 企业工作的劳工地方认同感明显高于其他方式，说明社会关系网络是影响地方认同的显著要素。

表 5－1　　独立样本 t 检验和单因素方差分析及均值比较

样本特征指标		M ± SD	t	F	P
年龄	16—25 岁	3.62 ± 0.73		4.60***	0.001
	26—35 岁	3.60 ± 0.70			
	36—45 岁	3.72 ± 0.65			
	46—55 岁	3.76 ± 0.50			
	56 岁以上	4.54 ± 0.44			
性别	男	3.56 ± 0.75	4.90***		0.000
	女	3.72 ± 0.63			
婚姻状况	已婚	3.68 ± 0.67	3.86***		0.000
	未婚	3.55 ± 0.76			
教育程度	初中及以下	3.77 ± 0.63		4.70***	0.003
	高中及中专	3.60 ± 0.74			
	大专及本科	3.61 ± 0.70			
	研究生及以上	3.63 ± 0.82			
工作时间	1 年以内	3.62 ± 0.71		3.95***	0.008
	1—3 年	3.73 ± 0.72			
	3—5 年	3.63 ± 0.73			
	5 年以上	3.58 ± 0.69			
工作职位	生产线劳工	3.66 ± 0.70		3.36**	0.018
	技术人员	3.56 ± 0.74			
	管理人员	3.68 ± 0.66			
	其他	3.68 ± 0.65			
应聘方式	学校招聘	3.59 ± 0.77		2.52**	0.028
	内部招聘	3.64 ± 0.72			
	中介公司	3.57 ± 0.73			
	熟人推荐	3.71 ± 0.64			
	网络招聘	3.65 ± 0.75			
	其他	3.53 ± 0.61			

续表

样本特征指标		M ± SD	t	F	P
工资	2000—3000 元	3.63 ±0.71		1.90	0.128
	3001—4000 元	3.64 ±0.70			
	4001—5000 元	3.64 ±0.71			
	5000 元以上	3.69 ±0.63			

注：*、**、***分别代表在10%、5%和1%统计水平下显著。

第五节　工作安全感对地方认同的影响研究

一　量表信效度检验

首先，对可能存在的共同方法偏差采用程序控制和 Harman 单因子检验。对所有项目进行未旋转的主成分分析，结果表明共有 7 个因子的特征根值 >1，而且第一个因子解释的变异量为 21.32 %，说明不存在明显的共同方法偏差。

其次，对变量进行 KMO 和 Bartlett 球形检验，结果显示 KMO 值大于 0.8，Bartlett 球形检验 sig 值小于 0.05，表明适合进行因子分析；然后利用 SPSS24.0 统计软件，对测量模型的信度和效度进行检验，发现各观测变量的标准化因子负荷（Std）在 0.63—0.97 之间，t 检验值均在 0.001 水平下显著。最后，采用 Cronbach's α 系数来检验量表的内部一致性，系数越高，表明量表可靠性越高。经计算，整体量表的内部一致性系数 Cronbach's α 为 0.97，工作安全感量表、工作满意度量表、企业归属感量表和地方认同量表的内部一致性系数 Cronbach's α 分别为 0.85、0.88、0.95、0.94，说明量表以及各维度信度良好。研究同时采用 AVE 值和 CR 值来检验回收数据的收敛效度，若 AVE 值接近或高于 0.5，CR 值超过 0.8，则说明具有较好的收敛效度。工作安全感量表的 AVE 值为 0.57，CR 值为 0.94；工作满意度量表的 AVE 值为 0.52，CR 值为 0.91；企业归属感量表的 AVE 值为 0.64，CR 值为 0.96；

地方认同量表的 AVE 值为 0.55，CR 值为 0.94，即各量表收敛效度都通过了验证（见表 5-2）。

表 5-2　量表信度和收敛效度检验

量表	CR 值	AVE 值	Cronbach's α
工作安全感	0.94	0.57	0.85
工作满意度	0.91	0.52	0.88
企业归属感	0.96	0.64	0.95
地方认同	0.94	0.55	0.94

二　描述统计与相关分析

研究采用 Pearson 系数反映变量间相关性（见表 5-3）：控制变量中除了应聘方式外，性别、年龄、婚否、受教育程度、工龄、工作职位、工资均与主要变量有显著相关，后续研究以性别、年龄、婚否、受教育程度、工龄、工作职位、工资作为控制变量对模型进行分析。工作安全感、工作满意度、企业归属感与地方认同两两之间呈显著正相关，与前述研究假设一致，表明模型设计合理，为后续中介检验奠定基础。

对于李克特五级量表，一般把得分均值 1—2.49 之间视为低认同度，2.50—3.49 之间视为中等程度认同感，3.50—5 之间视为高认同度，结果表明 F 企业劳工安全感、工作满意度、企业归属感和地方认同都达到了中等程度以上的水准，说明劳工对自身所在 F 企业的工作具有较高的安全感和满意度，对地方具有一定的认同感和归属感，同时也反映近年来郑州 F 企业劳工的工作环境和保障措施改善起到了积极作用，但也反映出 F 企业劳工的工作安全感、满意度、企业归属感及地方认同还具有较大的提升空间。

三　链式中介作用检验

研究利用 Hayes 开发的 SPSS 宏程序 PROCESSv3.3 中的 Model 6 进

表 5－3　工作安全感、工作满意度、企业归属感与地方认同的相关分析

变量	M	SD	1	2	3	4	5	6	7	8	9	10	11
1. 性别	1.42	0.49											
2. 婚否	1.40	0.49	−0.05*										
3. 年龄	25.65	0.70	−0.02	−0.52**									
4. 受教育程度	1.93	0.77	−0.05*	0.12**	−0.17**								
5. 工龄	2.56	1.25	−0.15**	−0.34	0.31**	0.20**							
6. 工作职位	2.00	0.95	−0.02	−0.12**	0.07**	0.26**	0.48**						
7. 应聘方式	3.13	1.51	0.02	−0.07**	0.13**	−0.03	0.02**	0.01					
8. 工资	2.22	0.99	−0.12**	−0.21	0.18**	0.38**	0.45**	0.35**	−0.05*				
9. 工作安全感	3.74	0.51	0.10**	−0.20**	0.12**	−0.03	0.17**	0.15**	0.04	0.16**			
10. 工作满意度	3.55	0.72	0.15**	−0.09**	0.03	0.05*	−0.05*	0.02	0.01	0.09**	0.61**		
11. 企业归属感	3.68	0.75	0.13**	−0.13**	0.08**	0.08**	0.03	0.06**	0.04	0.05**	0.63**	0.76**	
12. 地方认同	3.63	0.71	0.11**	−0.09**	0.06**	−0.06**	−0.04	0.01	0.02	0.05*	0.61**	0.73**	0.81**

注：*、**、***分别代表在10%、5%和1%统计水平。

行数据处理，采用 Bootstrap 方法来检验工作满意度、企业归属感在工作安全感和地方认同之间的链式中介作用（为避免社会属性因素的影响，在进行直接效应和中介效应检验时对性别、年龄、婚否等八种社会属性要素进行控制，将其作为控制变量纳入分析模型）。研究设定 Bootstrap 样本数为 5000，置信水平设置为 95%。工作满意度和企业归属感在劳工安全感和地方认同之间的链式中介效应分析结果如下（见表 5－4、表 5－5）。

表 5－4　　直接效应的显著性检验

直接效应	效应值	标准误差	T	p	95% 置信区间
H1：劳工安全感→地方认同	0. 16	0. 02	6. 58	0. 000	0. 11—0. 20
H2：劳工安全感→工作满意度	0. 62	0. 02	33. 20	0. 000	0. 58—0. 65
H3：工作满意度→地方认同	0. 31	0. 03	10. 82	0. 000	0. 25—0. 36
H5：劳工安全感→企业归属感	0. 33	0. 03	15. 11	0. 000	0. 26—0. 33
H6：企业归属感→地方认同	0. 51	0. 02	27. 52	0. 000	0. 47—054
H8：工作满意度→企业归属感	0. 94	0. 03	33. 50	0. 000	0. 88—0. 99

表 5－5　　中介效应的显著性检验

作用路径	效应值	标准误差	效果量	95% 置信区间
H4：劳工安全感→工作满意度→地方认同	0. 19	0. 02	21. 80%	0. 14—0. 24
H7：劳工安全感→企业归属感→地方认同	0. 22	0. 02	25. 30%	0. 18—0. 26
H9：劳工安全感→工作满意度→企业归属感→地方认同	0. 30	0. 02	34. 50%	0. 26—0. 33
间接效应	0. 71	—	81. 60%	—
直接效应	0. 16	—	18. 40%	—

首先，检验工作满意度的中介作用。由表 5－4 可知，劳工安全感对地方认同的直接效应值为 0. 16，95% 置信区间为［0. 11，0. 20］，不包含 0，说明劳工安全感正向影响地方认同，验证了假设 1；劳工安全感对工作满意度的效应值为 0. 62，95% 置信区间为［0. 58，0. 65］，不包含 0，说明劳工安全感正向影响工作满意度，验证了假设 2；工作

满意度对地方认同的效应值 0.31，95% 置信区间为［0.25，0.36］，说明工作满意度正向影响地方认同，验证了假设 3；由表 5－5 可知，工作满意度在劳工安全感与地方认同之间的效应值为 0.19，效果量为 21.08%，95% 置信区间为［0.14，0.24］，说明工作满意度具有显著中介作用，验证了假设 4。

其次，检验企业归属感的中介作用。由表 5－4 可知，劳工安全感对企业归属感的效应值为 0.33，95% 置信区间为［0.26，0.33］，不包含 0，说明劳工安全感正向影响企业归属感，验证了假设 5；企业归属感对地方认同的效应值 0.51，95% 置信区间为［0.47，0.54］，说明企业归属感正向影响地方认同，验证了假设 6；由表 5－5 可知，企业归属感在劳工安全感与地方认同之间的效应值为 0.22，效果量为 25.30%，95% 置信区间为［0.18，0.26］，说明工作满意度具有显著中介作用，验证了假设 7。

最后，检验工作满意度和企业归属感的链式中介作用。由表 5－4 可知，工作满意度影响企业归属感的效应值为 0.94，95% 置信区间为［0.88，0.99］，不包含 0，说明工作满意度正向影响企业归属感，验证了假设 8；由表 4－5 可知，链式中介效应为值 0.30，95% 置信区间为［0.26，0.33］，不包含 0，说明工作满意度和企业归属感具有显著中介作用，验证了假设 9。直接效应的效果量为 18.40%；间接效应为三条中介路径的中介效应之和为 0.71，效果量为 81.60%，总效应值为 0.86。

四　工作安全感对地方认同的影响机制

F 企业作为典型的劳动密集型企业，面对制造业一线劳工离职率较高、流动性较强的现状，公司在生产旺季采取了灵活的、弹性的和基于任务契约规定的雇佣方式。当前 F 企业对劳工的管理可以分为功能型柔性管理和数量型柔性管理两种。功能型柔性侧重于永久性劳工，数量型柔性侧重于临时性劳工，一般来讲，临时性劳工的工作安全感、满意度和企业认同感相较于正式劳工较低，“F企业里面的临时工都是为了挣返乡费进去的，没有一点动力干活，看别人干得慢，自己干得更慢。这种情况组长就压下面的线长，线长就会告诉劳工，如果干的慢就不让加班——访谈者A（2020-08-11）”；“我本来是在北京从事IT行业的，由于受到疫情影响回不去，我就暂时来这里工作，说实话，我对F企业、航空港和郑州并没有归属感，拿到返乡费我就不干了，我还是想回北京工作——访谈者B（2020-08-15）”。灵活多样的雇佣模式虽然降低了企业的人力资源成本，但不稳定的工作状态很容易导致劳工对其雇佣质量上工作安全感的降低。企业作为地方经济发展的主体，企业归属感和地方认同感虽然在空间尺度上存在异质性，但内在本质相似，都是个体将客观环境在意识中进行社会化、群体化的自我意识，地方认同是对企业归属感载体的情感拓展。

通过研究发现，工作安全感对地方认同存在显著的正向作用。当F企业的雇佣制度和管理机制能够使劳工在工作中获得信心、安全和自由的感受，不再陷入失去工作的恐慌或者不再受到职业发展前景模糊、工作条件恶化、薪酬福利达不到期望等威胁时，劳工在心理上会感知自身工作拥有稳定性保障，信任企业会长期雇佣自己，自己也愿意被长期雇佣，而不是长期处于疏离社会关系和频繁流动的状态。这种稳定、安全的主观感受促使劳工与自身所工作和生活的地方建立积极的情感联结，进而促使F企业劳工形成地方认同。“由于F企业属于世界500强企业，会受到政府、社会等各方面的关注，因此公司在雇佣制度、晋升制度、心理服务等方面花费了大量力气，可以明显感受到现在企业劳工比之前劳工更加有安全感，至少不会担心公司很随意的就开除自己，只要他不辞职，愿意继续留在工作岗位，他就不会丢掉工作——F企业人力资源部主管访谈者C（2018-08-20）”。高水平的工作安全感促使劳工对工作投入时间、个体生活行为、企业归属情感等产生一定的积极影响，形成“企业—地方”双重主体意识，直接促进了劳工地方认同感的塑造。

研究进一步发现，工作满意度和企业归属感在工作安全感对地方认同的影响作用中不仅发挥独立中介作用，而且发挥链式中介作用。工作满意度是劳工对工资福利、同事关系、上下级关系、晋升机会以及工作喜欢程度的综合评分结果，虽然其形成需要经历较长时间，但仍存在较强的不稳定性。企业归属感是对工作稳定性、企业发展前途、企业工作环境、企业管理合理性的综合评价结果，体现了个人与企业组织在价值观上的一致性。工作满意度主要表现为劳工对自我工作评价的满足感，包括对工作环境和工作本身的积极肯定，而这种对工作的正向评价更多来源于企业给予劳工的物质、精神保障或是组织承诺，也就是劳工的工作安全感，劳工对工作满意度高，意味着劳工对自身工作认可，积极性较高，也对自身所在企业环境、管理制度、文化环境等较为认同，也会更容易对企业产生更多的归属感，“我们与公司签有协议，不会想着随便离职。因为对工作环境、园区环境、工资福利都比较满意，宿舍条件较好，基础设施完善，重要的是在工作中能挣到一定的收入，并且感觉自己很有价值，所以打算长期留在当地工作——访谈者 D（2020 - 08 - 10）”。F 企业通过制定各种积极措施，降低劳工对丧失工作以及雇用质量下降的“担忧”，获得更多工作安全感。劳工越容易感知到自身所在企业的能力、实力和责任感，就越容易提升工作满意度，工作满意度作为劳工体验安全感的积极效能之一，较高的工作满意度促使劳工与 F 企业形成良性耦合，对企业产生较高的归属感，进而促进地方认同感的形成或提升。

第六节　小结

地理学视角下的地方认同需要更多关注地方性特征如何作用于主体心理层面，进而影响个体地方认同的内在机制。本章基于对郑州 F 企业的实地调研，分析了劳工工作安全感对地方认同的影响，并讨论了工作满意度、企业归属感的中介作用，得到以下结论：

1. 郑州 F 企业的劳工来源主要以河南省内劳动力市场供给为主，省外劳工则主要来自河南省周边的省域地级市，虽然一定程度上说明郑州 F 企业对省外地区产生了一定的“溢出”效应，但地方劳工特征仍相对显著。基于劳工性别、年龄、婚姻、受教育程度、工作时间、职位等社会属性特征的地方认同存在显著差异。

2. 工作安全感对地方认同存在显著正向作用。地方认同不仅受外部环境因素的影响，更易受主观体验的影响，即地方认同形成是“人—心理过程—地方”的动态过程。工作安全感作为 F 企业劳工在工作中获得的信心、安全和自由的主观感受，是劳工与工作、生活的积极情感联结，促使了 F 企业劳工形成地方认同。

3. 工作满意度和企业归属感在劳工安全感对地方认同的影响中发挥中介作用，表明工作安全感通过提升工作满意度和企业归属感而影响地方认同。工作满意度作为劳工体验安全感的积极效能之一，较高的工作满意度促使劳工与 F 企业形成良性耦合，对企业产生较高的归属感，最终提升劳工的地方认同感。

基于对郑州 F 企业实地调研，本章重点分析了劳工工作安全感对地方认同的影响，并尝试讨论工作满意度、企业归属感的中介作用，试图在地理学视角下强化主体心理层面影响个体地方认同的内在产生机制的分析，相关结论对于提升企业劳工安全感与地方认同的关系提供了有益借鉴。然而研究仍存在以下问题：首先，样本选择的局限性。本章主要基于随机取样方法，但在分析中发现普通劳工偏多，而技术工和管理层较少，可能会导致结论存在一定局限性，在未来研究中需尽可能实现随机性和目的性相结合，保证样本选择合理性。其次，问卷设计的局限性。本章主要参考了国内外相对成熟的量表并进行了适当修改，但由于被调查对象社会属性特征差别较大，对问卷的理解可能存在偏差，因此未来研究中可尝试开发适合不同企业劳工的新量表，保证结果的科学性。

第六章　企业地方劳动力网络建构特征及其影响因素

20 世纪 90 年代以来，企业地方嵌入研究相对聚焦于资本密集型或技术密集型，对以 F 企业为代表的劳动密集型企业研究不足。尽管 GPNs 将“劳动力问题”视为研究的重要方向，但对于劳动力问题的研究与其他议题相比存在显著差距。中国拥有丰富的劳动力，然而对于劳动力问题的实证研究非常少，长时期忽视了关于劳动密集型企业对中国劳动力和典型地区经济发展影响的研究。

基于此，在全球生产网络研究不断深入的情景下，从关系经济地理学和劳工地理学的角度出发，通过地方典型经验，分析特定地区企业劳动力网络特征及影响因素，探讨典型地区正在发生的经济转型现象，为地区经济发展提供相应的经验参考。通过问卷调查和实地访谈获得郑州 F 企业劳动力一手资料，从地域流动网络和社会关系网络视角分析郑州 F 企业劳动力网络特征及其影响因素。利用社会网络分析方法，从河南省内和全国角度分析 F 企业劳动力地域流动网络特征，然后基于行动者网络理论构建劳动力社会关系网络。通过多元回归模型分析地域流动网络和社会关系网络建构的影响因素。

第一节 问题提出

随着东部沿海地区投资边际效率递减、要素成本上涨、劳动力成本上升等问题出现，部分企业向中西部地区产业转移，同时沿海地区出现了严重的“用工荒”现象，劳动力问题逐渐受到政府和学者的关注。大多数研究从迁出地“推力”和迁入地“拉力”的视角分析土地因素、收入差距、就业机会等对劳动力迁移的影响，探讨省份间、区域间的劳动力迁移特征，虽然近年来有研究从劳动力群体异质性的角度分析劳动力迁移特征（姚先国，2021），但对于特定地区典型公司尤其是劳动密集型企业劳动力迁移特征研究不足。20 世纪 90 年代以来，随着全球价值链（Global Value Chain，GVC）、全球生产网络（Global Production Networks，GPNs）等理论的发展，学术界关于企业的研究日益增多，着重探讨了产业联系、技术外溢、社会网络等要素对地方嵌入过程的影响，研究相对聚焦资本密集型或技术密集型企业，而对以 F 企业为代表的劳动密集型企业研究不足（樊士德等，2015）。以往研究将资本视为空间不均衡发展的根本推手，劳动力只是作为资本家塑造经济地理景观时控制和剥削的对象（Massey，1984）。20 世纪 90 年代中后期劳工地理学（labor geography）的提出（Herod，1997，2000），使得分析视角得以转变。劳工地理学认为，劳动力不仅是区位决定要素或是劳动交换价值，而是有感知力和能动性的社会人。劳工地理学将劳动力视为与资本一样具有“空间修复（spatial fix）”能力的社会和地理行动者，并将行动者置于所在区域的生产和再生产情景之中，通过适应/弹性（偷懒、换工等）和重制（投诉、上访等）等方式塑造新的劳动力经济地理景观（Harvey，1981，2001；Scott，2013），激发了全球生产网络与劳工地理学的对话（Sun et al.，2013；Huang et al.，2014；Coe，2015；贺灿飞等，2014；黄耿志等，2017）。在马克思主义地理学对“关系”的重视下，地理学中的“关系经济地理学”不断发展，关系经济地理学将经济行动者、他们的行动和相互作用作为分析的中心，分析行动者与经济之间的网络关系。在此背景下，研究发展中国家劳动密集型企业的劳动力流动问题。

关系经济地理学关注行动者社会空间关系是如何与不同空间尺度上的更广阔的结构和经济过程缠绕在一起的，分析行动者与经济之间的网络关系，探讨空间和地方对经济发展的影响。地方与区域发展之间的关系资产（劳动力）成为竞争优势的来源，经济活动不断嵌入地方的社会网络关系之中。社会网络联结着迁入地和迁出地的劳动力，并协调社会中结构化的力量与移民个人主观能动性之间的关系，网络中包含了当地血缘和友情的纽带或者其他基于共同文化或族群感的关系，能够为迁移劳动力提供就业信息、医疗服务信息以及情感上的支持，同时网络在维持持续迁移中也发挥着重要作用（Massey，1999）。21 世纪初期，中国六成以上的农村劳动力借助迁入地的家人、亲戚、朋友、老乡等私人关系在迁入地城市搜寻并获得工作机会（Long 等，2017；Kinnan 等，2018）。迁移网络作为劳动力搜寻工作的主要渠道，不仅降低了劳动力的迁移和工作搜寻成本，其强弱还会对迁移和搜寻行为产生异质性影响（Giulietti 等，2018）。因此，以 F 企业这种劳动密集型企业为研究案例，分析其劳动力网络建构特征及劳动力如何利用自身社会关系网络获得就业信息和就业机会至关重要。

1988 年 F 企业在中国深圳设立第一个公司以后，逐渐在中国大陆布局生产，F 企业是沿海企业实行产业转移的典型代表，2010 年 F 企业在郑州投资建厂。在政府、企业相关制度政策变化下，郑州 F 企业员工在迁移和个人化社会行动实践中基于自身行为形成了典型的地域流动网络和社会关系网络特征，发展了具有典型地方特色的劳动力地理景观，生产高峰时期员工达 30 余万人，是典型的劳动密集型企业，其形成的地方劳动力网络是企业产业转移过程中的特殊经济现象。

第二节 研究述评

一 劳动力能动性研究

20 世纪 90 年代中期以来，在人文地理学“关系思考（relational thinking）”的倡导下（Massey et al.，1999），伴随经济地理学制度转向和文化转向的研究深化，经济地理学中有关“经济行为主体之间的社会相互作用是如何塑造经济景观”的文献越来越多（Dicken et al.，2001；Boggs et al.，2003；Storper et al.，2004）。学者开始将“交织于多种地理尺度上的经济变化过程中的行为者的社会空间关系”作为研究核心，“关系经济地理学”应运而生。关系经济地理学将空间看作一种分析视角或地理透镜，将经济行动者、他们的行动和相互作用或者说经济交换作为分析的中心（Bathelt et al.，2003），以更加动态的视角来关注空间格局的形成和演变，而不是被动的解释格局的成因（Dicken et al.，1992）。

在此背景下，劳动力市场作为社会、制度及管制时间的重要场所，成为经济地理学者关注的热点。将劳动力市场嵌入政治、社会、经济、文化等制度背景之下，甚至认为劳动力市场本身就是社会经济现象，而非嵌入社会经济背景或制度环境之中（Fleetwood，2011）。20 世纪 90 年代中后期劳工地理学（labor geography）的提出使得经济地理学界开始真正将劳动力问题置于研究范畴之中（Herod，1997，2000）。与将劳动力视为生产要素的劳动力地理学（geography of labor）不同的是，劳工地理学将劳动力视为与资本一样具有“空间修复（spatial fix）”能力的社会和地理行动者，劳动力作为有感知力和能动性的社会人积极主动地塑造着资本主义经济地理景观（Harvey，1981，2001；Scott，2013）。劳动力被视为地方和区域发展的关系资产，研究劳动力作为社会和地理行动者如何通过自身行为策略塑造经济地理景观，并与其他的经济行为主体之间相互作用，嵌入由这些经济行为主体所形成的社会网络中，同时探讨工人如何根据自身的利益和需求以某种特定的方式创造有利于自身生存和再生产的空间，尽管这个过程仍处于资本主导之下（黄耿志等，2017）。

全球生产网络（GPNs）关注所有的行为者和关系，强调一系列的行为者（劳动力、公司、政府等）相互联系的行为嵌入更加广泛的全球经济结构和制度中。Coe（2013）研究指出，工人能动性不是独立地存在，而是受全球生产网络的影响，并嵌入工人所在地方的特定制度、经济和社会关系中的社会空间实践。随着全球化经济发展，工人在 GPNs 中的位置使其获得结构性权利，处在关键生产环节节点的工人，其罢工或停工可能影响整个生产网络的正常运行（Selwyn，2012）。例如，Bollhorn 等（2016）分析了德国一家汽车制造企业工人如何利用汽车生产网络的弱点反对企业被收购，最终使企业收回资本重组的决策。美国钢铁工人联合会（USWA）为了维护工人权益，和美国劳联—产联组织了一场公开的跨国运动，追踪雷文斯伍德铝业公司所有者与股东的各种跨国业务动向，联合世界各地的工人，设法阻断各种经济交易，使全球生产系统受到严重影响，迫使公司同意工人们复职，为工人争取到一个有利的结果（Herod，1995）。广东南海本田汽车零部件制造有限公司工人因不满工资水平与企业利益不同步举行罢工，导致多家汽车厂家因无法得到南海本田零部件而停产，促使本田公司作出提高工资的承诺，罢工还引起其他地方工人的效仿，致使在不到两个月的时间里发生了 40 多起罢工事件（蔡禾，2010）。马克龙政府强势推行的养老金改革引发了 21 世纪以来最大的罢工，工人的罢工导致全国多条运输线路瘫痪，法国总工会呼吁所有公职人员加入罢工行动，并主张无限期延长，以阻止养老金多轨制的废除，最终迫使法国政府在养老金领取年龄等问题上作出让步。同时，研究发现全球经济的发展为我国本土企业和劳动力提供了更多的发展机会和就业机会。Liu 等（2014）揭示了珠三角顺德本土企业在区位劣势的影响下，对外积极利用社会关系网络招商引资，培育珠三角地区的家电产业集群，实现了产业升级。何金廖等（2018）从全球生产网络的外部链接性出发，研究上海创意企业以本地劳动力市场为主，区域和海外劳动力市场为辅发展创意产业集群，并建立海外销售网络的过程。

随着全球化进程的加快，劳动力作为促进企业和地区发展的经济行为主体，更加深入地嵌入全球生产网络中，扮演着越来越重要的角色。在经济发展过程中，国家体制和地方条件会限制劳动力能动性的发挥（陈肖飞等，2020），F 企业近年来致力于在全球进行生产组织布局，在中国特色的劳动力体制下，深入分析劳动力在跨国企业发展中的重要作用，探讨工人如何按照自身意愿和需求改善自身生存条件和再生产条件，有利于在劳动力视角下解释中国经济发展如何嵌入全球生产网络体系之中和研究中国正在发生的经济转型和空间重构。

二　劳动力迁移的影响因素研究

20 世纪 70 年代出现的激进经济地理学在对劳动力能动性与权利进行研究时忽视了对劳动力流动的研究，而劳动力流动是影响劳动力地方网络建构的重要因素，是劳动力能动性的具体体现。劳动力迁移理论经历了新古典经济理论和新迁移经济，到结构主义和后结构社会文化转向的发展。1980 年以后，开始强调经济结构特别是资本主义经济运行对劳动力迁移的诱导作用。近年来，随着经济全球化和世界经济一体化趋势的不断加强，以及全球生产网络不断发展，劳动力跨地域流动对经济的影响越来越大，国内外学者对其进行了大量研究。

在中国典型的二元经济结构下，中国劳动力流动的主要表现为农村迁往城镇（刘燕平，2014），且农村劳动力流动的主体大部分来源于中西部地区。李晶晶等（2017）以常住人口和户籍人口之差来表征流动人口，即劳动力的流动，发现人口流动能促进流入地的经济增长，而阻碍或相对缓慢促进流出地的经济增长。秦雪征等（2014）利用

“托达罗”模型研究了城乡二元医疗保险结构对农民工流动产生的影响，发现农村医疗保险的“拉回效应”比较显著，城镇医疗保险对农民工的“吸纳效应”不显著，在一定程度上造成了农民工的回流。冯建喜等（2016）从人地关系的视角出发探讨影响江苏省农村流动人口创业行为的因素，发现中国特殊的制度环境对农民工的创业行为有显著影响，城市户口含金量越高的地区，流动人口创业的可能性越低。任媛等（2011）从微观和宏观角度分析劳动力流动，农民工的流动过程具有一定的滞后性，“民工荒现象”是城市化水平短期内不能适应非农生产发展呈现的一种短期、局部性现状。“民工荒”问题对于企业尤其是劳动密集型企业的发展至关重要，分析影响劳动力流动的因素，有利于企业采取一定的措施留住工人，保证企业有充足的劳动力供应，促进企业的发展。然而，一些学者研究发现，20 世纪 90 年代初出现的农村劳动力回流现象，近年来规模不断增加，中国的农村劳动力流动正逐渐从单向流动转变为城乡双向流动的格局。殷江滨等（2012）以广东省云浮市为例，从个体行为决策的视角探讨农村劳动力回流的影响因素，发现家庭、务工时间长、家乡的就业机会对劳动力回流有促进作用。杨忍等（2018）分析了珠三角外围地区农村回流劳动力的就业选择特征和非农就业的影响因素，发现资本积累是回乡创业的基础，租种成本降低促使回流劳动力从事农业生产，非农就业受个人特征、家庭特征、村庄特征等多元因素影响。

一个地区的人力资本存量越丰富，对迁入劳动力的“拉”力越强，将会有更多的劳动力迁入该地，使得人力资本存量继续提高，拉力继续增强，对技能劳动力需求增加，如此循环导致区际经济差异持续扩大（黄翔等，2009）。同时，在市场进入性引导下，劳动力持续向产业集聚地迁移，造成中国工业和迁移劳动力在东部沿海地区的连片集中（敖荣军等，2015），而东南沿海地区劳动力主要是近距离迁移，表现为中国特有的就地城镇化现象（祁新华等，2012）。杨芸等（2020）研究进一步发现，产业升级对劳动力流动具有促进作用，不同于以往短距离的劳动力流动，产业升级导致劳动力在更大范围内再分配，这种影响主要体现在受教育水平更低或者职业技能水平更低的劳动者身上。杨友仁（2013）对深圳 F 企业工人的都市状态调查发现，大部分的劳动力由于受教育水平偏低，做着简单、重复、高强度的工作，学习技能的机会和升迁机会较少，过着单调、无聊和疏离的生活，造成将近一半的普工在一年内离开 F 企业。古恒宇等（2021）基于异质性劳动力视角分析中国省际人口流动网络的演化特征，发现高技能劳动力和普通劳动力都由中西部地区向东部沿海省份迁移，但高技能劳动力拥有相对较高的人力资本以及劳动报酬，因此能在更大程度上克服地理距离导致的迁移成本和社会融入，导致高技能劳动力拥有更长的迁移距离。Rogaly（2009）对印度卡特瓦农业工人的研究，由于农业生产的季节性变化，在生产过程中对于工人的需求不均衡，农业工人需要不断的跨空间移动以寻求新的工作岗位，在移动的过程中实际上也创造了再生产空间。对于这些工人来说，流动性是至关重要的，并且是一种“不情愿的选择”（Rafique et al.，2006），是一种为了获取稀缺的有偿工作而作出的跨空间行动。

长期以来，学者主要从城乡间或者产业部门间的收入差距（Zhu，2002；邢春冰等，2013）、就业机会（刘学军等，2009）、社会资本（王恒，2021）、工资水平（姚先国等，2021）、落户门槛（王子成等，2013；张吉鹏等，2020）、家庭特征（Cai，2020；贾男等，2015）、劳动力需求（Facchini，2019）、教育资源和医疗（夏怡然等，2015；吴贾等，2020）等方面分析了劳动力流动的影响因素，充分刻画了改革开放以来中国劳动力流动的个体特征，但对于企业，尤其是劳动密集型企业对当地劳动力流动的影响研究略显不足。因此，研究当前中国特定地区劳动力市场的形成、发展及其运行规律，具有重要的理论和现实意义，深入分析企业为了获得充足劳动力迁入某地对当地劳动力流动的影响，及对周边地区的辐射作用至关重要。

三　劳动力网络研究

网络是西方经济地理学的研究热点之一，也是近年来中国经济地理学关注的热点问题之一。经济地理学在20世纪八九十年代开始引入关系思维和网络思维，近年来经济地理学的关系转向本身就是以网络为中心展开的。“关系方法”在经济地理学的兴起，在理论上既源于经济社会学有关经济生活“网络”和“嵌入”的思想，也源于制度主义经济学对不同尺度空间学习过程和制度作用的认识。经济地理学的“关系转向”使其能够通过对各种行动者及其之间关系网络的分析，透视资本主义空间经济的建构过程、各种行动者（包括人类和非人类的）在建构过程中的作用、网络机制的演化，以及空间经济的管制和治理模式，代表了经济地理学最新发展的一个重要方向。近年来，经济地理学、社会学、管理学等拓展和丰富了关系网络的内涵，以 Granovetter 为代表的嵌入学派为关系网络的进一步发展提供了坚实的理论和实践基础（陈肖飞，2016）。劳动力流动网络的分析有助于解决企业和劳动力市场需求与匹配的问题。

（一）地域流动网络

社会网络主要从迁入地与迁出地之间基于社会和网络的文化、政治、经济和社会联系的角度进行考察。随着全球化、一体化的深入发展，劳动力的区域流动更加明显。社会网络分析从关系数据的角度出发，综合分析不同地区之间的劳动力流动方向和流量以及他们之间的相互关系，从而分析劳动力地域流动网络的内部特征（王钰等，2014）。事实上，无论是企业、行业、甚至是城市、地区或国家的经济发展，都处在特定的地域网络之中（李蕾蕾等，2013），劳动力作为经济发展的行动主体，同样处在相应的网络之中。Balázs 等（2017）分析瑞典劳动力管控体制下跨企业的劳动力网络建构过程，研究发现网络使工厂之间联系起来，通过员工网络学习有望提高地区的生产力。王钰等（2014）运用社会网络分析方法从网络密度、中心势等角度分析网络视角下长三角地区人口流动网络的特征，发现长三角经历了由单核心向多核心的演变过程，同时形成了不同空间尺度下嵌套的网络特征，一定程度上通过人口流动网络反映了城市网络的特征。梁玉成等（2021）构建了全时期和三个轮次的中国劳动力市场部门的流动网络，发现网络以单位为特征集聚在一起，同时小世界、无标度等特征在行业集聚的表现较为明显。Gianelle（2009）通过整理意大利威内托大区雇主与雇员之间的关系数据，以雇主为节点，建立雇主和雇员之间的就业流动网络，发现该地区具有劳动力流动机会多、成本低的特点。Schmutte（2014）同样使用社会网络分析方法建立美国和阿根廷之间的劳动力市场流动网络，并分析网络内部的社区结构和核心—边缘结构特征。因此，通过劳动力的地域流动网络分析劳动力来源、网络内部特征，有利于对劳动密集型企业劳动力特征深入分析。

（二）社会关系网络

1. 行动者网络理论

20 世纪 80 年代中期巴黎学派的科学知识社会学家 Latour 和 Callon 提出行动者网络理论，Latour 认为科学实践是在由人和非人行动者组成的网络中进行的，人和非人类行动者在网络中的地位是对等的，不仅人可以发挥自己的能动性，非人行动者也可以拥有自己的能动性。在行动者网络理论中，actor 作为构成网络的主要因素，既包括人的参与者也包括物的参与者，而不同行动者之间的网络连接，有赖于“转译”（translation）—行动者不断努力把其他行动者的问题和兴趣用自己的语言转换出来，其角色通过其他行动者得到界定，从而在网络之中通过相互作用建立起稳定的关系。

人文地理领域最早将行动者网络理论引用到学科研究中的分支是乡村地理，对乡村发展模式和全球化状态下乡村发展趋势进行分析。杨忍等（2018）对顺德区逢简村由传统村落向旅游型美丽乡村发展中行动者网络的建构过程深入分析，探究在网络构建中行动者角色和利益预期的动态变化过程，发现行动者转译过程中的利益赋予、征召和动员是其发展变化的重要机制。王鹏飞等（2017）以北京市麻峪房村乡村旅游为例，借助行动者网络理论分析农村空间商品化形成初期和后期的行动者网络变化，并讨论农户如何参与到网络形成过程中。在全球化深入发展的过程中，通过行动者网络理论将全球化引入乡村地理中，寻找自然与社会、全球与地方之间的网络联系，分析农产品在商品链或不同商品链中的价值和位置变化（Trauger，2009）。行动者网络理论中的网络概念被学者作为城市关系网络研究的框架，如Rodríguezgiralt（2011）分析巴塞罗那游行示威中如何将声音作为关键行动者构建行动者网络，发现扬声器和公共声控装置在这个过程中扮演政治工具的角色，通过声音动员社会成员。行动者网络理论的“关系转向”为经济地理学提供了更为通用的工具（Jones et al.，2011），强调情景性、路径依赖性和权变性的理论框架被建构起来并得到应用（Bathelt et al.，2003），将多空间尺度的网络方法用于跨国企业和外国投资研究（Kim，2006）。

以往对于行动者网络理论的研究关注理论译介、述评和经验研究方面，主要研究其在经济地理（袁超等，2021）、旅游地理（王公为等，2021）、城市地理与乡村地理的进展（李立华等，2014），以及分析农村空间（王鹏飞等，2017）与传统节事（吴炆佳，2019）的商品化过程和旅游背景下的社会空间重构（陈培培等，2015）等中的作用，对于劳动力视角下，企业、政府、劳动力等之间关系的研究较为缺乏。分析劳动力视角下，地方劳动力网络建构过程中的行动者网络机制，能够为劳动密集型企业招工难的问题提供相应建议。

2. 社会关系网络

格兰诺维特首先进行关系强度研究，提出“弱连带优势理论”（Granovetter，1973），边燕杰通过格兰诺维特的假定对中国城市工作的分配状况进行分析提出“强关系”理论（边燕杰，1998）。社会关系网络实际上是一种社会资本，一个人拥有的社会资本能够帮助其获取相应的社会资源（张一凡等，2015）。社会关系网络的本质特征就是指由于社会个体之间互动交往而形成的，内部成员由此可以获得现实或者潜在经济资源的相对稳定的关系体系（李群峰，2013）。

在市场化机制不完善的情况下，城乡流动人口更可能依赖社会资本进入城镇劳动力市场，进而通过传递及时准确的信息帮助其尽快锁定目标岗位，实现与职位的匹配（孙宇、边燕杰，2017）。张一凡等（2015）以海淀区建筑工人为例，研究了农民工的社会关系网络状况，深入分析网络在农民工就业、住房等过程中的作用，发现农民工进城初期主要依靠亲缘、地缘等强关系获取资源，而后期主要依靠进城后建立的弱关系获得工作机会。但在经济社会转轨和城乡融合发展的背景下，农民工的社会关系网络劣势被不断放大，因为较高收入者往往比较低收入者拥有更多的社会关系网络，农民工在城镇生活中缺乏创建、维护和利用社会关系网络获取资源的经验，而长期离开家乡使原有的农村社会关系网络瓦解和重构。程名望等（2014）通过问卷调查，分析就业半径、就业机会和社会关系网络对农民工进城的影响，发现社会关系网络对农民工的影响更加显著，应增加农民工对城镇就业和生活的满意度，通过其社会关系（亲戚、朋友、老乡等）吸引更多的人进城务工。凌先勇等（2014）对劳动力工资差异的影响研究发现，社会关系网络引起的户籍歧视具有显著影响，城镇工善于利用自己的社会关系网络扭曲市场规则获取更高收入，将农民工排斥在低收入行业，形成劳动力市场分割和行业壁垒。相关研究表明，不仅就业需要依靠一定的社会关系网络，企业的发展过程中关系网络同样发挥重要作用。王亚男等（2017）分析民营企业独立董事的政府工作经历形成的社会关系网络对企业税负的影响，发现其社会关系网络显著降低了民营企业的实际税负，但制度环境会减弱这种趋势。叶琴等（2017）从组织与认知临近角度出发研究了东营市石油装备制造业的创新网络演化，指出不同维度的邻近性对不同阶段的创新网络的影响不同，亲友圈、朋友圈等关系的建立是促进认知临近发展的有效途径。同时，对不同知识基础产业创新网络的研究发现，解析型产业的合作基础是信任与认知邻近，其创新网络呈现强连接结构，主体间的合作关系深化且持久，创新网络的发展是社会关系网络的重要体现（叶琴等，2020）。综上，研究劳动力社会关系网络的变化和作用机制可以深入分析典型地区劳动密集型企业的经济发展特点和对当地发展的影响。

第三节　研究方法

一　社会网络分析法

（一）网络建构方法

根据社交网络的重力法则（gravitational law of social interaction），本章在 Taylor 提出的人口重力模型的基础上，参考王珏等（王珏等，2014）对中国人口迁移的计算公式，提出适用于本章的计算方法。假设 F 企业厂区所在地对河南省及全国地级市劳动力的吸引力与地区经济发展水平、人口规模成正比，并考虑两地之间的距离对吸引力的影响。同时，地级市有 F 企业建厂是对劳动力吸引的一个重要影响因素，所以本章的 k 定义为某城市 F 企业的规模和效益权重占两个城市权重的比值，表示 F 企业对两个城市的影响程度，当一个城市没有 F 企业在此建厂时，k 值则为 0。将 F 企业所在城市对另一城市的劳动力吸引力表示为：

$$T_{ij} = K\frac{\sqrt{P_i \times G_i} \times \sqrt{P_j \times G_j}}{d_{ij}^b},\ K = \frac{F_i}{F_i + F_j}$$

$$(i \neq j,\ i = 1,\ 2,\ \cdots,\ n;\ j = 1,\ 2,\ \cdots,\ n) \qquad (6-1)$$

式中，T_{ij}为城市 i 对城市 j 劳动力吸引力的大小；P_i 和 P_j 表示城市 i 和城市 j 的常住人口规模；G_i 和 G_j 表示两个城市的人均 GDP 水平；d_{ij}表示城市 i 和城市 j 之间的最短交通距离，在 ArcGIS 中通过计算两个行政中心的直线距离得到（朱杰，2009），b 为距离衰减系数，由于人口具有 2 维变量的特点，所以 $b=2$。采用 2019 年的常住人口和

GDP 数据，利用公式计算 F 企业厂区所在城市对其他城市的劳动力吸引力。计算得到劳动力来源矩阵，在剔除异常后对数据进行标准化，得到城市 i 对城市 j 劳动力吸引能力的矩阵，从而构建了劳动力来源情况的网络数据。

（二）网络分析指标

网络密度。网络密度是网络实际拥有节点联系数量与理论存在最多联系数量的比值。测度公式如下：

$$D = 2L/n(n-1) \tag{6-2}$$

式中，D 表示网络密度，取值域间是 $[0, 1]$；n 表示节点数；L 表示网络中实际存在的关系连线数量。

度数中心势。图的度数中心势用来表征网络对核心节点的依赖程度。如果包含 n 个节点的网络中节点度值都一样，比如都等于 $n-1$，说明网络没有什么中心点，没有依赖个别核心节点的趋势；反之，如果节点度值差距越大，说明网络对某些重要节点的依赖性越强，网络中心性越突出。网络度数中心势的测度公式如下：

$$C = \frac{\sum_{i-1}^{n}(C_{\max} - C_i)}{\max[\sum_{i-1}^{n}(C_{\max} - C_i)]} \tag{6-3}$$

式中，C 为网络度数中心势，$C_{\max}$ 是网络中节点绝对度数中心度的最大值，C_i 为任意节点的绝对度数中心度值，分母为网络中绝对度数中心度可能最大值与其他节点绝对度数中心度差值之和的可能最大值。C 小于 1 大于等于 0，值越大说明网络对核心节点的依赖越强。

接近中心势。图的接近中心势是刻画点的权利的指标，一个点越是与其他点接近，该点在传递信息方面就更加容易，因而可能居于网络的中心。接近中心势的表达式如下：

$$C_c = \frac{\sum_{i-1}^{n}(C_{RC\max} - C_{RCi})}{(n-2)(n-1)}(2n-3) \tag{6-4}$$

式中，C_C 为网络接近中心势，$C_{RC\max}$ 是网络中节点相对接近中心度的最大值，C_{RCi}为任意节点的相对接近中心度值，n 为网络中节点个数。值越大说明该点在网络的重要性越大。

（三）行动者网络分析

行动者网络理论作为一种描述和分析社会的工具，与经济社会学中的“网络”概念不同，所强调的是行动者本体论（actant-rhyzome ontology），要求在行动过程中寻找、记录和描述行动者是什么；行动者作为转译者（mediator）是如何转变、转译、扭曲和修改其表达的意义或元素的；行动者在工作、互动、流动、变动等实践过程中是如何连接的。行动者网络理论基于广义对称性原则，认为现实的研究对象既不是纯粹的自然现象，也不是纯粹的社会现象，而是一种自然与社会的杂合物—“准客体”。行动者网络理论展示了现代社会科学技术实践的本质—由多种异质成分彼此联系、相互建构而形成的网络动态过程，将现代社会看作由各种行动者相互嵌入、权力斗争、共同建构和演进而构成的一张由科学、技术、自然、精神、知识、社会等组成的无缝之网。F 企业作为劳动密集型企业，拥有庞大的劳动力总量，企业、劳动力、政府、中介等相互之间联系密切，讨论这些行动者主体之间的复杂关系以及如何嵌入到经济发展中，从而构建相应的地方劳动力网络。

二　有序 Logistic 回归

本研究问卷题项属于排序选择问题，为有序变量，因此采用有序 Logistic 模型来分析 F 企业劳动力网络的影响因素，公式为：

$$\text{logit}\,(P_j) = \ln\left(\frac{P\,(y\leqslant j)}{1-P\,(y\leqslant j)}\right) = \alpha_j + \sum_{i=1}^{n}\beta_i\chi_i,$$

$$(i=1,\ 2,\ \cdots,\ n;\ j=1,\ 2,\ \cdots,\ n) \qquad (6-5)$$

式中，y 为人口迁移模型中 F 企业所在地的度数中心度和进入 F 企业工作的方式，x_i（i = 1，2，…，n）是影响因素，α_j 是截距参数，β_i 是回归系数。

（一）信效度检验

运用SPSS24.0统计分析软件对问卷数据进行分析处理（见表6-1）。区分度和收敛度可以反映问卷中题目的有效程度，本章采用CR值和AVE值检验问卷数据的区分度和收敛效度。当CR值大于0.8，AVE值接近或高于0.5时，说明问卷数据具有良好的区分度和收敛度。由表可知，工作安全感量表、工作满意度量表、企业归属感量表和地方认同感量表的CR值分别是0.935、0.903、0.957和0.949，全部高于0.8；AVE值分别是0.570、0.487、0.601和0.571，全部接近或高于0.5，说明问卷量表区分度和收敛度较好。信度检验基于Cronbach's α系数，可以用其检验量表数据的内部一致性，系数在0—1之间，越接近1，说明可靠性越高，本研究工作安全感量表、工作满意度量表、企业归属感量表和地方认同感量表Cronbach's α系数分别为0.790、0.881、0.952和0.939，说明问卷量表具有较好的信度。基于KMO和Bootstrap's球形检验对问卷效度进行分析。KMO系数，取值范围在0-1之间，越接近1说明问卷的结构效度越好，Bootstrap's球形检验的显著性小于0.05，问卷具有良好的结构效度。结果显示。劳工安全感量表、工作满意度量表、企业归属感量表和地方认同感量表的KMO系数分别为0.831、0.907、0.962和0.946，sig值即显著性水平小于0.05，所以问卷量表具有良好的效度。

表6-1　　量表区分度和信效度检验

量表	CR值	AVE	Cronbach's α	KMO	sig.
劳工安全感	0.935	0.570	0.790	0.831	0.000
工作满意度	0.903	0.487	0.881	0.907	0.000
企业归属感	0.957	0.601	0.952	0.962	0.000
地方认同感	0.949	0.571	0.939	0.946	0.000

（二）描述性统计与相关分析

描述性统计和相关分析（见表6-2），各变量的相关系数都大于0.6，说明变量之间具有较强的相关性。劳工安全感与工作满意度、企业归属感、地方认同感，工作满意度与企业归属感、地方认同感，企业归属感与地方认同感之间显著正相关。劳工安全感、工作满意度、企业归属感、地方认同感的得分均值在3.5—3.7之间，说明劳工的安全感、满意度、归属感和认同感水平不高，还需要政府和F企业集团共同努力，采取措施改善劳工的工作环境，使企业留住更多的人。

表6-2　　描述统计、相关分析结果

	M	SD	劳工安全感	工作满意度	企业归属感	地方认同感
劳工安全感	3.659	0.471	1.000			
工作满意度	3.549	0.716	0.609**	1.000		
企业归属感	3.678	0.749	0.633**	0.761**	1.000	
地方认同感	3.631	0.708	0.610**	0.726**	0.813**	1.000

注：** $p<0.01$。

第四节　企业地方劳动力网络建构特征

一　劳动力基本属性特征分析

由问卷分析发现（见表6-3），郑州F企业劳工来源地分散多元，河南为主要劳动力市场，1875个被调查对象中，1708个来自河南本省，167个来自河南省以外的其他地区。来自河南省的劳工中，685名来自郑州及其下辖区县地区，1023名来自郑州以外的河南省内其他地市，分别占河南劳工总数的40.11%和59.89%。由此可见，郑州F企业劳工中省域内流动最多，其次为郑州市域内流动，最后是省际流动；研究进一步发现河南籍劳工占比高达91.09%，郑州F企业的来源主要以省内劳动力市场供给为主，省外劳工来源主要以河南周边的中西部地级市为主。分析发现，郑州F企业的劳工主要来自农村地区，且以男性劳工为主，男性劳工占比为58.08%，郑州F企业劳工主要是农村转移出来的剩余劳动力；F企业劳工已婚率为60.37%，已婚率较高，劳工以新生代劳动力为主，城市新移民角色显著，35 岁以下的青年劳工占样本总量的 85.17%，且劳工的受教育水平有了很大提升，受教育水平较高，大专及以上占到劳工总数的 53.54%，F 企业的招聘方式对劳工的受教育水平提高起到了很大的作用，通过学校招聘和网络招聘进入 F 企业的劳工为 30.03%。被调查劳工中大约一半（49.65%）选择住在劳工宿舍，30.77% 的人在附近租房子居住，剩下的买房或为原住居民居住在自建房以及回迁房。F 企业劳工入职前都会参加培训，即使是在招工高峰期，劳工上岗前也会有一天的培训时间；F 企业遵循企业相关规定，只要劳工正式招募进了 F 企业就会有五险一金，保险公司交一部分，劳工自己交一部分，但这仅限于 F 企业正式工，临时工一般不享有这种福利，大部分临时工工作时间短，所以不会选择缴纳五险一金；绝大多数劳工的工资组成为基本工资和加班费，技术人员会有技术津贴，职位越高基本工资越高，工资组成越丰富。

由表 6－3 可以看出，F 企业整体的劳工工资水平并不高，工资在 3001—4000 元之间的劳工所占比重最大，为 39.68%，其次是 2000—3000 元，占比为 26.56%，4001—5000 元之间的劳工占比为 19.15%，工资在 5000 元以上的仅占 14.61%。由国家统计局公布的数据显示，2019 年全年郑州市城镇居民可支配收入为 42087 元，农村居民人均可支配收入为 23536 元，计算得到居民月收入水平：城镇居民 3507 元/月，农村居民 1961 元/月。与之相比，郑州 F 企业劳工工资水平接近城镇居民收入，但在城镇居民和农村居民收入之间的比例也较高，同时考虑 F 企业工人的工作强度—每天工作 10 小时以上，大部分劳工需要加班提高收入，综合考虑，郑州 F 企业劳工的工资水平较低。

F 企业 90% 以上的劳工都是生产线劳工，在问卷调查中，技术人员的占比最多，为 37.44%，其次是生产线劳工，36.00%，管理人员为 17.17%，除此之外 F 企业还有行政人员、周边、文书等，在 F 企业厂区还有一种特殊的人员—驻厂服务，驻厂服务主要是 F 企业所用机器厂商的工作人员，负责机器的检测与维修，不属于F企业的劳工，但持有F企业厂牌。从F企业的招聘信息了解到，F企业会定期为符合用工要求的身障人士提供爱心岗位（普通作业员），入职满3个月会有一定的关爱津贴，并有缴纳五险一金、技能培训、免住宿费等福利。75.18%的劳工为第一次进入F企业工作，在访谈的过程中了解到，由于高强度的工作、产线严格的管控以及加班等问题，很多劳工表示不会再次进厂工作，F企业属于典型的“泰勒制”工作模式，要求工人高效工作，严格管控工作时间，简单重复的工作使劳工在工作中深感压抑。但有一部分劳工为了拿到返费每年生产旺季都会进厂工作，拿到返费后离职。F企业劳工的流动率较大，普通劳工进出门槛较低，只要符合基本招工要求就可以进厂工作，劳工离职方便，只需提出申请，且F企业不需要给予一定的补贴。在F企业生产平淡期，绝大多数的劳工选择继续留在F企业。F企业的劳动力网络建构过程与公司属性特征、区域劳动力特征、政府、中介机构及学校作用和国家力量与发展阶段密切相关。

表6-3　　郑州F企业不同维度劳动力特征

	郑州市		河南省内		河南省外		总体	
	人数(人)	占比(%)	人数(人)	占比(%)	人数(人)	占比(%)	人数(人)	占比(%)
性别								
男	372	54.31	601	58.75	116	69.46	1089	58.08
女	313	45.69	422	41.25	51	30.54	786	41.92
婚姻状况								
已婚	459	67.01	575	56.21	98	58.68	1132	60.37
未婚	226	32.99	448	43.79	69	41.32	743	39.63
年龄								
16—25岁	144	21.02	287	28.05	38	22.75	469	25.01
26—35岁	424	61.90	601	58.75	103	61.68	1128	60.16
36—45岁	97	14.16	111	10.85	22	13.17	230	12.27
46—55岁	14	2.04	24	2.35	3	1.80	41	2.19

续表

	郑州市		河南省内		河南省外		总体	
	人数（人）	占比（%）	人数（人）	占比（%）	人数（人）	占比（%）	人数（人）	占比（%）
55 岁以上	6	0.88	0	0.00	1	0.60	7	0.37
受教育程度								
初中及以下	109	15.91	161	15.74	14	8.38	284	15.15
高中及中专	189	27.59	351	34.31	46	27.54	587	31.31
大专及本科	366	53.43	494	48.29	101	60.48	961	51.25
研究生及以上	21	3.07	16	1.56	6	3.59	43	2.29
进入方式								
学校招聘	129	18.83	160	15.64	56	33.53	345	18.40
内部招聘	136	19.85	217	21.21	23	13.77	376	20.05
中介公司	108	15.77	193	18.87	19	11.38	320	17.07
熟人推荐	174	25.40	273	26.69	40	23.95	487	25.97
网络招聘	94	13.72	105	10.26	19	11.38	218	11.63
其他	44	6.42	75	7.33	10	5.99	129	6.88
工作时间								
1 年以内	166	24.23	335	32.75	42	25.15	543	28.96
1—3 年	168	24.53	228	22.29	40	23.95	436	23.25
3—5 年	72	10.51	114	11.14	16	9.58	202	10.77
5 年以上	279	40.73	346	33.82	69	41.32	694	37.01
职位								
生产线员工	233	34.01	395	38.61	47	28.14	675	36.00
技术人员	246	35.91	380	37.15	76	45.51	702	37.44
管理人员	141	20.58	151	14.76	30	17.96	322	17.17
其他	65	9.49	97	9.48	14	8.38	176	9.39
工资								
2000—3000 元	179	26.13	290	28.35	29	17.37	498	26.56
3001—4000 元	264	38.54	423	41.35	57	34.13	744	39.68
4001—5000 元	122	17.81	195	19.06	42	25.15	359	19.15
5000 元以上	120	17.52	115	11.24	39	23.35	274	14.61

二　劳动力迁移的自主行为选择

问卷对F企业处于生产平淡期，加班量大幅减小时，F企业劳工的打算以及劳工的离职原因进行了调查（见表6-4）。对于F企业处于平淡期劳工的打算，在1875个被调查对象中，67.41%的劳工选择继续留在F企业，20.16%的劳工选择离职到其他行业求职，17.44%的劳工选择离职到别的地方工作，7.79%的劳工选择离职回老家打工、休息或务农，选择其他的为8.59%，大多数劳工并不会选择离职，而是在不加班的时间或周六周日做钟点工、干兼职，部分劳工认为如果这种情况持续很长时间就会选择离职，还有的劳工希望能够到其他的F企业园区支援。对于离职原因，59.95%的劳工选择基本工资太低，46.83%的劳工选择没有加班收入降低，43.63%的劳工是认为晋升空间小，19.47%的劳工选择对工作环境、生活环境不适应，15.73%的劳工选择流水线工作太枯燥、管理缺乏人情味，15.36%的劳工选择精神生活空虚，10.77%劳工选择对工作强度不适应，选择其他的为10.13%，其他主要是家中有事、回学校上学，还有被企业裁员，部门内部通过年底绩效管控加班，使劳工自动离职，绝大多数劳工离职的原因是工资太低，不能满足日常需求和家庭开支，为了生计选择离职，寻求工资高的工作。同时，F企业的请假制度非常不合理，有些劳工请婚假不批准，病假也不批准，劳工已经躺在病床上，还规定必须本人去请假，劳工没有办法只能被迫选择离职，“我一个朋友和我一起在张庄租房，前些天肠痉挛，疼得站都站不起来，只能躺在床上，给员工关爱中心打电话问怎么请假，然后电话转到车间了，一个文员接到电话，一听说是请假就立马说，‘你不知道不能电话请假吗？必须要本人到场才能请假，别人代请也不行’！说明情况后，让到时带上病历去请假，然后我朋友就歇了三天，第三天去的时候带着病历，线长只给批了当天的病假，理由是前两天没亲自来请假！”——企业正式工A，2020年8月。F企业劳工的离职率很高，劳工一个月的平均流动率达6%—8%，在生产高峰期流动率更高，建厂以来，进出F企业的劳工人次已经达到了100多万。

表6-4　　F企业处于平淡期劳工打算和离职原因

F企业处于生产平淡期劳工打算	占比（%）	离职原因	占比（%）
继续留在F企业	67.41	对工作环境、生活环境不适应	19.47
离职，到其他行业求职	20.16	对工作强度不适应	10.77
离职，到别的地方工作	17.44	基本工资太低	59.95
离职，回老家打工、休息或务农	7.79	没有加班，收入降低	46.83
其他	8.59	流水线工作太枯燥、管理缺乏人情味	15.73
—	—	晋升空间小	43.63
—	—	精神生活较为空虚	15.36
—	—	其他	10.13

注：劳工打算和离职原因呈现多样化，问题是不定项选择，一个填卷人可以选择其中的多个选项，表中所指的比例是指选择此项的人数占所有有效样本的比例，所以加起来比重不是100%。

三　劳动力地域流动网络构建

流动是人力资源合理配置、经济发展的基本要求，人口的地域流动能够在一定程度上助推社会、经济要素的集聚与扩散（邱文琪，2021）。劳动力具有地区依恋或者地区认知的倾向，“家”这个地方维度概念对于很多人而言，代表了自我感知和身份认同。改革开放以来，中国外出务工人员逐渐增多，但在大多数情况下，务工人员还是选择离家较近的城市或者选择在当地就业，这种对某地的情感联系很难被打破。在很长一段时间内，大多数河南省剩余劳动力跨省务工，但是F企业的内迁为劳动力回流提供了契机，大量劳动力选择回河南省内务工，促进了地区经济发展。由问卷分析知（见表6-5），郑州F企业员工来源于周围90个地级市，整体上，随着距郑州市距离越来越远，员工人数逐渐减少。由河南省内看，距离对员工人数并没有直接的影响，员工人数波动变化，虽然有的地方距离郑州较近，但员工人数并不多，比如济源市、晋城市等，济源市有一个F企业厂区，且济源市的劳动力储备能力较弱，常住人口在河南省18个地级市中排名最后，大部分人选择就近就业，而到郑州F企业工作的人很少；晋城市属于山西省，虽然距离较近，但属于跨省务工，且晋城也有F企业厂区，晋城本地的F企业提供了大量的工作岗位，所以到郑州F企业工作的人也很少；相反，信阳市和三门峡市距离郑州较远，但隶属河南省，员工人数却很多，远远大于省外员工人数。员工人数排名前二十的地级市，除了西安市和黄冈市全部位于河南省内，河南省是F企业员工的主要来源地。在访谈中发现，很多员工由于离家较远在工作一段时间后选择离职。“我现在干的是生产线线长，来了一个月就升为线长了，感觉升职也不是很难，不过最近打算辞职回家，家是洛阳的，太远了，回家不方便，不想干了”——企业正式工B，2020年8月。F企业员工的流动郑州F企业劳动力的地域流动网络。基于此，本部分从河南省内和省际两个方面对郑州F企业员工劳动力地域流动网络进行研究。

表6-5　　与郑州距离较近的前20位地级市及其劳工人数

距离排名	地级市	劳工人数（人）	距离排名	地级市	劳工人数（人）
1	新乡市	60	11	周口市	97
2	开封市	115	12	安阳市	62
3	焦作市	53	13	濮阳市	24
4	许昌市	63	14	菏泽市	4
5	济源市	9	15	商丘市	74
6	晋城市	7	16	驻马店市	64
7	洛阳市	132	17	邯郸市	5
8	平顶山市	55	18	南阳市	93
9	鹤壁市	16	19	三门峡市	34
10	漯河市	16	20	运城市	1

（一）河南省内劳动力网络构建

河南省劳动力网络呈现典型的“核心—外围”结构，郑州市F企业作为苹果最大的代工厂之一，每年生产旺季需要大量的劳动力，郑州市本地员工占河南籍员工的40.11%，剩余59.89%来自郑州以外的河南其他地级市。每年苹果新品发布会时期，F企业用工量巨大，员工源源不断向郑州集聚。郑州作为中心供应城市，将河南省其他地级市劳动力供给分为三个等级，第一个等级为郑州（685）、开封（115）和洛阳（132），员工人数在100人以上；第二等级为周口、南阳、商丘、驻马店、许昌、安阳、新乡、平顶山、信阳和焦作，员工人数在50—100之间，占员工人数的比例不高，但由于这个区间的地级市较多，第二等级的地级市也是劳动力的主要供给来源；第三等级为三门峡、濮阳、漯河、鹤壁和济源，员工人数在8—35之间，劳动力供给能力较弱。疫情期间，河南省内很多人不方便出去找工作，或者没办法回原来的地方工作选择到郑州F企业工作，缓解因为疫情造成的经济压力，“之前在河北廊坊工作过，过来挣返费，一般干到过年回家，F企业淡季会在其他厂工作，这次没去廊坊是因为疫情”——企业非正式工C，2020年8月；还有一部分人是由于疫情规定和人流量减少，原来的工作无法继续做下去，而F企业正值生产旺季，招工需求大，工资高，选择到港区工作“本人是厨师，之前在开封开饭馆，因为疫情不景气关门了，所以过来挣返费，干小时工，挣完返费看看附近有没有合适的店铺准备继续开餐馆”——企业非正式工D，2020年8月。

由Ucinet分析可知，河南省内F企业劳动力流动网络整体网络密度为70.6%，边数为216，标准差为0.456，说明河南省各F企业厂区之间，各地级市与F企业厂区所在地市之间的劳动力联系紧密，河南省内整体的劳动力网络联系紧凑，可达性较高。但是河南省整体网络度数中心势仅为23.09%，河南省劳动力流动网络的发展不对称和不均衡。河南省劳动力地域流动网络节点度数中心度差距较大，节点度值具有分层现象（见表6－6），其中郑州市劳动力流动网络度值最高，达到542.85，最低值为三门峡市，为35.69。度数中心度平均值为193.94，度值小于等于平均值的比例达到61.11%，说明劳动力流动网络的联系程度比较低。对比发现，F企业厂区所在地的度值较高，开封市和周口市度值仅低于郑州市，分别为363.49和308.15。进一步分析可知，郑州市的点入度最大，为539.68，其次是开封市、周口市、济源市、南阳市、濮阳市、鹤壁市和商丘市，点入度大小与各F企业厂区的主营产品规模和员工需求量相符。由点出度可知，劳动力供给能力最强的是郑州市，而漯河、三门峡和济源由于距离、人口数量和本身具有F企业厂区等原因，劳动力供给能力较弱，同时可以看出除郑州市和开封市的劳动力供给能力偏高以外，其他F企业厂区所在地的劳动力供给能力较弱，在实际的访谈过程中发现周口、南阳、商丘等F企业厂区所在城市的劳动力在郑州F企业员工中占据一定的比例，这主要是因为，当地的人力资源充足，虽然当地有F企业建厂，但在实际中各个厂区之间会有员工派遣的现象，例如当郑州F企业处于生产旺季，需要大量劳动力时，其他厂区的员工会到F企业进行支援，部分员工到郑州F企业工作。

表6-6　　河南省F企业劳动力地域流动网络节点度数中心度

地级市	点出度	点入度	度数中心度
郑州市	288.68	539.68	542.85
开封市	153.1	351.53	363.49
周口市	63.48	308.15	308.15
洛阳市	238.08	0	238.08
济源市	35.08	235.55	235.78
许昌市	226.71	0	226.71
新乡市	197.11	0	197.11
濮阳市	69.51	173.67	178.47
南阳市	119.15	174.52	176.08
平顶山市	163.53	0	163.53
鹤壁市	57.17	143.8	147.21
焦作市	145.27	0	145.27
商丘市	53.27	134.79	135.36
漯河市	37.91	0	119.15
安阳市	115.72	0	115.72

续表

地级市	点出度	点入度	度数中心度
驻马店市	112.92	0	112.92
信阳市	49.31	0	49.31
三门峡市	35.69	0	35.69

总的来说，郑州吸纳劳动力的能力更强，而由于厂区之间的合作，厂区之间的劳动力流动网络出现了一定的多中心网络特征，只是部分城市的吸纳能力较弱。说明F企业厂区的建厂位置选择对劳动力流动网络联系程度的影响较大。河南省的劳动力地域流动网络表现出“强核心—弱联系”的总体特征，这主要是因为F企业2010年首先在郑州建厂，随着郑州F企业的发展和壮大，需要更多的配套企业为郑州F企业服务，“满载苹果手机配件的几辆大货车从西华F企业发往郑州航空港区F企业”——企业销售主管E，2020年8月。同时河南省政府想要留住F企业，在河南省各地级市对F企业的其他业务进行招商，在政府和F企业的共同努力下，F企业在河南省多地建厂，并发展了河南省特有的劳动力地域流动网络。

接近中心度用来表示一个城市不受其他城市控制的能力。弗里德曼等通过点与点之间的“距离”来测量接近中心度，如果一个点与网络中剩余其他点的距离都很短，则表示该点具有较高的接近中心度（整体中心度）（王珏等，2014；刘军，2019）。接近中心度的值越大，表明一个城市与其他城市之间的劳动力联系越密切。河南省劳动力流动网络的接近中心势为42%，说明河南省各城市之间整体的劳动力联结性并不强，有些城市劳动力供给较多，而有些城市由于本身的总人口限制劳动力供给能力较弱。从河南省内各城市之间劳动力联系的接近中心度中可以看出（见表6－7），F企业厂区所在城市与其他城市之间的劳动力联系十分紧密，且具有核心的领导位置，扮演着关键领导者的角色，能够吸引其他非F企业厂区所在城市的劳动力；各地市点出度间的差异较小，说明河南省各地市都有一定的劳动力供给能力；

点出度和点入度之间的差距较大，说明各地市之间劳动力输入与输出不均衡，大部分的劳动力向郑州、周口、商丘和南阳等 F 企业所在地区供应。

表 6－7　　　河南省 F 企业劳动力地域流动网络节点接近中心度

地级市	点入度	点出度	接近中心度
郑州市	100	9.1	100
周口市	100	9.1	100
商丘市	100	9.1	100
南阳市	100	9.1	100
开封市	100	9.1	100
濮阳市	100	9.1	100
济源市	100	9.1	100
鹤壁市	100	9.1	100
驻马店市	5.6	10	65.4
洛阳市	5.6	10	65.4
新乡市	5.6	10	65.4
信阳市	5.6	10	65.4
安阳市	5.6	10	65.4
平顶山市	5.6	10	65.4
许昌市	5.6	10	65.4
焦作市	5.6	10	654
漯河市	5.6	10	65.4
三门峡市	5.6	10	65.4

（二）省际劳动力网络构建

郑州 F 企业对河南省外的部分地市有一定的溢出效应，由表 6－3 可以看出，省外劳动力占比较少，仅占到 F 企业员工人数的 8.91%，且大部分省外员工都是学生工，主要是 F 企业与职业学校、技校等签订实习协议，为学生提供实习和工作的机会。基于调研数据构建郑州 F 企业全国劳动力地域流动网络图，分析得出，劳动力流动网络整体网络密度为 41.7%，链接数为 3416，标准差为 0.493，相较于河南省内，全国的劳动力流动网络整体网络密度较低，说明郑州 F 企业对省外劳动力的吸引力较弱，但辐射范围较广（见图 6－1），除河南省外辐射全国 73 个地级市，主要以河南省周边的地级市为主，例如湖北武汉、黄冈、荆州，山东烟台、菏泽、临沂，山西太原等地，且其中一部分员工是由于本身所在厂区属于生产淡季，而郑州 F 企业属于生产旺季，到郑州 F 企业支援，但员工来源也辐射到了西藏拉萨、广西桂林等相对较远的地方，说明郑州 F 企业对省外的“溢出效应”明显。

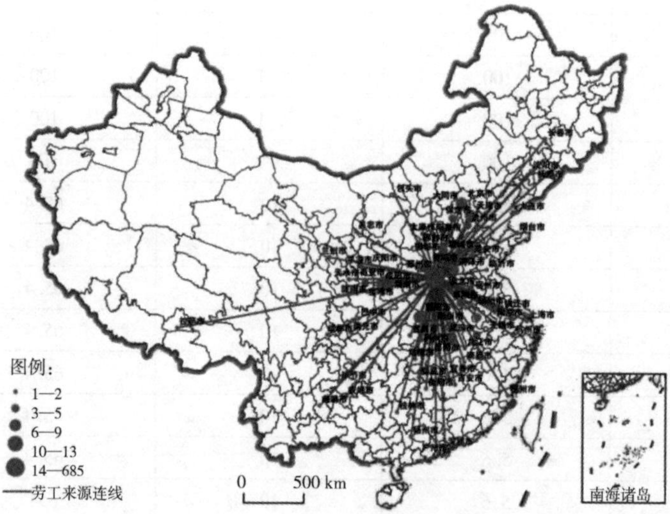

图 6－1　郑州 F 企业全国劳动力来源

注：本图基于自然资源部标准地图服务网站下载的审图号为 GS（2020）4630 号的标准地图制作，底图无修改

四　社会关系网络建构特征

（一）郑州 F 企业行动者网络构成

20 世纪 80 年代中后期行动者网络理论（actor network theory，ANT）作为一种科学实践研究方法由社会学家卡隆发展起来，对“关系经济

地理学”的发展产生了重要而深远的影响。行动者网络理论的三大核心概念分别是行动者、转译和网络（Callon，1986）。所有参与到实践中的行动者被划分为人类行动者和非人类行动者，把不同行动者之间的关系用网络连接起来，依赖于“转译（translation）”，转译是行动者网络理论的核心内容，在转译初期，所有行动者的问题都汇集到强制通行点（obligatzory passage point，OPP），通过此中介使所有的行动者达成共识。转译的关键环节包括问题呈现、利益赋予、征召和动员（陈培培，2015）。行动者不断努力把其他行动者的问题和兴趣用自己的语言转换出来，所有的行动者都处在这种转换和被转换的相互作用之中，通过这种转译，行动者的角色得到界定，行动者网络得以建立，从而在网络中通过相互作用建立起稳定的关系。

在F企业劳动力社会关系网络形成过程中，除了关键行动者，还有其他行动者，行动者网络的构建并不是原有预定的行动者简单组合，而是每一个行动者的利益、角色、功能和地位都在新的行动者中重新界定、安排和赋予。郑州F企业劳动力网络建构的参与者包括河南省政府、航空港区政府、F企业、河南省劳动力、原住居民等人类行动者，以及航空港区的基础设施、制度厚度、土地等非人类行动者。在转译发生之前，每个行动者的问题都聚焦到强制通行点（OPP），试图通过解决问题而实现预期的结果或者获得发展（见图6－2）。河南省政府面临省内产业基础薄弱，大量劳动力向沿海地区流出的问题，希望通过吸引投资提供大量工作岗位，促进中部地区发展。航空港区政府面临经济落后、就业岗位稀缺的问题，希望通过产业发展增加就业，促进地区经济发展。F企业面临沿海地区生产成本日益增长、劳动力短缺的问题，希望通过向中部地区产业转移充分利用河南人口红利优势，降低劳动力成本，实现战略转移。河南省劳动力面临农业生产收益低、省内就业机会少的问题，希望获得更多就业机会，提高收入水平。非人类行动者通过劳动力网络建构实现价值的提升。要解决各个行动者的问题并实现其全部的意图，最终落实到一个核心的目标点，即实现地区经济发展、建构F企业劳动力社会关系网络。

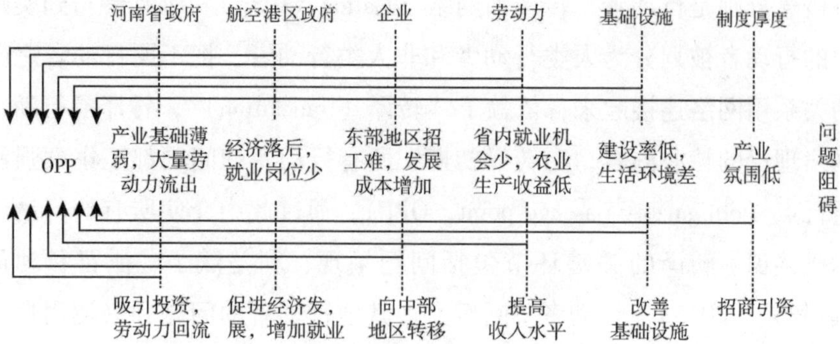

图6-2 郑州F企业行动者与强制通行点

（二）郑州F企业行动者网络建构

郑州F企业行动者网络具有行动者主体多元化、转译过程复杂化、网络结构稳定性较差等特点。郑州F企业劳动力网络建构的过程中涉及众多的主体，包括各级政府机构、企业不同部门、劳动力自身、中介机构等人类行动者和非人类行动者，各主体具有不同的意图，在网络建构过程中存在各种问题，存在异质性，转译过程较为复杂，关系网络的建构是一个动态变化的过程，涉及各行动者的进入、退出与身份转变。

在河南省政府的积极作用下，各个行动者主体在劳动力社会关系网络建构的过程中，通过多种征召与被征召方式，被赋予了不同的任务。(1) 行政征召。郑州F企业建立初期，河南省政府将招工任务下达给各级政府，各级人力资源社会保障部门在各乡镇（街道）、社区（村）对F企业招工进行宣传，为保证充足的劳动力供应，河南省财政厅为新进入F企业的员工每人每月发放200元的补贴。(2) 各部门征召。各中介机构、各级人才交流中心和劳动力介绍服务中心为F企业设立专门的招聘窗口，在河南省的各个地级市都有专门的郑州F企业员工招聘中心，在用工旺季发布大量招聘信息，鼓励各年龄段劳动力到F企业工作。（3）企业征召。建厂初期，F企业总部派遣部分员工（大部分为河南籍）到郑州F企业支援。F企业与各职业技术学校、民办机构签订用工协议，鼓励16周岁以上的学生到F企业勤工俭学或者组织相关专业的学生大三下学期到F企业实习。同时F企业通过政府与其他企业签订联通用工协议，如F企业与三门峡义煤集团签订用人协议，义煤集团派遣部分员工到F企业工作，以缓解F企业的用人压力。（4）劳动力征召。部分员工在F企业工作一段时间之后介绍自己的家人、亲戚或朋友进厂工作，为鼓励员工的这种行为，通过熟人推荐进厂工作，推荐人会获得一定的奖励。（5）住房和土地征召。政府对厂区范围内的村庄集体搬迁，拆除原有的农村村民住房并征收村民耕地，用于F企业厂区和员工宿舍建设。

劳动力社会关系网络主要以政府政策和企业决策为支撑，对网络中的行动者进行征召，既包括人类行动者，也包括非人类行动者，行动者主体在不断的动员过程中，逐渐形成稳定的F企业劳动力社会关系网络（见图6－3）。

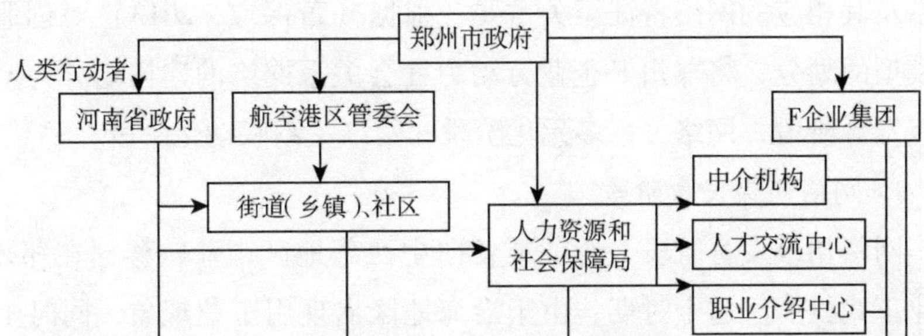

图6－3　郑州F企业行动者网络

（三）社会关系网络发展特征

20世纪80年代中期以来，以特定情境中行动者之间的社会关系为研究核心的经济地理学，其关注的焦点是行动者之间的社会关系，社会关系的形成与演化必定是在一定的“调节”模式下进行的，它不再把经济行动者看作是抽象的、事先给定的、原子式的“黑箱”，而是透过特定情景中社会关系的建构，来观察行动者与结构之间的相互作用过程，从而为资本主义经济的时空动态提供理论解释和政策建议。劳动力社会关系网络建构是一个动态变化的过程，F 企业吸引大批劳动力进厂，劳动力作为关键行动者征召的主体，在劳动力关系网络的结网过程中起到关键作用。

在中国漫长的历史进程中，中国社会形成讲究关系和重视人情的特征，“关系”在人们日常的工作和生活中都发挥着不可或缺的作用（张一凡、冯长春，2015）。“关系”不仅是一切社会制度和权力运行的基础，也是重要的信息分享和资源配置的替代机制（李树、陈刚，2012）。郑州 F 企业劳动力社会关系网络在行动者主体的互动中逐渐形成，包括政府、企业、劳动力、工会、中介和原住居民等行动者，各行动者是劳动力网络构建的基础，探讨行动者之间复杂的相互作用关系及其相应的网络特征至关重要。根据（董保宝，2013）对创业网络模型的划分，将郑州 F 企业劳动力社会关系网络的建构划分为网络初级发育阶段、网络关系多元化阶段和网络关系联动化阶段。

1. 网络初级发育阶段

网络初级发育阶段 F 企业准备向中西部地区产业转移到在郑州 F 企业正式投产。这个时期，由于沿海地区出现用工荒现象，同时土地等要素成本上升，以及深圳市出台新的产业发展政策，F 企业决定向中西部地区实行产业转移。在 F 企业进驻郑州之前，为吸引 F 企业入驻河南，河南省政府领导做了大量工作。河南省政府建立 F 企业协调推进领导小组，专门负责和 F 企业的合作洽谈，快速高效地处理建厂流程，政府提供优惠的产业政策，如 F 企业生产设备、厂房需要较大空间，同时还要考虑员工的生活空间，需要较大面积的土地，政府提供廉价的土地，几乎以零地价将土地出租给 F 企业；同时出台税收减免政策，F 企业除享受“企业所得税两免三减半”的税收优惠，还可得到每美元 0.01、0.02、0.04 元的出口补贴；此外，政府帮助 F 企业招工满足大量的员工需求。郑州市政府积极响应河南省政府的号召，大力接引，为 F 企业租用临时厂房，为 F 企业成功入驻扫清一切障碍。F 企业在河南省人口红利和政府优惠产业政策的吸引下成功在郑州投资建厂，为河南省劳动力提供了大量的工作岗位。在 F 企业建立初期，为满足 F 企业的用工需求，政府出面宣传 F 企业的招工政策，政府将招工任务下达给各级政府和职业中介中心，并为新进厂工人提供补助，提供免费培训，解决工人的担忧。为了使郑州 F 企业产线顺利运转，F 企业派遣深圳员工到郑州 F 企业支援，实现郑州 F 企业产线快速投产。F 企业相当于是一个学校，员工在 F 企业工作一段时间就知道现代化的工业对工人最基本的素质要求和纪律要求，从普通工人转变成一个真正意义上的产业工人，对其职业的成长帮助很大，接受过 F 企业的训练，再到其他地方工作会更有经验和竞争力。F 企业这种劳动密集型企业最需要的是充足的劳动力，保证了劳动力供应也就保证了产量，即企业能够完成生产任务实现经济发展的目标。F 企业在河南投资获得了充足的劳动力和优惠的产业政策，河南省劳动力回流，以往省外务工的劳动力回到省内工作。F 企业将生产线迁移至郑州，促进郑州、河南的经济发展，政府和 F 企业之间形成良好的合作关系。但是在谈判的过程中 F 企业希望政府提供更为优惠的政策并尽力把合作范围缩小，以期在成本上升后能够快速转移生产线，是一种依附式耦合的状态。这个时期主要以政府和企业之间的合作与博弈为主，劳动力作为行动主体与政府、企业的关系密切（见图 6－4）。

2. 网络多元化发展阶段

网络关系多元化发展阶段 F 企业完成建厂，为确保劳动力充分供应发展了更加多元化的劳动力关系网络。随着郑州 F 企业生产线逐渐投产，所需劳动力大量增加，为保证 F 企业拥有充足的劳动力，河南省各地级市都设立专门的 F 企业招聘中心，大量员工通过中介公司进

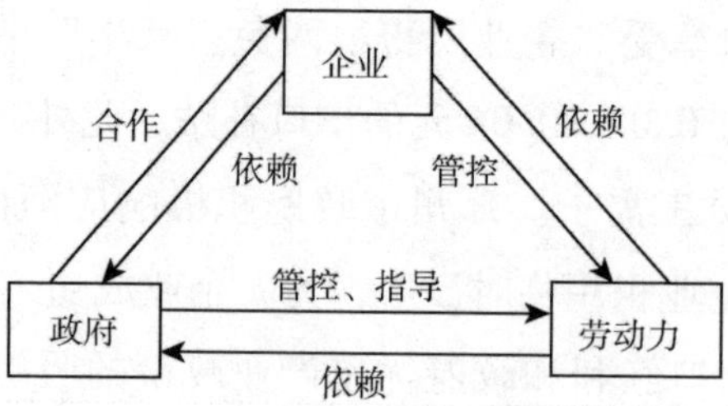

图 6-4 初级发育阶段劳动力关系网络

入 F 企业工作，尤其是在每年的生产旺季，劳动力通过中介公司发布的招聘信息进厂工作，中介公司与政府合作共同解决 F 企业的用工需求。F 企业厂区和宿舍周围有很多大大小小的人力资源公司，通过问卷调查，有 15.77% 的员工通过中介公司进入 F 企业工作，生产旺季，中介公司前会排起长队，大量打算进入 F 企业工作的劳动力拉着行李箱在中介公司等待分配面试名额。受东部沿海一些省份返费制度的影响，为了在旺季招募员工，政府和 F 企业合作推出返费制度，工人在完成规定的在职和打卡要求可以获得相应数额的返费，很多员工希望通过中介进厂工作并获得一定的返费。"返费是政府出一部分，F 企业出一部分，但是具体政府出多少不知道，由中介公司招募员工进厂"——企业非正式工 F，2020 年 8 月。返费制度建立初期，返费由中介公司向员工发放，出现了中介卷款潜逃的问题，员工失去收入，走法律途径维护自己的利益，政府出面干预，最终调整为由 F 企业直接将返费发送到员工手中。中介公司承担 F 企业大部分的招工任务，每招进一名员工，F 企业会给中介一定金额的补贴，但对员工工作时间的长短有规定。员工的一部分工资在特定的时间由中介公司发放，这给了中介公司很大的操作空间，一些劳动力中介会压低工人工资，剩余部分由中介公司所得，很多人已经办理了入职手续发现不同的中介公司工资不一样，寻找中介公司解决问题几乎不可能，员工投诉无门，只能选择继续工作或者离职，而离职需要间隔一段时间才能再次进入公司工作，很多员工由于年龄限制、距离老家太远、无法解决住宿问题、再次换工作的成本高等只能选择继续工作，“星期五看到招聘信息，派遣工、小时工年龄放宽到48岁，一小时22，星期五培训之后周末也没让上班，星期天小时工涨到26，感觉不公平。打电话给中介解决问题，中介说，就像买东西，有时候涨，有时候落，都是同一天来的，出现这种情况，有的想走，有的想着先下车间看看，能不能干”——企业非正式工G，2020年8月。因此，中介公司虽然是员工进入F企业最方便的方式，但中介公司通过压低工人工资以获得更多的报酬，员工在面对中介公司不合理的规定时很难维护自身权益。

F企业在政府的主导下与国有企业合作，F企业与企业谈判政府作为中间人协调，三门峡义煤集团不景气，为了避免员工下岗，与F企业签订用工协议，义煤集团派遣一部分员工到F企业工作，工作半年后返回原来的公司，再派下一批员工到F企业工作。既发挥了政府的行政职能，避免了义煤集团员工下岗问题，又解决了F企业劳动力短缺问题，“我是义煤集团派过来的，三门峡有很多煤炭公司倒闭，因此公司就和F企业签订合同，一般是半年期，派一批人来F企业工作，然后半年后返回原来的公司。我感觉工资有点低，但会在F企业继续工作，时间到了就返回原来的公司，过段时间还会再回来”——企业非正式工H，2020年8月。

F企业推出内部推荐招工政策，F企业员工通过关系网络介绍自己的亲戚、朋友、同学和老乡等入厂工作，可以得到一定金额的奖励，大量员工依托自己的社会关系网络获得就业信息和入职机会，“发小在F企业工作我就过来了，我上夜班，发小上白班，在都休息的时候一起出去逛逛”——企业正式工I，2020年8月。F企业劳动力通过亲缘、地缘和友缘关系联系起来，由于大量员工是和亲戚、朋友、同学和老乡一起进厂工作，即使被分到不同的厂区或宿舍，但只要有时间大家会聚一下，“义煤公司来了很多人，分得零零散散，有时间的话会在一块聚聚，散散步，到北边恩平湖那个地方逛逛公园”——企业非正式工H，2020年8月。但在休息日以外，由于上班时间不一致和居住地距离较远，员工之间联系较少，车间和宿舍员工见面只是简单寒暄，较少进行亲密交流。许多员工从自己的家乡到F企业工作，会和老乡建立亲密的联系，有问题请老乡帮忙解决，形成互帮互助的小团体，员工原有的亲缘、地缘和友缘关系网络对其融入当地生活和进厂后适应能力起着重要的支持作用。在工作和生活中新建的友缘和业缘关系为员工建立了一种更广的社会关系网络，使工人更加融入工作和生活环境中，“和身边的人交朋友还可以，宿舍里都是男生，可以打打游戏”——企业正式工I，2020年8月。员工由于上班时间的差异（早晚班、每个厂区上下班时间不同），车间内的严格规定，宿舍内部、车间工友间的交流比较少，但时间久了、相处多了也会成为朋友，更多的仅限于见面寒暄，相互之间打个招呼，员工流动率比较高，员工之间的感情淡漠，很难建立深厚的友谊，同时作息的差异使得员工宿舍内的活动可能会影响其他人休息，使他人不满，“在宿舍厂区很难交朋友，有的白班，有的夜班，一个星期和宿舍里的人也说不上几句话，不喜欢群居生活，在宿舍里住了没多长时间，就去附近村里租房子住”——企业正式工J，2020年8月。由于员工基数大，矛盾也会增多，每个月发工资后的一周内，医院、诊所接待病人的数量会明显上升，一部分原因是员工在吃饭喝酒后与他人发生冲突。在员工大量流动的背景下，亲缘、地缘和友缘更容易拉近员工之间的情感，但员工在工作过程中仍然能够建立自己的社会关系网络，并和之前已有的社会关系网络一起形成更复杂、更多元的网络，通过网络进厂工作或者为网络中的人提供工作信息。

F企业作为劳动密集型代工企业利润率薄弱，追求的是较低的生产成本，其获取利润最重要的手段就是压低工人的工资，减少工人福利，提高工人的生产效率，短时间高效地完成生产任务，实行“泰勒制”管理模式，这些以牺牲工人利益为代价；相反，工人希望能够获得公司的关爱，提高基本工资，工资组成更加丰富，工资提高不仅仅是依靠无尽的加班来实现，在工人的承受范围之内完成工作，享受优惠的福利待遇，而不是以一种“泰勒制”的方式压榨员工的工作极限。企业和员工以各自的方式进行“斗争”，为了应对公司对于工作生产过程的严格管控，员工弹性处理工作要求，例如不对产品进行质检，以减少工作量；只完成岗位范围内的工作；在完成工作量前有剩余工作时间放慢工作速度，“离下班还有一个多小时，今天的产量快完成了，因为有监控不能闲下来，所以就放慢工作速度，只要保证在下班之前能把今天的工作完成就行”——企业正式工 K，2020 年 8 月。企业对此类行为也采取了相应的措施，如果发现不合格的产品会限制加班时间或者扣工资，根据访谈了解，有的员工在一天的工作中出现两个产品不合格，线长让其打卡下班，然后继续返回岗位工作，作为免费劳动力继续工作，员工如果选择自行下班，将不会安排加班，迫使员工为自己的工作失误负责，“如果自己表现不好，领导不会吵自己，会以不给排加班的形式来惩罚，迫使员工因工资低而自动离职”——企业非正式工 F，2020 年 8 月。但 F 企业高强度的工作效率使员工难免出现工作失误，企业的管理方式没有考虑员工的工作实际。同时，企业严格控制工人休息的时间，即使上厕所也不能超过十分钟，中午或晚上吃饭的时间只有一个小时，有的厂区距离餐厅较远，很多员工会自备干粮，去餐厅一般不吃热汤饭，员工认为浪费自己休息的时间，如果线长、组长在上班之前开会，休息时间会进一步被压缩，“不能偷懒，就吃饭的时候可以休息一会，上厕所就 10 分钟左右，规定时间，有些车间中间可以休息，有 15 分钟的抽烟时间，但是现在上班的地方没有，不想干了”——企业正式工 K，2020 年 8 月。企业为员工提供住宿，表面上解决了员工的住房问题，实际上将员工的工作和休息空间都掌握在企业的控制范围之间，员工的私人空间被极度压缩。因此，F 企业劳动力的离职率非常高，企业与员工之间长期存在一定的矛盾，在长期的博弈过程中，员工处于劣势地位，如何改善长期以来的这种关系成为需要考虑的重中之重。

F 企业设立工会协调企业与员工关系，丰富员工工作生活。F 企业工会主要负责员工的后勤工作，管理生活需要，组织各种活动（单身活动、联谊等），员工在工作和生活中的问题可以向工会反映，工会作为中间人居中调解，通过问卷调查得知，大部分员工对工会并不了解，即使有问题偶尔会寻求工会的帮助，出于企业利益的角度，可能并不会真正解决员工在工作和生活中的问题，“对工会不太了解，有员工曾寻求工会帮助，但只有你认识工会里的人才会帮你解决问题，不认识就推脱责任，让你找组长”——企业正式工 K，2020 年 8 月。在中国特色的劳动力市场环境下，工会并不能发挥其应有的作用，政府工会的作用较弱，与企业工会之间的联系很小。F 企业工会是企业层面的员工管理委员会，而不是行业工会，更多的受制于企业并非服务于劳动力，各种活动仅限于 F 企业员工，这样就防止了跨公司、跨工作地点的独立工会活动，也就防止了工人了解彼此之间的工作条件，避免集体事件发生。

此外，F 企业内部成立园区政府，协助企业管理员工，厂区内负责巡逻、员工进厂门禁检查等，宿舍区负责安全检查（大功率充电器、管制刀具等）、宿舍管理等，监督各种违反企业规定的行为，为企业服务。原住居民作为之前航空港区的主要行动者，其主体地位被数量庞大的 F 企业员工所取代，被挤到城市生活空间的边缘地带，大部分年轻人出去工作，留下的居民主要以进 F 企业工作、做小生意和待业为主，园区附近的居民与 F 企业员工接触的机会较多，大部分在做生意时与员工简单交流，并没有更加深入的了解，居住较远的居民几乎与 F 企业员工没有交集，彼此之间的互动较少。居民认为 F 企业在港区投资促进了经济发展，很多人可以通过做生意提高生活质量，但大量的员工挤占了居民的生活空间，来自不同地方的员工也增加了周围环境的复杂性，居民对于 F 企业员工存在一种矛盾的心理。

这个阶段的劳动力关系网络更加复杂，劳动力来源更加丰富多元（见图 6－5），企业包括郑州 F 企业、其他 F 企业厂区以及进行合作的非F企业，政府包括地方政府和企业园区政府，中介包括人力资源中心、职业中介机构等，工会包括政府工会和企业工会，地方原住居民也参与关系网络之中，各个行为主体在不断的合作与博弈过程中形成多元化的劳动力关系网络。

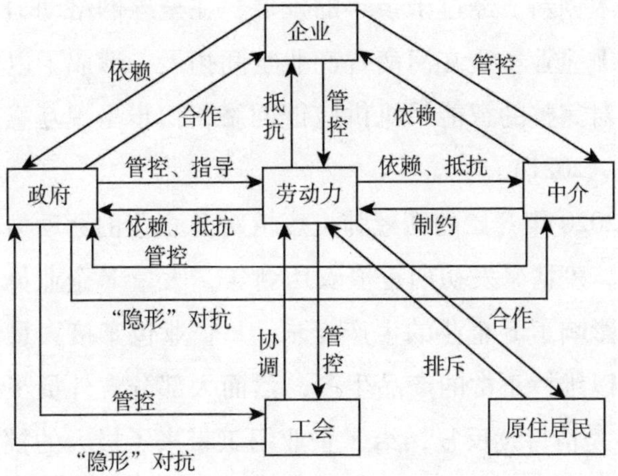

图6－5　关系多元化阶段劳动力关系网络

3. 网络关系联动化阶段

网络关系层级化阶段F企业逐渐在河南省形成配套的联动产业网络。F企业的大量用工需求使得劳动力供应由政府主导，将招工任务扩展到行政层面才能保证充足的劳动力供应，企业和职业中介机构负责招工，企业与学校、其他企业合作建立稳定的劳动力供应格局。

在郑州F企业的发展过程中，F企业希望政府给予更多的支持，促使配套产业顺利在河南投资，"但是政府想着，我已经把F企业引进来了，已经给你优惠了，你就应该来，就应该继续给我发展。然而F企业想，我投资一个新项目，政府就应该给我投入，现在郑州经开区的项目，一直都没投入，不能发展"——人力资源部主管L，2018年8月。目前F企业仍然需要依赖河南省丰富的人力资本和服务，在不断发展过程中逐渐在开封兰考、周口西华、济源等地建立F企业工厂，向郑州F企业供应零部件，满足郑州厂区的生产需求，形成“一核多点”联动网络模式。F企业目前仍处于依附式耦合阶段，虽然促进了河南省地区经济发展，但耗费了大量的劳动力、土地等优势资源，并没有与河南省的相关产业合作，形成配套产业链，促进本土企业产业升级和技术创新。经过十余年的发展，在全球网络动力和本土地域动力影响下F企业实现在河南省产业空间拓展，形成了以郑州F企业为核心的相对完整的智能手机供应链网络，初步呈现互惠式耦合的特征（陈肖飞，2021）。

然而，2020年开始的新冠肺炎疫情对F企业的劳动力网络产生了巨大的影响，疫情暴发初期正值农历新年，大量F企业员工无法按时返厂，严重影响了F企业的生产需求，F企业包车接大量河南本地员工返厂工作以维持正常的产品生产，然而大部分省外员工无法按时返厂。2020年疫情持续反复，给F企业招工带来了极大的挑战，以往较远距离的员工尤其是省外劳动力选择在当地就近工作，以往省外工作的河南劳动力因疫情选择到F企业工作，河南省内劳动力数量进一步加大。2021年由于疫情在南亚和东南亚地区暴发，导致工厂无法满足生产需求，F企业决定将生产线重新转移到中国大陆地区，而郑州F企业作为转移的重心，员工需求量会更大，为郑州F企业关系网络的发展注入新的元素。

总之，在郑州F企业地方劳动力网络形成过程中，政府发挥主导作用，政府在更大的范围内进行宏观调控，中国属于社会主义市场经济国家，政府在很大程度上主导劳动力市场的形成，地方政府在地方劳动力市场中发挥关键作用。F企业这样的重量级企业由沿海向河南大规模转移，就是利用河南省劳动力丰富的优势来大力推动劳动密集型产业发展，并促进产业结构升级发展高新技术产业的具体体现。政府与企业之间相互合作，在促进地区经济发展的同时实现企业产业结构升级，在一定程度上企业受制于政府的管控，企业希望得到更多的投入发展生产，政府希望用更少的投入获得企业更大的回报，两者之间的矛盾需要政府和企业有效权衡，以促进企业和政府的良性发展。但是，政府为了吸引投资作出弹性让步，对公司破坏劳动力利益的行为采取放任措施，使企业有很大的自由制定自身的规章应对政府管制，在地方劳动力市场运行中起着非常大的作用，管制弹性成为投资的“隐性”优惠，但以劳动者利益的损失为代价（叶奇、刘卫东，2008）。现在F企业临时工占比大于正式工，这其实并不符合国家有关规定，临时工拥有的社会保障较低，这样可以减少企业的用工成本，政府并没有干预，而是默许了企业的做法，“公司的离职率太高，流动性太大，国家有规定正式员工要超过临时工，F企业大部分都是临时工，很少有正式工，大约有80%的非正式员工，只有20%的正式员工”——人力资源部领导L，2018年8月。在F企业建厂初期，政府和企业谈判对接促使F企业落户郑州，在生产线逐渐投产中，劳动力加入网络中，政府、企业和中介共同保证用工需求，劳动力是社会关系网络的主体，正是劳动力这个核心行动者将其他的行动者更加紧密的联系起来，各行动者间相互影响，使社会关系网络逐渐建构。

第五节　企业地方劳动力网络建构影响因素分析

为剖析劳动力网络建构的影响因素，探讨社会属性要素和劳工感知对网络的影响，研究运用Stata15软件进行模型处理。首先，将劳动力网络特征中的度数中心性作为被解释变量；其次，以问卷调查表中的A7题项作为被解释变量，将题项中学校招聘、中介公司、网络招聘和其他归纳为使用弱关系，内部招聘和熟人推荐归纳为使用强关系，分别从社会属性要素和劳工感知两个方面进行分析。

一　劳动力地域流动网络建构影响因素分析

（一）社会属性要素对劳动力地域流动网络建构的影响

从社会属性要素对劳动力地域流动网络建构的影响来看（见表6-8），性别的系数为0.134，在1%的水平下显著正向影响劳动力网络的建构，相较于男性劳动力，女性劳动力更有利于网络建构，主要是因为劳动力主要来源于河南省内，女性劳动力家庭依恋感更加强烈，为了方便照顾家庭和孩子选择就近工作，而男性劳动力拥有更多的机会外出选择不同的工作种类和工作区域，郑州F企业多条生产线负责苹果公司的贴牌任务，大部分生产线并不耗费大量的体力，只是简单的重复工作，这种工作机制为女性劳动力提供了大量适合的工作机会。教育程度的系数为0.161，在1%的水平下显著正向影响劳动力网络建构，相较于受教育水平低的员工，教育水平较高的员工接纳新事物的能力越强，对于工作地转变、流动的紧张感较弱，而教育水平较低的员工由于对转移地未知的恐慌，迁移的难度较大，同时大部分学历较高的员工是在校大学生，F企业与大专院校签订协议，在学生自愿的基础上，组织16岁以上在校生利用暑期到F企业勤工俭学，组织相关专业学生到F企业开展教学实践活动，开展工学结合或就业，还有一部分学生利用暑期自发到F企业工作，促进了劳动力网络的建构。将员工来源地是否有F企业厂区或者F企业招募中心作为衡量政府政策影响的标准，发现政策的系数为0.317，在1%的水平下显著正向影响劳动力网络建构，说明当政府将F企业招工任务下达给各职业介绍服务中心、中介机构，劳动力通过招聘中心获得就业信息，招聘中心将员工输送到F企业，促进了劳动力地域流动网络的形成。距离的系数为-2.639，在1%的水平下显著负向影响劳动力网络建构，说明距离越远越不利于劳动力地域流动网络形成，虽然现在交通越来越方便，但是中国人强烈的“地方依恋”情感依然存在，人们更多地选择就近工作，或者至少选择省内工作，远距离的工作岗位对于劳动力的吸引力不足，因此距离限制了劳动力流动，在调研的过程中了解到，很多河南籍员工之前到省外打工，而F企业在郑州投资建厂后转到F企业工作，主要原因是离家更近，“我以前是在深圳那边的电子厂工作，感觉离家太远了，家里有什么事回来很不方便，后来F企业来了郑州，我也就回来了”——F公司人力资源部门领导M，2020年8月。人均GDP的系数为1.219，在1%的水平下显著正向影响劳动力网络建构，说明一个城市的人均GDP水平越高会有更多的就业机会或者相对于其他城市更高的工资水平，从而吸引劳动力迁移，GDP在一定程度上代表了一个地区的经济发展水平，GDP水平相对较低的地区的劳动力更愿意迁往GDP水平更高的地方寻找工作机会，以获得更高的劳动报酬，郑州市的GDP相较于河南省其他地级市遥遥领先，同时F企业为劳动力提供了大量的工作岗位，以往许多省外工作的劳动力在距离较近和郑州经济发展水平较高的吸引下前往F企业工作。工资水平系数为0.059，在10%的水平下显著正向影响劳动力网络建构，说明较高的工资水平能够在一定程度上吸引劳动力流动，表现了劳动力用“脚”投票的强烈意愿。进一步由表6-8可知工作时间越长员工能够突破距离的限制前往远距离城市进行工作，但影响不显著。职位对劳动力网络建构的影响也不显著，但存在负向影响，职位越高的劳动力工作情况更稳定，转换工作的可能性越小，职位越低工作不稳定性越大，换工作的可能性越大，流动性更强。

表6-8　社会属性对劳动力地域流动网络的影响

变量	模型	变量	模型
性别	0.134***	人均GDP	1.219***
	(0.049)	—	(0.063)
年龄	-0.00256	工作时间	0.073
	(0.053)	—	(0.060)
教育程度	0.161***	职位	-0.0552
	(0.054)	—	(0.060)

续表

变量	模型	变量	模型
政策	0.317 ***	工资水平	0.0589 *
	(0.057)	—	(0.062)
距离	-2.639 ***	—	—
	(0.106)	—	—
样本量	1875		

注：*、**、***分别代表在10%、5%、1%统计水平下显著。

（二）劳工感知对劳动力地域流动网络建构的影响分析

除了个人社会属性因素影响企业劳动力地域流动网络建构以外，员工在工作过程中的安全感，对工作的满意程度，对企业的认可程度和对工作地的认同程度等也会影响地方劳动力网络建构，而员工安全感、工作满意度、企业归属感和地方认同感又受员工性别、年龄、教育程度等社会属性的影响，因此将性别、年龄、教育程度等作为控制变量，分析员工安全感、工作满意度、企业归属感和地方认同与劳动力地域流动网络之间的关系，为劳动力网络建构提供实证分析经验。回归分析结果（见表6-9），企业归属感系数为0.113，在5%的水平下显著正向影响地域流动网络，F企业作为世界五百强企业，拥有先进的经营理念，不存在拖欠工资的现象，成为企业正式工后还可以获得五险一金，相对外出打工的不稳定性，劳动力更愿意选择到F企业工作，因此员工的归属感更强。地方认同感系数为0.144，在1%的水平下显著正向影响劳动力网络建构，地方认同感是个体对自己所处环境心理、态度和行为的表达，并与环境产生了一定的心理交互作用（庄春萍，2011），郑州相比于河南省其他地级市拥有大量的资源（交通、教育、医疗、就业机会等），最主要的是郑州市最低工资标准高于河南其他地市，员工在寻找工作的时候更愿意靠近资源丰富且工资水平相对较高的地区，在访谈中了解到，大部分员工对郑州有良好的印象，生活便利，尤其是新生代农民工在就业的过程中越来越追求舒适的环境，促进劳动力到郑州F企业工作，有助于劳动力网络建构，而当劳动力对一个地区缺乏认同感或认同感较低时其选择到该地工作的可能性较低，不利于劳动力网络建构。员工安全感系数为 -0.0158，对劳动力地域流动网络建构影响不显著，但存在负向影响，说明员工安全感在一定程度上影响了网络的形成。员工安全感高则员工更愿意在公司工作，其离职的可能性越低，员工的流动性也就越低，劳动力来源更稳定，而在访谈中了解到郑州F企业员工的流动率非常大，且大部分都是从事基本工作的流水线工人，员工安全感程度普遍较低，当员工安全感较低时，大大增加其离职的概率，员工离职的同时需要相应数量的员工补充F企业空出来的岗位，反而促进了劳动力网络的建构。工作满意度系数为0.0673，对劳动力网络形成的影响不显著，但有一定的促进作用。说明当员工工作满意度高时，能够克服距离因素的限制，寻找合适的工作岗位和工作机会。同时，据国家统计局报告显示，新生代农民工有较大的工作压力，对收入的满意度较低，幸福感低，但依然积极融入城市生活中从事二、三产业，希望能够改变自己的生活轨迹，真正从“农民”转变为“市民”，也促进了劳动力网络的形成。

表6-9　　劳工感知对劳动力地域流动网络的影响

变量	模型1	模型2	模型3	模型4
劳工安全感	-0.0158	—	—	—
	(0.050)	—	—	—
工作满意度	—	0.0673	—	—
	—	(0.051)	—	—
企业归属感	—	—	0.113**	—
	—	—	(0.050)	—
地方认同感	—	—	—	0.144***
	—	—	—	(0.049)
性别	0.136***	0.122**	0.117**	0.118**
	(0.050)	(0.050)	(0.050)	(0.050)
年龄	-0.00219	-0.00278	-0.00735	-0.00781
	(0.053)	(0.053)	(0.053)	(0.053)

续表

变量	模型 1	模型 2	模型 3	模型 4
教育程度	0.159 ***	0.170 ***	0.177 ***	0.175 ***
	(0.054)	(0.054)	(0.055)	(0.054)
政策	0.317 ***	0.318 ***	0.319 ***	0.321 ***
	(0.057)	(0.057)	(0.057)	(0.057)
距离	-2.639 ***	-2.642 ***	-2.646 ***	-2.650 ***
	(0.106)	(0.106)	(0.105)	(0.106)
人均 GDP	1.219 ***	1.217 ***	1.216 ***	1.217 ***
	(0.063)	(0.063)	(0.063)	(0.063)
工作时间	0.0748	0.0761	0.0677	0.076
	(0.060)	(0.060)	(0.060)	(0.060)
职位	-0.0539	-0.0558	-0.0636	-0.0521
	(0.060)	(0.060)	(0.060)	(0.060)
工资水平	0.0613	0.0451	0.0489	0.0396
	(0.063)	(0.063)	(0.062)	(0.063)
样本量	1875	1875	1875	1875

注：*、**、***分别代表在10%、5%、1%统计水平下显著。

二 社会关系网络的影响因素分析

（一）社会属性要素对劳动力社会关系网络的影响

劳动力主要依靠血缘、亲缘、地缘为主的“三缘”社会关系网络进入城市劳动力市场，F企业员工进厂同样使用社会关系网络，如亲戚在F企业工作，通过亲戚获得招聘信息，内部推荐进厂工作，或者一起到F企业工作，并租房居住；朋友在F企业工作，通过朋友了解招聘信息；学校与F企业建立联系组织学生到F企业实习等。根据社会关系的远近和异质性，将关系划分为强关系和弱关系，把通过熟人推荐和内部招聘进入F企业工作的关系定为强关系，把通过学校招聘和中介公司进入F企业工作的关系定为弱关系。通过内部招聘和熟人推荐进入F企业工作的为46.02%，通过学校招聘和中介公司进入F企业工作的为35.47%，剩余的员工通过其他方式进入F企业工作，与预期情况相符，大部分的劳动力通过使用社会关系网络实现流动与就业。

首先分析社会属性要素对员工社会关系网络的影响（见表6－10），可以看出，性别因素的系数为0.369，在1%的水平下显著为正，说明员工社会关系网络在一定程度上受制于性别的影响，女性员工在寻找工作机会的过程中更容易使用关系网络，因为女性员工由于自身因素的限制，更多的与亲戚、朋友和老乡建立紧密的联系，通过他们获得招工信息。职位系数为0.159，在5%的水平下显著为正，职位较高的员工在工作中拥有更多的人脉，能够通过将企业的招工信息通过自己的社会关系网络传递出去。教育程度的系数为－0.413，在1%的水平下显著为负，说明教育程度高的员工没有过多地使用社会关系网络，这是由于高素质的劳动力具有更多获取就业信息的渠道，由于大部分是新生代劳动力因而更加独立，依靠自己的能力获得工作机会，而学历较低的员工获得渠道较为狭窄，更多的是依靠原有的社会关系获得就业信息。政策的系数为－0.119，在5%的水平下显著负向影响劳动力社会关系网络，当政府和企业将招工信息下放到招聘中心，中介公司发放的大量F企业招工传单和张贴的招工信息使劳动力能够快速和方便地获得F企业就业信息，劳动力能够根据自身需求前往招聘中心咨询招工信息和招工要求，从而减少了通过社会关系网络获得就业机会的需求。工作时间的系数为－0.208，在1%的水平下显著为负，说明工作时间长的员工更加了解F企业的招工模式，转换工作的可能性较小，长时间的工作经验使得员工拥有获取信息和处理问题的能力。工资水平的系数为－0.428，在1%的水平下显著为负，说明随着工资的升高不利于社会关系网络建构，工资水平高的员工工作稳定性更强，而工资水平低的员工由于频繁的转换工作，需要使用自身的社会关系网络。年龄因素的系数为0.0537，说明随着年龄的增长，员工缺乏获得就业信息的渠道，更容易使用关系网络获得工作机会，但影响不显著。人均GDP的系数为0.0954，影响也不显著，说明地区的人均GDP水平并没有促进员工社会关系网络的形成。

表6-10　　社会属性要素对劳动力社会关系网络的影响

变量	模型	变量	模型
性别	0.369***	人均GDP	0.00954
	(0.051)		(0.051)
年龄	0.0537	工作时间	-0.208***
	(0.055)		(0.062)
教育程度	-0.413***	职位	0.159**
	(0.056)		(0.062)
政策	-0.119**	工资水平	-0.428***
	(0.052)		(0.065)
样本量	1875		

注：*、**、***分别代表在10%、5%、1%统计水平下显著。

其次，单独分析工资水平这个社会属性对社会关系网络的影响，使用SPSS24中的有序响应模型研究社会关系网络与员工工资之间的关系。本章主要从两个方面进行考察，首先，员工进入F企业时是否使用关系对员工工资的影响；其次，社会网络关系类型对员工工资的影响。模型1检验了员工在进入F企业时是否使用关系对工资的影响(见表6-11)，以“未使用关系”为参照组，结果显示使用关系的系数为0.419，使用关系的工资收入显著高于未使用关系，由瓦尔德系数知，使用关系的员工工资比未使用关系员工工资高出13.952倍，说明社会关系网络在员工流动和就业的过程中发挥着巨大的作用，有利于收入水平的提高。模型2检验了关系类型对员工工资的影响，回归结果显示，以“其他”为参照组，学校招聘的系数显著为正，说明学校招聘对工资有正向提升作用，而内部推荐、中介公司和熟人推荐的系数显著为负，细分后社会关系网络并没有促进员工工资提高，主要是由于大量的工作岗位尤其是生产线工作，员工只能靠加班来提高自己的收入，而依靠关系进厂工作并不能保证获得较高工资。此外，男性、工作时间长的员工工资较高。总体来讲，大部分员工进入F企业工作使用了社会关系网络，虽然熟人推荐、内部招聘等方式并不能显著提高员工工资水平，但员工可以通过加班提高收入，最重要的是获得进入F企业的机会，使用关系能够快速获取F企业用工信息，通过关系获得工作机会，关系在F企业员工中发挥着巨大作用，在信息不断传递的过程中社会关系网络逐渐建构起来。

表6-11　　社会关系网络与劳工工资之间的关系分析

解释变量	模型1			模型2		
	估算	标准误差	瓦尔德	估算	标准误差	瓦尔德
关系使用						
使用关系	0.419***	0.112	13.952			
未使用关系	0.000	—	—			
关系类型						
学校招聘				0.574***	0.141	16.549
内部招聘				-0.900***	0.144	38.866
中介公司				-0.796***	0.150	28.284
熟人推荐				-0.846***	0.136	38.847
其他				0.000	—	—
性别	-0.436***	0.089	24.117	-0.303***	0.091	11.191
年龄				0.201**	0.066	9.192
工作时间	0.710***	0.039	338.342	0.584***	0.041	203.875
平行线检验显著性		0.148			0.078	
样本量		1875			1875	

注：*、**、***分别代表在10%、5%、1%统计水平下显著。

（二）劳工感知对劳动力社会关系网络的影响

运用员工安全感、工作满意度、企业归属感和地方认同感作为评价标准，通过不同进入方式对应的量表得分反映社会关系网络的影响程度（见表6-12）。由员工安全感得分知，通过熟人推荐和其他进入F企业工作的工人的员工安全感得分最高，为3.70，其次是内部招聘、学校招聘和中介公司进入，中国社会一直将亲近、熟悉、信赖和互惠的人际关系作为社会生活的准则，以频繁互动和关系密切为特征的强关系能够给人提供一定的安全感，通过熟人推荐和内部招聘进入F企业工作时员工使用了社会关系网络中的强关系，使用“信息 + 人情”获得工作机会，使员工更加坚定自己的工作，在工作环境中有熟人，会给人一定的安全感，使人的心理达到一种相对稳定的状态，即使在工作中遇到困难，也相信能够积极应对，因此具有较高的安全感；学校招聘通过院校与 F 企业合作组织学生到 F 企业实习，往往在实习期结束学生就会离职，仅仅是短暂的工作，因而其员工安全感较低；通过中介公司进入 F 企业工作的工人的员工安全感最低，因为通过中介公司进入分配的工作岗位更为随机，相当一部分的员工被分配到鸿超准事业群，由于工作较为辛苦，大大降低了员工的工作安全感。由工作满意度得分知，通过熟人推荐进入 F 企业工作的员工的工作满意度得分最高，为 3.63，其次是内部招聘、中介公司、学校招聘和其他，通过熟人推荐和内部招聘进厂工作能够提前了解工作信息，进厂工作后能够快速进入工作状态，在工作中出现的问题熟人能够提供意见，工作能够得心应手，因而具有较高的满意度；通过学校招聘进厂工作的都是在校大学生，对未来工作充满期望，F 企业单调的流水线工作与期望形成一定的心理落差，工作满意度较低；通过中介公司获得的工作岗位随机，工作满意度较低。由企业归属感得分知，通过内部招聘进厂工作的员工的企业归属感得分最高，为 3.99，其次是熟人推荐、其他、学校招聘和中介公司，内部招聘和熟人推荐都是使用强关系进厂工作，相比弱关系进厂工作，其更能够提前了解 F 企业工作模式和工作环境，心理落差小，因而具有较强的企业归属感，而学校招聘和中介公司进厂工作稳定性差，不确定因素更多，归属感较弱。由地方认同感得分知，通过熟人推荐进厂工作的地方认同感得分最高，为 3.71，其次是学校招聘、其他、中介公司和内部招聘，通过熟人推荐进厂工作的员工能够通过熟人更快地获取所在地区的各种信息，包括交通、医疗等，能够更好地利用城市便利的生活条件，快速融入城市生活，因此地方认同感较高，而通过其余方式进入 F 企业工作的员工大部分来源于郑州市以外的其他地级市，对于郑州市及企业园区的了解程度不够，无法充分利用城市便利的生活条件，因而地方认同感较弱。当企业员工的员工安全感、工作满意度、企业归属感和地方认同感程度较高时，其对工作、企业和地方的评价也高，身边的亲戚、朋友、老乡了解到 F 企业的工作情况和招聘情况进厂工作，社会关系网络逐渐形成。

表 6－12　　社会关系网络在劳工感知中的作用情况

	员工安全感	工作满意度	企业归属感	地方认同感
学校招聘	3.65	3.48	3.59	3.59
内部招聘	3.67	3.61	3.99	3.36
中介公司	3.55	3.49	3.58	3.57
熟人推荐	3.70	3.63	3.77	3.71
其他	3.70	3.48	3.66	3.59

从员工感知对劳动力社会关系网络的影响来看，在加入性别、年龄、教育程度、工作时间等控制变量以后，员工安全感、工作满意度、企业归属感和地方认同感显著影响员工社会关系网络（见表 6－13）。员工安全感系数为 0.148，工作满意度系数为 0.177，企业归属感系数为 0.156，都在 1% 的水平下显著正向影响员工社会关系网络，地方认同感系数为 0.096，在 10% 的水平下显著正向影响员工社会关系网络，说明随着员工安全感、工作满意度、企业归属感和地方认同感的提高，员工愿意通过亲缘、地缘和友缘关系介绍自己的亲戚、朋友、老乡等进厂工作，当员工因为特殊原因离职想再次进厂时，也会通过自己的社会关系网络获得即时的招聘信息，从而进一步加强了员工之间的社会关系网络。

表 6－13　　劳工感知对劳动力社会关系网络的影响

变量	模型 1	模型 2	模型 3	模型 4
员工安全感	0.148***	—	—	—
	(0.052)	—	—	—

续表

变量	模型 1	模型 2	模型 3	模型 4
工作满意度	—	0.177***	—	—
	—	(0.052)	—	—
企业归属感	—	—	0.156***	—
	—	—	(0.052)	—
地方认同感	—	—	—	0.0961*
	—	—	—	(0.051)
性别	0.349***	0.342***	0.348***	0.359***
	(0.051)	(0.051)	(0.051)	(0.051)
年龄	0.0476	0.0509	0.0479	0.0496
	(0.055)	(0.055)	(0.056)	(0.056)
教育程度	-0.400***	-0.399***	-0.397***	-0.406***
	(0.057)	(0.057)	(0.057)	(0.057)
政策	-0.117**	-0.119**	-0.117**	-0.119**
	(0.052)	(0.052)	(0.052)	(0.052)
人均 GDP	0.00912	0.0028	0.000258	0.00334
	(0.051)	(0.051)	(0.051)	(0.051)
工作时间	-0.223***	-0.188***	-0.208***	-0.201***
	(0.062)	(0.062)	(0.062)	(0.062)
职位	0.148**	0.155**	0.149**	0.161***
	(0.062)	(0.062)	(0.062)	(0.062)
工资水平	-0.450***	-0.465***	-0.442***	-0.441***
	(0.065)	(0.066)	(0.065)	(0.065)
样本量	1875	1875	1875	1875

注：*、**、***分别代表在10%、5%、1%统计水平下显著。

第六节　小结

一　结论

研究通过对河南省 F 企业所在地进行随机走访，并在 2020 年和

2021 年对郑州 F 企业进行问卷调查和实地访谈获得一手资料，在全球生产网络深入研究的背景下由关系经济地理学和劳工地理学的角度出发，从地域流动网络和社会关系网络的视角分析郑州 F 企业劳动力网络特征及其影响因素。主要结论如下：

1. 郑州 F 企业来源地分散多元，河南为主要劳动力市场，但对省外也有一定的“溢出效应”，主要来自河南省周边省份的地级市；大部分为生产线员工和技术人员，升迁机会较小。郑州 F 企业吸纳河南省内劳动力的能力更强，呈现典型的“核心—外围”结构。通过对劳动力来源矩阵进行社会网络分析，郑州 F 企业河南省内劳动力网络密度为 70.6%，在河南省 F 企业厂区中，郑州 F 企业扮演了核心地位，整体网络联系紧凑，可达性较高，劳动力网络呈现一定的多中心网络特征，表现为“强核心—弱联系”。郑州 F 企业全国劳动力整体网络密度为 41.7%，对省外劳动力的吸纳能力较弱。

2. 在 F 企业劳动力行动者网络建构过程中，政府、企业、劳动力等人类行动者和非人类行动者落实到一个共同的目标，即实现地区经济发展，形成 F 企业劳动力社会关系网络。将劳动力社会关系网络划分为三个阶段，网络初级发育阶段，河南政府通过廉价的土地、优惠的产业政策和充足的劳动力吸引 F 企业到郑州投资，F 企业、政府、劳动力和中介等之间建立了初始联系，新的关系网络逐渐建立。网络多元化发展阶段，F 企业生产线相继投产，在河南省政府和 F 企业集团的支持下，河南省各地级市设立专门的 F 企业招募中心招收员工；与国有企业合作联动用工；推出内部推荐招工政策。企业采取“泰勒制”的生产方式，压低工人工资，使员工不满；在中国特色劳动力体制下，工会和园区政府很难真正为劳动力解决问题。网络关系层级化阶段 F 企业虽然有意将部分生产线转移，但仍依赖河南的人力资本和服务，为了满足生产需要，F 企业在河南省其他地级市建立 F 企业厂区，形成“一核多点”的联动网络模式。各行动者之间的关系在博弈与合作之间转化，形成复杂的社会关系网络。

3. 从地域流动网络的影响因素来看，社会属性要素中，性别、教育程度、政策、人均 GDP 和工资水平对地域流动网络具有显著的正向影响，距离具有显著负向影响。F 企业大量的贴牌任务为女性员工提供合适的工作岗位，更有利于网络建构；政策使得劳动力能够及时获取招工信息，促进了地域流动网络的形成；中国人强烈的“地方依恋”使劳动力选择就近工作，远距离的工作对劳动力的吸引力不强，距离越远越不利于网络形成；工资水平促使劳动力迁移，表现了劳动力开始用“脚”投票的特征。员工感知中，企业归属感显著正向影响劳动力地域流动网络，相对外出打工的不稳定性，劳动力更愿意选择到 F 企业工作；地方认同感显著正向影响劳动力网络，当员工对某地具有较高的认同感时，愿意前往该地工作和生活，因此有利于劳动力网络的建立；员工安全感和工作满意度对地域流动网络的影响不显著。

4. 从社会关系网络的影响因素来看，社会属性要素中，性别显著正向影响劳动力社会关系网络，女性员工更多与亲戚、朋友、老乡建立紧密的联系；教育程度、政策和工作时间显著负向影响社会关系网络，年龄、人均 GDP 和职位的影响不显著。由使用有序响应模型研究的社会关系网络与员工工资关系知，使用社会关系网络的员工工资显著高于不使用社会关系网络的员工，对使用的关系类型进一步分析发现，学校招聘显著提高员工工资，而内部推荐、中介公司等方式并不能促进工资提高，但是劳动力通过社会关系网络获取招工信息，获得了进入 F 企业的机会。员工感知中，员工安全感、工作满意度、企业归属感和地方认同感显著影响员工社会关系网络。通过社会关系网络进厂工作使员工心理得到一定安慰，这些关系同样能够解决生活和工作中遇到的各种问题，使得员工拥有较高的员工安全感、工作满意度、企业归属感和地方认同感。

2020 年暴发的新冠肺炎疫情虽然影响了 F 企业的招工，使得大量员工不能按时返厂工作，在最初阶段影响了 F 企业劳动力供应，但部分在省外工作的员工由于疫情的影响被迫留在省内以及某些生意倒闭余出的劳动力满足了F企业的用工需求，随着疫情进入常态化阶段以及政府的合理控制，劳动力供应已恢复到疫情之前的水平。

二　讨论

河南政府通过F企业入驻提高河南的制造业发展，提高地区经济发展水平，提升政府的工作业绩，而不仅仅依托农业大省的优势。企业入驻之前和当地政府谈判，以获取最大的利益，在当地建厂的前提是政府提供一定的资金支持和用地补贴，并能够保证有充足的劳动力。F企业这样的劳动密集型企业需要建立的是劳动力充足的代工工厂，而河南作为劳动力大省正好拥有这种区位优势，政府想要吸引投资只能依靠较低的生产成本和优惠的产业政策，尤其是廉价的劳动力，河南劳动力成本接近全国最低水平，这也是F企业向中西部转移选择在郑州建厂的原因之一。但F企业追求的是最低的生产成本，是典型的“松脚型”企业，当劳动力价格提升或者供给不足、政策优惠力度减小时，会选择向其他地方投资或迁移。

企业地方劳动力网络的建立与各行动者主体之间的联系关系密切，政府、企业、劳动力和中介公司等主体之间在博弈与合作中形成F企业特有的劳动力网络。劳动力作为劳动密集型企业发展的主要影响因素，政府在努力促进经济发展的同时，应注重保障员工权益，积极帮助员工解决相应问题。F企业入驻郑州为河南省劳动力提供了大量工作岗位，但主要进行组装生产，并没有与本土企业合作带动本土企业产业升级与经济发展，仍然处于依附式耦合阶段，政府应该促进本土企业与F企业合作，从根本上留住F企业，形成稳定的劳动力关系网络。

新冠肺炎疫情在全球蔓延，特别是疫情在印度、东南亚等地区肆虐，这些地区F企业工厂的大量工程师和员工感染新冠病毒，无法投入生产，甚至导致有些工厂停产，严重影响了F企业产量，而中国由于严格的管控措施疫情很快得到控制，在这种情况下，F 企业决定将相关产业重新转移回中国大陆以应对突发状况，为内陆地区电子制造业提供了新的发展机遇，而郑州 F 企业无疑具有强大的竞争力。

第七章　企业劳工塑造地方景观的空间表征及行为策略

传统经济地理基本上以资本为中心来解释地方景观变化，而劳工在面对资本冲击时，似乎一直处于弱势地位，经济地理学真正把劳工问题置于学科分析的中心位置始于劳工地理学的提出。本章在经济全球化背景下，融合劳工地理学和新马克思主义地理学的研究视角，基于问卷调查和深度访谈对郑州 F 企业进行实地调研，研究发现：(1) 郑州 F 企业劳工来源主要以河南省内劳动力市场供给为主，地方性特征明显，空间流动形式主要表现为省内流动，省外劳工则主要来自河南省周边省域的地级市。(2) 劳工作为“地理行动者和社会行动者”的综合体，通过集体行动或者个体化工人的社会行动实践等手段共同塑造了以经济景观、居住景观、文化景观和行为景观为核心的地方景观。(3) 劳工塑造地方景观的行为策略主要包括人在旅途——积极主动迁移、工厂政治——工作场所行动、宿舍管制——居住场所活动和另类生产——劳工空间再生产四种方式。分析特定时期、特定地方的劳工群体如何塑造地方景观以及塑造过程如何受制于行为策略的影响，不仅可以丰富国内经济地理学界对劳工问题的理论和实证研究，还将有助于从劳工视角重新理解中国典型区域正在发生的经济转型和空间重构。

第一节　问题提出

长期以来，经济地理学者基本上以资本为中心来解释地方景观的变化，资本对全球的影响力是显而易见的，而劳工在面对资本冲击时，“要么接受，要么放弃”。然而对企业而言，为寻求利益最大化，在相当长的一段时间里都期望政府能够持续提供发展所需的人力资源等要素。虽然政府支持企业发展是不可推卸的责任，但企业的“依赖惯性”在一定程度上会导致政府政策的难以维持，而这是一个极为敏感的话题。1999 年在西雅图举行的世界贸易组织会议却展示了不一样的景观，数以万计的劳工及相关组织共同挑战和抗议由政府管控者和企业管理者所创建的全球新自由主义贸易权力秩序。上述抗议活动展现出工人如何日益受到全球化竞争、政府政策、大型企业的多重压力，并进一步说明即使是在全球化资本主义经济制度限制下，劳工仍然有能力改变事件的发展轨迹，最主要原因在于资本通过地理扩张所构建的紧密相连的全球生产网络，劳工只要影响其中一个战略性节点就可以导致整个产品生产系统瘫痪而迫使资本家坐下来与其谈判，甚至劳工还可以通过跨地方的尺度政治，运用地方性的跨阶层联结行动迫使资本让步。

以资本为中心的经济地理研究通常关注企业嵌入所引发的经济升级现象，然而劳工地理学却认为经济升级不一定会带来社会升级。Selwyn 曾指出，合适的制度安排可以促使经济升级转化为社会升级，但这种制度安排是劳资关系的产物。以 F 企业为例，由于受到劳工冲突、薪资调整、工作时间、岗位分流等问题，2012—2017 年间，太原、郑州、北京、昆山、重庆等地 F 企业工厂劳工骚乱、罢工甚至跳楼事件频繁出现，引起地方政府、舆论、甚至是中央政府的高度关注。2012 年 9 月 23 日，山西太原 F 企业工厂由于厂区安保人员与山东籍劳工起冲突，发生了大规模的混乱，数千劳工殴打警卫，并对厂区的基础设施进行了破坏；2012 年 10 月 5 日，河南郑州 F 企业三、四百名劳工以故意旷工的形式抗议公司无视劳工需求和高压工作氛围；2013 年 1 月 22 日，北京大兴区亦庄经济开发区的 F 企业上千名劳工因不满北京厂区不发年终奖金及不调涨薪资发起罢工；2013 年 3 月 14 日，江苏昆山 F 企业城南厂区 CCPBG 事业群某部门一百多人不满分流方案罢工；2017 年 5 月 24 日，重庆 F 企业工人由于员级劳工离职拿不到遣散费，大约 700 至 800 名工人从 6 月 16 日开始进行罢工。F 企业为何频繁出现罢工及跳楼事件，主要原因就是作为“代工之王”的 F 企业长期处于被压榨的微利状态，其劳资纠纷问题难以根本解决。在经济全球化背景下，分析在特定时期、特定地方的工人群体如何创造有助于自身再生产的社会空间，以及创造过程如何受制于地方制度、经济要素和社会环境的影响，将有助于从劳工视角重新理解中国正在发生的经济转型和空间重构。

结合以往研究，本章创新之处主要包括以下三点：其一，将劳工作为地方景观重塑的核心要素，丰富和深化经济地理学对劳工的认知，进一步拓展国内劳工地理学的研究范畴；其二，使用微观调研数据弥补宏观统计数据所掩盖的劳工流动转移特征。尽管宏观统计数据可以帮助研究者获得劳工空间转移的总体区位特征，但难以洞悉劳工能动性的行动机制，也将无法科学准确地分析劳工塑造地方景观的行为策略；其三，已有研究多集中于城市或社区等“正式”空间，较少关于企业带来的流动性“非正式”空间，由于部分企业并不具有典型的根植性，因此在“松脚性”的现实背景下，劳工塑造地方景观的空间表征及行为策略研究更具现实意义。

第二节　研究述评与框架建构

在新古典经济学中，劳工与其他“商品”并没有本质区别，雇主在确定时间段受益于工人的劳动能力，而工人得到工资用以维持生存和发展所需的商品，通过价格调整和基本供求规律，最终达到一种相对均衡的劳动力市场。然而马克思主义政治经济学却认为在资本主义制度下，雇佣关系至少在原则上是一种对抗关系，无论是理论上还是实践上，剥削都将工人和雇主摆到了对立面。近些年，随着异端经济学特别是制度经济学的兴起和发展，不少学者认为可以将劳工市场看作是一整套社会制度，其性质随地点不同而变化。在市场经济发展过程中，劳工有改善自身的愿望，并按照这个愿望、通过空间和非空间的策略影响或挑战资本主导的经济空间。虽然工人阶级及其组织对地方景观形成的影响似乎是一个简单的命题，但直到最近，国内经济地理学领域几乎很少有人认真对待这一问题。经济地理学真正把劳工问题置于学科分析的中心位置始于 20 世纪 90 年代中后期劳工地理学（labor geography）的提出。不同于将劳工视为生产要素的劳动力地理学（geography of labor），劳工地理学将劳工视为与资本一样具有“空间修复（spatial fix）”能力的社会和地理行动者，并将行动者置于所在区域的生产和再生产情境之中，通过适应/弹性（如旷工、偷懒等）和重制（如投诉、罢工等）等方式塑造经济地方景观。但“与其他经济地理主流研究议题相较，劳工问题研究始终存在显著差距”。因此，Coe 在《*Progress in Human Geography*》对劳工问题研究进行了第二次反思，认为劳工能动性不是独立存在的，而是嵌入所在地方的特定制度和社会经济实践之中，进而深刻塑造地方景观。劳工地理学突出了作为社会行动者的工人对地方景观的塑造作用，并进一步批判了新古典区位论把劳工视为一种生产要素的视角，重点关注劳工影响经济地理过程的具体方式和因果机制，这种对劳工作用认识的转变在过去十余年里引起了国际经济地理学界的广泛关注和持续响应。同时，劳工地理学对劳动力要素的重新理解也获得马克思主义历史学派和自治学派的支撑，主要研究方向包括了集体行动政治、跨阶层联结、个体化劳工实践、行为政策含义等问题。在全球化背景下，制造转包和劳动代工作为现代资本主义的典型现象，部分传统的雇佣方式也正逐步地让位于基于任务契约规定的灵活的、弹性的雇佣方式，劳动力空间流动和时间弹性的影响作用越来越大。而在中国特色劳工制度下，工人能动性的形成又有所不同，相关研究主要通过正式行为主体之间的整合关系来强调民间社会组织在多元地理尺度背景下如何作用于劳动治理过程，这都充分说明劳工能动性深受国家体制及发展阶段、地方区域典型特征、企业属性特征等条件的影响和限制。

从“地理学中的劳动力”转向“劳工地理学”，不仅仅是将工人视为与资本一样的生产要素，而且还考虑到其主观能动性，能够通过积极的参与行为来塑造地方景观格局，而现代资本主义的两个固有特性使工人的参与行动变得更加可行。首先，虽然从理论上说资本具有流动性，但实际上所有的经济活动最终都要落实到某一具体地点，如果公司离开原经营地点，就会产生一些难以接受的成本。其次，当今世界经济的特点之一就是各地之间存在相互关联和互相依赖，新生产方式使得关系对时间和空间具有高度敏感性。在某些情况下，雇主可能会处于意想不到的被动情景，这为劳工采取行动策略提供了可能。在此基础上，本研究总结了劳工四种不同的行为策略：第一，人在旅途——积极主动迁移。为了改善自身的生活条件和工作待遇，工人采用主动迁移策略，从落后区域走向相对发达区域寻求新的工作机会，从而深刻影响了地方景观重塑；第二，工厂政治——工作场所行动。管理者和劳工在很多问题上都存在固有矛盾，包括自主权、工资福利、工作时间、晋升机会等，虽然管理者试图让工人作出让步，但劳工自身也会采取相应策略以对抗，通过正式行动（罢工等）或者是非正式行动（谈判等）进行回应；第三，宿舍管制——居住场所活动。提供集体宿舍虽然成为某些公司招工的优势条件，但不可否认的是，管理者利用集体宿舍和安保人员对非工作场所进行的近似于军事化管理方式已经成为企业的一种重要的劳工控制手段，在一定程度上重构了地方景观；第四，另类生产——劳工空间再生产。劳工正式就业往往都是发生在固定空间场所之内，但不可否认的是，在正式工作场所周边往往会出现另类生产空间，其工作性质与主流工作是不同的，如商业活动、租赁居住、休闲娱乐等，这些另类生产方式存在显著社会差异性，虽然处于边缘地位，但自成空间体系。

新马克思主义经济地理强调资本积累的空间过程，认为资本通过“空间修复”创造有助于其再生产的特定空间。“空间修复（spatial fix）”具有本意和隐喻两种含义，本意指“资本所塑造的以不动产和固定资产形式表现出来的那部分物质地方景观”，而隐喻指“通过时间延迟和地理扩张”解决资本主义危机的特殊方法，然而该理论明显地忽视了劳工在经济地理转变中的作用。近年来，将“空间”理解为“固定的场所”日益遭受质疑，因此不少学者指出“空间”应是由超越地区各因素之间的相互联系决定的，而并不仅仅取决于预先设定的区域边界内的要素。在劳工地理学中，劳工不仅仅是作为地理行动者而存在，更多情况下是以社会行动者而进行生产活动。劳工在不同的空间行为策略下，如果不进行地方景观塑造即不断为自身问题寻求“空间修复”，劳工能动性将无法持续存活。因此，无论是从区域和国家制度背景的“横向维度”来看，还是从全球生产网络专业化分工“纵向维度”来看，劳工及相关机构发展情景始终是企业空间重新分配和地理位置延展的主要考量要素。在此基础上，劳工如何通过行为策略重塑地方景观就成为值得深入研究的关键问题。诚然，劳工塑造地方景观将包含诸多要素，如经济景观、文化景观、居住景观、行为景观等，这也成为本章深入追寻的问题之一。基于上述分析，研究在劳工地理学和马克思主义地理学的基础上，将劳工看作是一种“地理行动者和社会行动者”的综合体，在积极主动迁移、工作场所行动、居住场所活动和劳工空间再生产等行为策略的引导下形成抗争、融入、创造的空间实践，塑造了以经济景观、文化景观、居住景观、行为景观为核心的地方景观，需要注意的是，劳工行为策略和地方景观塑造是相互联系，相互影响的。

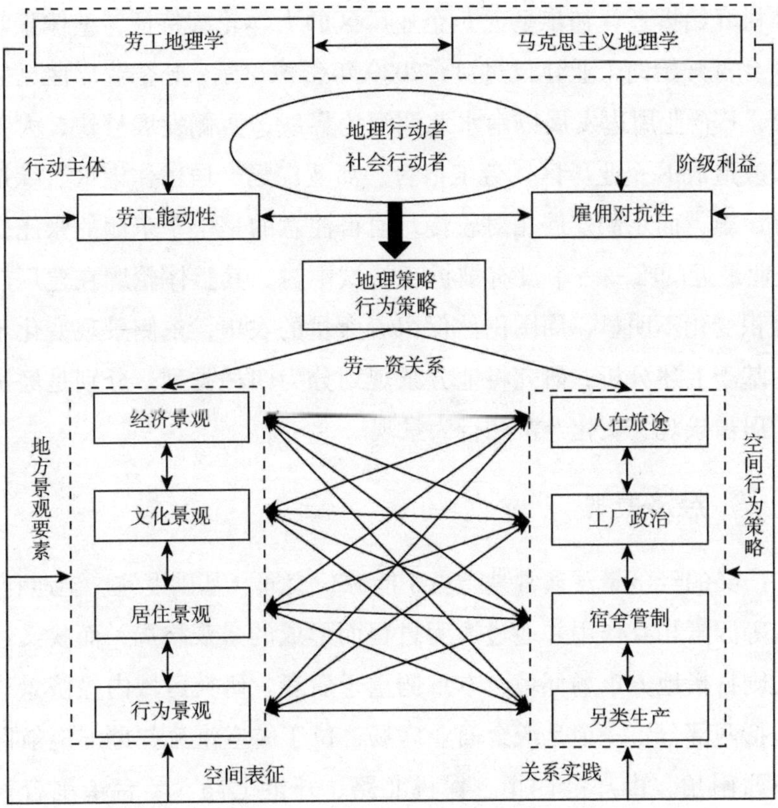

图 7－1　研究框架建构

第三节　劳工塑造地方景观的空间表征

劳工作为“地理行动者和社会行动者”的综合体，在塑造地方景观过程中发挥着重要作用。基于 2009 年 F 企业建厂之前、2010 年 F 企业开始建厂和 2020 年郑州航空港区遥感卫星图像对比发现，区域内部土地利用类型发生了明显变化。2009 年，区域内存在大片的农田和零散分布的村庄，交通设施以乡镇道路为主，整体景观以乡村农业为主；2010 年影像显示，F 企业开始施工建设，部分农田已被规划，部分乡村开始拆迁，初步呈现F企业厂区的大体轮廓特征，整体景观从农业乡村开始向工业建设过渡；2020年影像显示，F企业厂区已完全建成，F企业周边发展以南水北调河为界线，西侧发展较快，大量农田被改造成F企业厂区、劳工宿舍、商业广场、居民住宅区、绿地公园等设施，而东侧发展相对较慢，值得注意的是位于东侧的张庄是离F企业最近的唯一一个没有被拆迁的城中村，其整体轮廓在建厂前后的面积变化不明显，周围仍然保留着大量的农田，东侧景观变化不显著。基于上述分析，研究将地方景观划分为四种类型，分别是经济景观、居住景观、文化经济和行为景观。

一 经济景观

广义的经济景观通常是指由于能源、交通、基础设施、土地利用、产业等因素相互作用并通过人为过程而形成的景观格局，而狭义经济景观则特指地方市场环境，本章侧重于后者。研究区域内经济景观主要包括两部分：一个是沃金商业广场，位于航空港雍州路与巡航路交叉口西南角，由郑港四街、保税北路、郑港七路、琴台街围合而成（富鑫公寓南区和北区之间），是郑州航空港经济综合实验区首个集商业、文化、娱乐、休闲、美食于一体的一站式时尚商业休闲广场。商圈主要围绕F企业劳工宿舍楼而建，其中饭店和服装店等生活购物类设施约占到沃金商圈的80%，其余如电影院、KTV、超市、药店等各种娱乐消遣医疗设施约占20%。商业圈主要面向F企业劳工和原住居民，商圈里面店铺老板多为外地人。另一个是锦荣悦汇城，坐落于航空港雍州路与巡航路交汇处，处于F企业公寓群正中心，是一条集购物、餐饮、文化、艺术、娱乐、休闲、观光等多功能于一体的情景式半开放商业街区，入驻店铺多为连锁知名品牌，整体消费水平偏高。商场建成时间较晚，店铺数量和客流量都处于发展阶段。调研发现，两处商业广场的商户60%以上都是外地人，以郑州周边人为主，业主类型主要包括三种：一是亲缘型：家人在这边上班，同时商业广场招商引资，且商铺租金比较便宜；二是利缘型：被F企业招工产生的大量客流吸引过来，能够获得较高的经济利益；三是业缘型：以前在F企业工作，但后来辞职在这开店。总体来讲，商铺客源基本上以F企业劳工为主，生意随着F企业生产淡旺季变化，商铺流动性也较大。

二　居住景观

宿舍劳动体制是全球资本的经济逻辑与国家制度的政治逻辑共同作用下所产生的一种独特而具体的生产空间形态。公司给工人提供的宿舍并不是出于道德理念和企业社会责任，更多地体现出公司对劳工的一种剥削与控制，是资本运行逻辑在中国特定环境下的一种必然。郑州F企业园区劳工数量庞大，劳工宿舍区有11个，而此次调研范围涉及7个宿舍区，分别是豫康公寓、富鑫公寓、裕鸿公寓、富航公寓、山顶御和园、锦绣枣园区、豫发蓝山公馆。豫康公寓是郑州F企业最大的宿舍区，位于鄱阳湖路与凌空街交叉口，分为南北两区。富鑫公寓则是距离园区最近的公寓，且坐落于繁华的沃金商业广场内部，居住在富鑫公寓的劳工无论是上班通勤时间还是享受休闲娱乐服务都远胜于其他公寓。山顶公寓位于豫康公寓东南侧，距离F企业园区较近，但在沃金商业广场和锦荣悦汇城两大商业中心辐射范围外，劳工工作通勤距离短但休闲通勤距离较长，日常消遣娱乐受到一定限制。裕鸿公寓在调研范围最北部，虽然距离园区较远，附近的裕鸿商业广场可以满足劳工的日常购物需求。枣园区则位于调研范围最南部，距离F企业D区最近。总之，各宿舍区彼此相距较远，且劳工上下班时间不一致，在这种长距离、隔断式的居住环境下，劳工们彼此关联少，感情淡漠，只是相当于住在同一个屋檐下的“同居人”。豫发蓝山公馆则是专为F企业领导安排的高级住宿区，整体环境比F企业普通劳工宿舍好。除了宿舍区，研究区域还存在一个规模庞大的劳工租住中心——张庄，F企业厂区周边唯一一个没有拆迁的城中村。由于每个月只需300左右的房租，每天数以万计的劳工从厂区的四面八方涌向这个小镇，租房区基本都与街道相邻，但整体居住环境与劳工宿舍区相比仍有一定差距，是一个特殊的非正式宿舍区。

三 文化景观

在城市不断更新与扩充的进程中，传统场所感的丧失和地域性的消退使得人们无法确定自身存在的归属，而绿地文化景观或许是塑造归属感和认同感的重要途径之一。F 企业在推动港区经济发展的同时，也增加了文化绿地景观。以 F 企业园区为中心，附近建有四处绿地广场，分别为恩平湖广场、兰河公园、大寨路公园和青年公园，各个绿地广场空间分布较为分散，可以为不同区域的宿舍区提供休憩服务。恩平湖公园随着 F 企业建成而逐步完善，人流量不断增加，距离其最近的宿舍区为豫康北区，步行约 900 米；兰河公园与恩平湖公园相距较近，面积较小，北起太湖路，呈 L 形走向，总长 3.5 千米，于 2014 年建成，逐渐成为人们日常休闲的场所之一；大寨路公园位于沃金商业广场南侧，距离最近的宿舍区为富鑫公寓，步行约 200 米，虽然绿化带区域面积较小，但开放性大，更适合劳工下班或吃过晚饭后散步休闲；青年公园是距离 F 企业最近的一个绿地广场，于 2015 年年底建成开园，总面积 34 万平方米，内部分为槐树园、玉兰园和樱花园，是唯一一个设有内部停车场的公园，距离最近的宿舍区枣园区仅隔一条公路，其南部便是 F 企业园区。虽然相距较近，但 F 企业劳工仅在上下班的时候途经此地，因此进出群体多为本地居民和少数途经此地的外地人。

四 行为景观

景观行为学主要研究景观系统与人之间的关系，侧重于人在景观中的行为表现以及景观对其外部压力的反映。人作为行为景观的重要组成部分，在社会活动中的时空表现及对景观的塑造功能产生基础性影响，同时行为景观也将对人的社会活动产生引导性作用。在企业

"泰勒制"管理模式下，F企业劳工每日上下班行色匆匆，疲惫感主要来源于定期白晚班的来回转换以及园区与宿舍区较长的通勤距离。虽然F企业宿舍区很多，但每一个宿舍区都与园区存在着不同程度的距离，最近的宿舍区步行至工作园区也需30分钟，如果宿舍区离得更远，每日来回通勤时间就需花费将近两个小时。这种较长的通勤距离使劳工不得不留出足够时间做好上班准备。研究整理了受访劳工的白班/夜班通勤时间，基本保持着"宿舍区—园区"两点一线的生活工作方式（见表7－1）。劳工"上六休一"，一周有一天时间可以自由支配，而到生产旺季时，为了配合生产计划，有时候劳动强度达到"十三休一"，无形限制了劳工互动。由于F企业园区所在区域属于城郊，因此多数劳工不会选择在休息日花费长时间去市中心，而附近的沃金商业广场和锦荣悦汇城成为了最佳休闲目的地。因此，无论是上班还是休息，劳工通勤距离大都只限于港区，这片区域仿佛是与周围隔绝的"小天地"。

表7－1　F企业劳工早/晚班生活圈

	时间	行为	地点	接触的人	谈话内容
白班	6:00—8:00	起床、洗漱、步行上班	宿舍或外租房	室友、伴侣	随意寒暄
	8:00—12:00	工作	车间	同事、线长干部	检查，不敢多聊
	12:00—14:00	午饭、短暂休息	厂区食堂、厂区某个角落	车间同事、自己	短暂闲聊
	14:00—17:00	工作	车间	车间同事、线长	检查，不敢多聊
	17:00—18:00	晚饭、短暂休息	厂区食堂、厂区某个角落	车间同事、自己	短暂闲聊
	18:00—21:00	工作	车间	同事、线长干部	检查，不敢多聊
	21:00—23:00	步行下班，听音乐、打电话、闲逛、玩手机、洗漱	小吃街、商场、公园、宿舍、外租房	同事、同学、室友、老乡、伴侣	与远方家人或朋友聊天、与现在朋友闲聊
	23:00—6:00	睡觉	宿舍、外租房	室友	—

续表

	时间	行为	地点	接触的人	谈话内容
晚班	18:00—20:00	起床、洗漱、步行上班（路上随意买点吃饭）	宿舍或外租房、马路、早餐摊	室友、伴侣、同去上班的同事	短暂寒暄
	20:00—23:00	工作	车间	车间同事、线长	有检查，不敢多聊
	23:00—23:30	吃饭、短暂休息	厂区食堂、车间	车间同事	短暂闲聊
	23:30—3:00	工作	车间	车间同事、线长	若不赶工可稍闲聊
	3:00—3:10	短暂休息	车间	车间同事	—
	3:10—5:00	工作	车间	车间同事、线长	若不赶工可稍闲聊
	5:00—5:30	吃饭、短暂休息	厂区食堂、车间	车间同事	—
	5:30—7:30	加班工作	车间	车间同事、线长	若不赶工可稍闲聊
	7:30—9:00	步行下班，打电话、买早餐、闲逛、玩手机	马路、小吃街、公园、宿舍、外租房	同事、同学、室友、朋友、老乡、伴侣	与远方家人或朋友聊天、与现在朋友闲聊
	9:00—18:00	睡觉	宿舍、外租房	室友	—

第四节　劳工塑造地方景观的行为策略

地方景观塑造是一个动态过程，不仅受制于资本空间约束，还深刻受制于劳工能动性发挥。在工作场所建立之后，地方景观就会明显划分为资本空间与非资本空间。资本空间主要集中在研究区域南部，而非资本空间相对集中在研究区域北部。相对来说，资本空间约束属于固定静态过程，整体迁移可能性较低，而非资本空间属于动态过程，深受劳工能动性影响。基于调研，研究总结了四种劳工能动性的空间行为策略，分别是积极主动迁移、工作场所行动、居住场所活动和劳工空间再生产，四种行为策略交互作用，影响着地方景观塑造。

一　人在旅途——积极主动迁移

改革开放初期，随着城乡经济改革对计划经济制度安排的破坏，农村劳动力流动就已形成了第一次“民工潮”。20 世纪 90 年代中后期，中国经济体制全面进入市场化改革，同时《劳动法》的实施也确立了用工单位与劳动者间的双向选择关系，自由流动的劳动力市场初步形成。为改善自身的工作和生活条件，以及受企业管理制度的影响，工人们会选择积极主动迁移，包括主动迁入和主动迁出。主动迁移主要包括三种方式，第一种方式是政府主导型迁移。访谈时关注到一种特殊现象，三门峡义煤集团由于经济不景气，因此在政府主导下选择和 F 企业进行战略合作，义煤集团把部分劳工输送到 F 企业，工作半年以后返回原公司，然后换下一批劳工继续到 F 企业工作，这既能避免义煤集团劳工下岗问题，也可以缓解 F 企业的用人压力，义煤集团劳工也比较同意这种工作方式，不用担心失业问题，并且能够保证每月能拿到一定数额的工资，“我是义煤集团派过来的，三门峡有很多煤炭公司倒闭，因此公司就和 F 企业签订合同，一般是半年期，派一批人来 F 企业工作，然后半年后返回原来的公司。我感觉工资有点低，但会在 F 企业继续工作，时间到了就返回原来的公司，过段时间还会再回来——访谈者 A（2020－08－11）”。第二种方式是个人自由型迁移。很多学生或在外工作者假期会选择到 F 企业工作直至开学后离职，体现出典型的个人自由特征，“我原来是在北京一家企业当程序员，但是因为今年的疫情回不去。听说在 F 企业工作一段时间可以挣到返费，但我不会在这里长干，准备得到返费就离开，然后去北京找工作——访谈者 B（2020－08－10）”。第三种方式为企业主导型迁移。在郑州 F 企业建立初期，深圳 F 企业派遣一部分的管理者或者技术人员到郑州工作，确保新的投资生产能够顺利展开，其中一部分人选择留在郑州定居。除了主动迁移进入 F 企业工作之外，还存在主动离开 F 企业的现象。每年 8—12 月是 F 企业的生产旺季，为了吸引大批劳工进厂工作，F 企业制定了一系列的福利政策如返费模式、小时工模式、内部推荐奖励模式等，而过了 F 企业生产旺季，工人加班时间减少，每月只能拿到基本工资时，很多劳工会主动离职。F 企业劳工通过积极主动迁移，虽然在一定程度上影响着地方景观的稳定性，但不可否认的是，每年公司生产淡旺季的变化而引发的劳工主动迁移将深刻影响着经济景观（市场规模大小）、居住景观（居住场所轮换）、文化景观（文化绿地利用）和行为景观（劳工行为改变）的重塑。

二 工厂政治——工作场所行动

F 企业属于典型“泰勒制”管理模式，谋求最高的工作效率是雇主和雇员实现效益的基础，但劳工流失率年均超过 30%。从劳动密集型代工产业的本质属性来看，其往往通过简单地依靠低附加值劳动换取市场竞争优势，为了维持这种畸形的竞争优势，企业不得不压缩生产成本和工资成本，直至劳工的人性空间完全被挤占，在某些代工企业甚至形成了“血汗工厂”，“劳工关爱中心有很多人会去找，但是执行力太差，就是个摆设，有的时候可能会起作用。如果一个人特别消极，有精神方面的问题，害怕出事，就会进行开导、帮助，让好好工作，然后会劝离职——访谈者 C（2020－08－13）”。F 企业工厂体制属于专制劳动体制，当作业员在效率及质量上达不到要求时，部门生产线的主管处理方式很可能是直接施加压力，使用包括罚站、写检讨、责骂等手段，同时管理层有意识地将工人可能的社会连带（如学校、同乡等）关系打散，尽量让工人在生产场所处于陌生人状态以防止工人可能的组织抵抗，“F 企业里面的临时工都是为了挣返费进去的，没有一点动力干活，故意消磨时间，看别人干得慢，自己干得更慢。这种情况组长就压下面的线长，不管什么情况都必须干完，线长就会告诉劳工，如果干得慢就不让加班。现在感觉不想干，在混日子，只要不被线长骂就行——访谈者 D（2020－08－11）”。在此情景下，工人与管理层之间的关系处于紧张状态，虽然很少有工人公开抵制工作条件，但人在日常工作会消极怠工，最终造成的影响就是工人与管理层之间的矛盾愈加突出。劳工在压力下工作和面临着广泛的劳工管制，致使工作岗位非正式化和不稳定性增加，繁重枯燥的流水线作业和缺乏精神关爱，使得劳工在工作场所行动处于一种消极状态，从而使劳工行为景观发生明显变化。

三　宿舍管制——居住场所活动

F企业劳工宿舍按等级划分，一般分为两级（员级和师级宿舍），不同等级房间里的设施以及人数存在较大差别，但无论是员级宿舍还是师级宿舍，每个月都要收费，员级宿舍每个月150元，师级宿舍每个月300元。F企业为劳工提供住宿是一种分散式模式，即以现有空床位为基础，将劳工随机分配到空位上，这种分配方式造成分配比较混乱，一个宿舍的人员往往来自不同部门，而同一部门的人员又住在不同宿舍甚至在不同宿舍区。公司采用这种分配方式主要原因在于随机分配可以减少随机人力成本，但也会造成不利影响。首先，劳工间关系淡漠。代工企业的性质决定了其需要根据订单组织劳工进行不定时加班，而不同部门之间工作任务不同又造成了部门上下班时间的不一致。同宿舍人员由于各自上下班时间的差异使得彼此之间共有时间不足，从而造成交流少，彼此间关系淡漠，可以称为“最熟悉的陌生人”，“宿舍会有打架斗殴的事件，有时警察也会来。在宿舍里住了没多长时间，就去附近村里租房子，一个月300块钱。在宿舍厂区很难交朋友，有的白班，有的夜班，一个星期和宿舍里的人也说不上几句话——访谈者E（2020-08-15）”。其次，劳工缺乏安全感。由于F企业人员流动频繁，每个月都会有上千人进出，直接造成了宿舍人员不稳定性，使宿舍成员间不了解而缺少相互信任。最后，宿舍规章制度形同虚设。为了加强公司对劳工的管理，很多公司都建立了生活辅导员制度并雇用安保人员加强宿舍管理。但零散的寝室人员组成和高人员流动率，增加了辅导劳工工作环境的复杂程度，使其不能对工作环境有清晰的认识。安保人员在工作中只能机械的执行公司的规章制度，缺少人性关怀，容易造成其与宿舍成员间的矛盾，导致工人与安保人员关系紧张，“宿舍条件不好，保安检查宿舍时非常粗鲁，直接推门进来，所以更愿意与朋友在外面租房子——访谈者 F（2020 - 08 - 15）”。工人居住的集体宿舍几乎没有任何容纳个人隐私的空间，而工厂却利用宿舍将劳工在城市中的临时劳动与其日常生活再生产最大限度地整合在一起，意味着以工厂为中心的管理权力对工人生活的再次渗透和灵活控制，也为居住景观改变提供了现实基础和客观条件。

四 另类生产——劳工空间再生产

劳工空间再生产的机制及其与地方景观重构的关系主要考虑研究劳工空间再生产的过程、机制及其对经济空间重构的影响，只有深入到劳工日常生活融入实践的能动性中才能洞察其在社会融合中的空间生产逻辑。列斐伏尔的“空间生产”理论体现了资本主义社会关系的生产和再生产，而新马克思主义空间理论则表明劳动力开始从一种“区位要素”逐渐成为“空间生产”的活跃主体，Castells 也曾提出，城市社会中生产（劳动力的再生产）与消费（再生产劳动力必要消费品的供给）之间的基本矛盾是由劳动力再生产的集体消费过程所建构的。根据上述论述可知，在特定地点特定时间下，劳工空间再生产实践是在物质实体空间的基础上，融合以生产与再生产活动为主导的空间行为实践，不断进行正式空间（工作场所）、非正式空间（私人生活）、消费空间、休闲空间等感知的空间生产，从而获得更高的报酬、更好的生活和工作条件以及组织日常消费休闲活动，“以前在 F 企业工作过，后来辞职在这开了店铺。顾客大部分都为 F 企业劳工，本地人不多。这边的生意都是随着 F 企业的淡旺季而变化，F 企业劳工消费具有年龄层特征，年轻人比较愿意消费，而年长并且已婚有家庭的中年人会来逛街但很少消费——访谈者 G（2020 - 08 - 11）”。关于劳工空间再生产表征性建构，则是劳工在经济、社会、制度、文化等结构性因素的影响下，在社会融入过程中，构建社会关系网络、获取情感支持努力，是一种被引导和限定的概念化城市社会空间，以及在这一过程中不断创造出的类似新工人集聚区、老乡会、兴趣爱好共同体等自组织的城市社会空间生产，“张庄是郑州航空港区唯一一个还没有拆的城中村，在这里租房子的一般都是F企业劳工，路边摆摊的商贩和少数的本地人。白天张庄街面上人很少，而傍晚张庄的十字街很热闹，路边摆摊的挣外快的也陆续拉着东西出来——访谈者H（2020－08－11）”。事实上，从重视亲缘、地缘、业缘关系，到建构社会资源和关系网络以获取服务资源，从主动接受适应城市价值观和标准，到树立内在认同感和归属感以获得身份认同，从社会融合和身份认同，到满足城市生产生活各方面的需要，都说明劳工空间再生产的效用。

第五节　小结

F企业和其他“重型”企业中国大陆通过地方嵌入与区域发展实现战略耦合的机制不同，其主要表现在F企业本质上属于劳动密集型的代工企业，实现地方嵌入的主要途径更多的是通过地方劳动力市场实现。基于此，研究融合劳工地理学和新马克思主义地理学研究视角，基于问卷调查和深度访谈对郑州F企业劳工进行调研，结果发现：

1. 郑州F企业的劳工来源主要以河南省内劳动力市场供给为主，劳工空间流动形式主要表现为省内流动，省外劳工则主要来自河南省周边的省域地级市，虽然一定程度上说明郑州F企业对省外地区产生了一定的“溢出”效应，但地方劳工特征仍相对显著。河南作为劳动力资源大省及经济欠发达地区的区域特征和F企业对劳动力的雇佣模式，共同维护着劳动力的市场弹性，是F企业成功实现地方嵌入的重要机制之一，而政府和中介机构为劳动力市场弹性的维持和有效运行发挥着重要的“中间通道”和协调者的角色。

2. 劳工作为“地理行动者和社会行动者”的综合体，通过集体行动或者个体化工人的社会行动实践等手段共同塑造了以经济景观、居住景观、文化景观和行为景观为核心的地方景观。经济景观主要依赖亲缘型、利缘型和业缘型等关系，形成了以沃金商业广场和锦荣悦汇城为核心的地方典型市场景观。居住景观不仅包括以豫康公寓、富鑫公寓、裕鸿公寓等为代表的正式宿舍公寓，还包括以张庄为核心的非正式宿舍场所，劳工间彼此关联较少，感情淡漠。文化景观作为塑造归属感和认同感的重要途径之一，形成了以恩平湖广场、兰河公园、大寨路公园和青年公园为核心的绿色开敞空间。劳工作为行为景观的重要组成部分，在社会活动中的时空表现及对景观的塑造功能产生基础性影响，劳工的通勤距离大都只限于郑州港区，这片区域仿佛是与周围隔绝的“小天地”。

3. 劳工塑造地方景观的行为策略主要包括人在旅途——积极主动迁移、工厂政治——工作场所行动、宿舍管制——居住场所活动和另类生产——劳工空间再生产四种方式。积极主动迁移主要包括政府主导型迁移、个人自由型迁移、企业主导迁移等，用工单位与劳动者间的双向选择关系促使自由流动的劳动力市场初步形成，而“泰勒制”管理模式和企业本质属性会迫使工人与管理层之间的关系处于紧张状态，虽然很少有工人公开抵制，但很多人在日常工作中会消极怠工，最终造成工人与管理层之间的矛盾愈加突出。同时管理者利用集体宿舍和安保人员对非工作场所进行管控，从某种意义上说已经成为企业的一种重要的劳工控制手段，劳工空间再生产实践也不断进行正式空间（工作场所）、非正式空间（私人生活）、消费空间、休闲空间等感知的空间生产，从而获得身份认同。

现代资本主义新的生产方式使得生产要素及其关系对时间和空间具有高度敏感性，因此在某些情况下，雇主可能会处于意想不到的被动情景，这为劳工采取行动策略提供了可能，而经济地理学者的任务就是努力揭示其背后的复杂性机制。F 企业基于对中国大陆各区域最优劳动力成本的追逐，实现了快速超常规扩张阶段，集团内部也通过“南人北输”等战略加剧了中国区域之间的竞争，从侧面反映了 F 企业在大陆区域存在典型的“松脚型”现象，和中国大陆区域在全球经济体系中“权力”的不对称状态将持续保持下去。因此，中国大陆在应对全球生产网络的变化时，如何科学规范地方管理机制和合理协调劳动力市场，使得F企业愿意从“轻资产”向“重资产”模式转变和内部生产网络衍伸和嵌入，从而使企业地方嵌入与区域发展实现战略耦合显得至关重要。然而，劳动密集型企业从追求劳动力数量逐渐向追求劳动力质量转变过程中，区域政府与企业会形成新的博弈局面。因此，区域政府通过提供优惠政策吸引企业投资时，要充分考虑企业潜在转移的可能性以及优惠政策的强度与可持续性。

第八章　企业劳工地方嵌入与区域发展战略耦合

全球生产网络（GPNs）非常重视企业地方嵌入与区域发展的战略耦合模式及影响机制，然而以往研究相对聚焦资本密集型或技术密集型企业，着重探讨产业联系、技术外溢、社会网络等要素的影响，而对以 F 企业为代表的需要大量非熟练工人的劳动密集型跨国企业并未引起足够关注。研究以郑州 F 企业为案例，融合劳工地理学和新经济地理学的理论视角，基于 2017—2020 年对郑州 F 企业的追踪调研，发现：（1）郑州 F 企业劳工地方性特征明显，且具有一定的空间临近溢出效应。劳工来源主要以河南省内劳动力市场为主，河南籍劳工占比高达 91.09%，劳工空间流动形式主要表现为省内流动，省外劳工则主要来自于河南周边省域的地市。（2）在全球网络动力与本土地域动力相互联动作用下，地方区位优势和企业空间黏性发生了显著变化，企业地方嵌入与区域发展的战略耦合模式经历了从结构—依附式耦合到功能—互惠式耦合的动态演变过程，耦合方式向更有利于地方区域的方向发展。（3）劳工视角下企业地方嵌入与区域发展的战略耦合演变主要受制于公司属性特征与劳工雇用方式（包括企业性质、用工模式、产品周期、工资福利等）、区域人口红利与劳工供应格局、政府中介政策与劳工行为选择、国家发展阶段与劳工空间流动等因素。研究成果不仅可以有效弥补企业地方嵌入与区域发展战略耦合对劳工作用的忽视，而且通过地方典型经验为劳动密集型企业与区域发展的战略耦合关系提供有效“均衡解”。

第一节　问题提出

新经济地理学的“关系转向”和“制度转向”重视经济行为主体在生产网络中的“嵌入/根植”，不同于Polanyi和Granovetter的社会嵌入思想，经济地理学家更加强调地方特征的作用。以往研究发现企业地方嵌入和区域发展不匹配将导致“飞地经济”“沙漠中的绿洲”等现象频现，因此如何有效协调企业地方嵌入与区域发展之间的互动关系已成为当前经济地理学研究的前沿问题之一。事实上，企业地方嵌入具有“非自动性”和“非自主性”特征，主要目的是为了实现捕获市场占有率、优化劳动力成本和方便资源获取性等战略目标。从理论上讲，企业地方嵌入是企业自身因素和投资区域区位优势共同作用的结果，而企业灵活的多区位空间选择则是企业与地方在博弈和谈判过程中“权力不对称”而导致的结果。但需要注意的是，以往对企业与区域发展的战略耦合机制研究重点关注产业联系、技术外溢、社会网络等要素的影响，而忽视了劳工作用，尤其是对于劳动密集型企业而言，劳工条件是实现企业地方嵌入与区域发展战略耦合的关键机制。在劳动密集型企业“松脚性”的现实背景下，基于劳工视角揭示企业地方嵌入并实现与区域发展的战略耦合模式具有重要的理论意义和实践价值。

以往国内经济地理学关于劳工问题的研究主要基于新古典经济学视角，将劳动力空间分布与流转迁移作为一种区位因素优势，分析其与经济发展之间的关系，但是不稳定的劳动资源供给却强化了地方嵌入的“松脚性”。在此基础上，部分学者尝试从劳动力市场二元结构出发，解释中国农村剩余劳动力流动所造成的特殊劳工景观，继而为企业在地方嵌入过程中对劳动力价值的捕获机制进行分析。然而上述研究将劳动力资源“普化”成为一种外生经济现象，劳工迁移格局、劳工成本分异、劳动力价值捕获等虽然成为学者重点关注的议题，但对于如何形成此类劳动力“景观”的内部机制并未展开深入研究。虽然劳工资源与劳工管控组织被认为是部分企业实现与区域发展战略耦合的一个重要机制，但“与其他研究议题相较，劳工问题的研究始终存在显著差距”。建立在产业联系、技术外溢、社会网络等核心概念基础上的企业地方嵌入分析框架也不能很好地解释部分劳动密集型企业，其原因在于这些框架并未充分考虑地方劳动力市场的决定性作用。鉴于此，Coe 对全球生产网络中的劳工问题研究进行了第二次反思，认为劳工能动性不是独立存在的，而是受到全球生产网络的影响，并嵌入劳工所在地方的特定制度、经济和社会关系实践之中。近些年，随着劳工问题在 GPNs 研究中的逐渐深入，其对战略耦合的影响作用也引起部分学者的关注。Ruwanpura 以斯里兰卡为例，以批判性视角将提升劳工道德准则作为在全球—地方治理中实现社会升级的一种有效形式。Lengyel 和 Eriksson 基于劳工自由流动和网络建构分析了企业与区域发展的战略耦合关系。Baglioni 从地方劳工管控体制的视角研究了塞内加尔的园艺产业与区域发展的战略耦合模式。Hastings 采用了新的 GPN 扩展框架，以南非葡萄酒生产为案例探讨了工会和民间社会组织之间的关系对建立企业国际联系和提升价值位置的重要作用。Raj-Reichert 基于对马来西亚电子公司强迫劳工劳动曝光的研究，发现电子行业的劳动治理过程进行了战略重构，强调了在 GPN 网络中社会监管的重要作用。同时，劳工地理学从“工人”“工会”“身份认同”等向“劳资斗争”“组织模式”“社区主义”等研究方向转变也表明了全球生产网络资本与劳工之间的战略耦合必将是一个动态博弈与谈判的过程。基于上述分析可知，目前针对劳工进行的全球生产网络与区域发展战略耦合研究仍相对缺乏，而如何促使其实现良性耦合是亟须解决的重要现实问题。

无论是从区域和国家制度背景“横向维度”来看，还是从全球生产网络专业化分工"纵向维度"来看，劳动力及相关机构发展情景始终是企业空间区域重新分配和地理位置延展的主要考虑要素。基于此，本章创新之处主要包括以下三点：其一，基于劳工视角分析企业地方嵌入与区域发展的战略耦合模式及影响机制，有助于丰富和深化经济地理学对劳工的认知，进一步拓展国内劳工地理学的研究范畴；其二，尽管宏观统计数据可以获得劳工总体特征，但难以洞悉劳工与区域互动关系的运行机制，而微观调研数据可以较好弥补宏观统计数据的缺陷。其三，由于F企业等劳动密集型企业并不具备典型的根植性，因此在"松脚性"的现实背景下，基于劳工视角分析企业地方嵌入与区域发展的战略耦合模式及影响因素更具现实意义。

第二节　研究述评与框架建构

传统GPN分析框架中将价值、权力及嵌入作为重要变量，但最大遗憾在于缺乏逻辑关系推导，而GPN2.0虽然进一步解释了战略耦合发生的新变量，以竞争动态（competitive dynamics）和环境风险（environment risk）为核心变量试图重新揭示其逻辑关系，但其复杂性的问题仍未得到很好解决，反而变得更加难以掌握。因此，如何基于传统GPN分析框架，从劳工视角建构企业地方嵌入与区域发展的战略耦合研究框架需明确以下问题：

首先，战略耦合不是一个静止固定状态，而是一个动态变化的过程，其随着区域产业发展的积累，区域优势会不断转换，耦合方式会向更有利于区域方向变动。Yeung基于东亚实践归纳了战略耦合的三个模式（功能—原生—结构式耦合）以及影响战略耦合的三个机制（跨国社团、全球产业转变和国家/地区制度）为此提供了坚实基础，同时也强调了耦合模式和影响机制是不断变化的，甚至会出现"去耦合""再耦合"的现象。刘逸基于上述研究，在传统经济地理学"区位优势”和“空间黏性”基础上提炼出三个新模式（依附式—互惠式—吸收式），进一步揭示了其发生的内在机制及动态变化过程，需要说明的是，新模式并不是对旧模式的完全否定，而是一种批判性继承发展。虽然企业地方嵌入与区域发展的战略耦合机制存在典型异质性，但对于特殊案例仍存在主导机制和依附机制，因此需要针对案例进行深度剖析其主导因素，以期解决关键的核心问题。以郑州 F 企业为例，作为苹果公司最主要的代工企业，生产淡旺季变化明显，随之而来的便是劳工周期性的集聚和分流，而如何处理劳工时空错配问题则是分析 F 企业地方嵌入与区域发展战略耦合动态变化（年内变化）及演化（年际演化）的首要问题。其次，如何基于传统经济地理学剖析战略耦合的产生机制。无论是 GPN1.0 还是 GPN2.0，其包含的核心变量均不是地理学的经典变量，更多的是社会学、经济学、管理学的经典要素，实际上地理学是可以合理解释战略耦合的某些现象和机制的，而当前主要问题在于缺乏合适变量与现有框架进行衔接。对区域而言，后发地区往往以低廉的生产成本（土地、人口、资源等）和优惠的产业政策（税收减免、生产补助等）作为优势来吸引外来投资，但这种优势的可替代性较强，然而多种优势叠加却会促使某些经济主体对后发地区形成战略首选，“制度厚度”“社会资本”“关系资产”等新经济地理学核心概念都在一定程度上揭示了此现象。而具体到传统经济地理学，“区位优势”概念则可以较好地概括为区域空间可进入性（管制）、资源禀赋状况（基础）和社会经济发展（载体）的分级分类效用，在现实中更多的是一种优势要素叠加现象。而对企业而言，主体的空间不可移性（空间黏性）成为其考虑的最主要因素。空间黏性在内部尺度上主要体现在设备和生产的沉没成本，在区域尺度上体现为生产活动对人才、制度、环境的依赖性，而在国家尺度上则体现为对政府力量及发展阶段的适应性。以郑州 F 企业为例，区位优势主要包括区域人口红利、政府中介政策、国家发展阶段等，进而深刻影响到劳工供应格局、劳工空间流动、劳工行为选择等

（需要说明的是，本研究并不否认交通、土地、制度等带来的区位优势，重点关注的是劳工优势条件）。空间黏性则主要和企业属性特征相关，作为“代工企业”，如何基于雇用方式处理劳动力供给与需求的“时空错位”是实现空间黏性的关键问题。最后，如何将战略耦合的动态性和作用机制的特殊性有效结合起来。战略耦合的动态性和作用机制的特殊性往往是相伴相生的，但一定程度上存在动态性滞后现象，因此作用机制必须要找寻合适的通道影响企业，进而实现与区域发展的战略耦合，形成一个多因素、多层次、多功能的反馈、有序和整体系统。全球网络动力和地域动力变化下的动态耦合共同塑造特定区域、特定主体的耦合模式，然而在解析全球网络动力和地域动力变化的机制时，必须基于多尺度、多路径视角揭示其作用力。以郑州 F 企业为例，随着区位优势（劳动力市场弹性）和空间黏性（劳工雇用方式）转换，战略耦合模式经历了明显的演变趋势，而如何基于劳工视角，从需求和供给层面解释动态变化背后的机制问题显得尤为重要。

综上所述，本研究认为劳工视角下企业地方嵌入与区域发展的战略耦合具有主体众多、尺度综合、关系纷繁、过程复杂的特点，如何基于区位优势（区域人口红利、政府中介政策、国家发展阶段）和空间黏性（公司属性特征）建构企业与区域发展动态战略耦合的多层级动力机制框架是一个相对复杂的问题（见图 8－1）。

第三节　战略耦合模式的演变过程

2010 年 F 企业正式进驻郑州，从最初从事加工、组装或者贴牌代工等活动的全球生产网络劳动密集型节点已逐步升级成为全球领先企业的代工商和生产平台，一定程度上实现了从劳动密集型逐步向劳动—资本—技术密集型的转变。在此过程中虽然没有发生明显的解耦

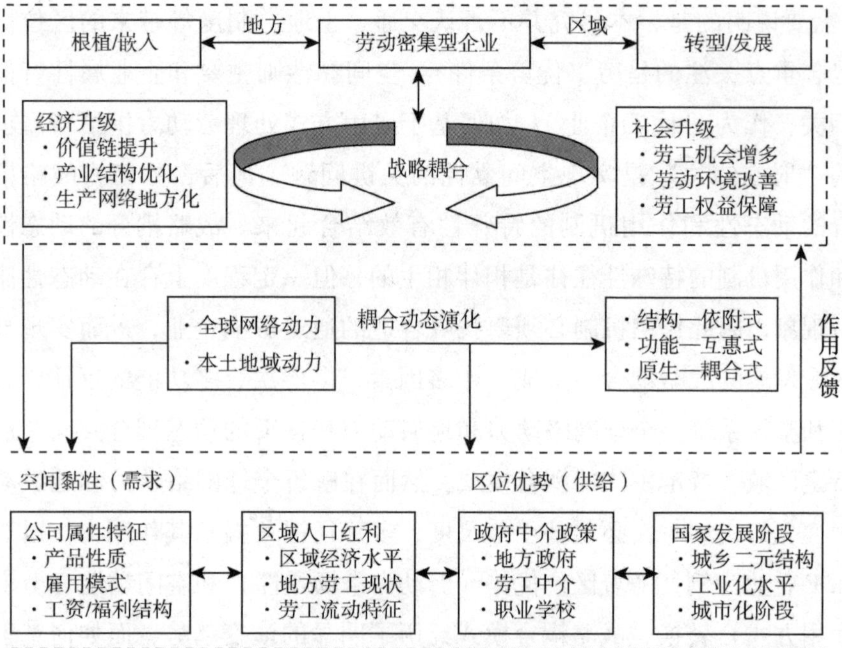

图 8－1　分析框架建构

合（decoupling）和再耦合（recoupling）现象，但在全球网络动力与本土地域动力相互联动的作用下，战略耦合模式经历显著的变化趋势。全球产业组织演变、地方制度转变、政府与企业的权力博弈特别是劳动力市场弹性条件等因素导致了地方区位优势和企业空间黏性发生转换，促使了战略耦合模式从结构—依附式耦合到功能—互惠式耦合的演化，向更有利于地方区域的方向发展。

一　结构—依附式耦合

结构—依附式耦合通常是指地方为了吸引跨国企业，充分提供其具有的优势条件，并且耦合之后将依附于全球生产网络发展，一般表现为充当低端的生产加工制造基地。在此过程中，区域处于绝对弱势地位。河南省作为中国人口最多的省份之一，劳动力资源丰富，特别是 20 世纪 90 年代之后，由于河南省内各城市在竞争力、吸纳剩余劳动力等方面都存在问题，部分剩余劳动力选择去珠三角或者长三角地区工作。2008 年之后，由于深圳 F 企业“跳楼”事件持续发酵和深圳政府更青睐于华为、比亚迪等本土创新企业，F 企业和深圳关系逐步“脱钩”，公司开始施行“内迁”战略。在此情景下，2007 年郑州市成立“F 企业郑州投资项目协调推进领导小组”，并最终实现 F 企业在郑州成功投资。政府除了给 F 企业提供土地、税收等利益让渡之外，对其最急需的劳工推行了“自上而下”的招工模式。河南省政府将招工任务分配给了河南省各地市政府，任务逐级下放，平均每个乡镇都需要招募 30—50 名工人去 F 企业工作，甚至还将招工的完成情况作为考核政府工作的重要参照标准，F 企业招工俨然成为一件严肃的政治任务。“F 企业事情已经不是简单的招商，而是政治责任，从上到下，全部都是一把手抓——郑州航空港工作人员 B，2017 - 10”。除了按照行政层级划分招工任务，政府还将招聘任务化解给一些市场职业中介机构，给新招收到 F 企业工作的工人每人每月 200 元的补贴。除此，河南省教育厅要求省内各地的职业学校动员和组织二、三年级的学生到 F 企业进行顶岗实习，“以保证 F 企业集团正式落户河南、年内批量投产后有充足的高素质劳工队伍——郑州航空港工作人员 B，2017 - 10”。尽管上述政策为 F 企业提供了最大限度的利益支持，但政府与 F 企业谈判过程中，拥有主动权的 F 企业对项目投资绝不轻易转圜。最初河南省试图将 F 企业涉及的所有领域都纳入合作范畴，然而在实际谈判过程中，F 企业则努力把合作范畴缩小，意图在于当区域资源枯竭或者发现新的可供迁移的地区之后，可以快速撤离。在上述分析中看到，F 企业最初迁移过程中，F 企业试图基于区位优势通过结构—依附式方式从事加工、组装或者贴牌代工等活动，虽然一定程度上解决了河南部分剩余劳工就业问题和提升了河南省对外贸易水平，但并未明显促进区域产业结构的整体升级。这与改革开放后珠三角地区的崛起情况类似，发展早期都是以结构—依附式的耦合方式为主，依靠为跨国代工企业提供优势资源而发展。

二 功能—互惠式耦合

随着全球网络动力与本土地域动力联动发展，地方区位优势和企业空间黏性也发生了明显的变化和转换，战略耦合模式随之出现相应变化。在全球网络动力变化影响下，F 企业作为全球最大的“代工企业”，最初在郑州投资的主要目的就是利用地方优势条件实现生产成本最低化，进而提升在全球生产网络中的位置。然而由于企业地方嵌入的客观存在性，使其不可能完全成为“外来俱乐部（foreign club）”，同时公司对劳动力技术水平、供应链完备程度和生产环境稳定性都存在一定要求，因此 F 企业在河南省部分城市追加投资，逐渐形成了“一核”（郑州市及郑州航空港经济综合实验区）、“多点”（济源市、鹤壁市、周口市、商丘市、南阳市等）联动网络联结，实现了企业地方嵌入及地方生产网络建构，体现了在全球网络动力变化影响下 F 企业产业系统在原有关联机制上地理空间的战略衍深。在全球网络动力发生变化的同时，本土地域动力也发生了明显变化。首先，尽管投资区域地理区位没有发生改变，但制度优势和交通优势发生了重构。2013 年郑州航空港经济综合实验区成为中国首个上升为国家战略的航空经济先行区，成为拥有航空、高铁、城铁、普铁、高速等多种交通方式的立体综合交通枢纽，制度优势和交通优势发生了根本性变革。其次，经历了近十年发展，区域资产发生了实质性转变。河南省目前已形成具有一定规模智能手机制造生产网络，成为全球重要的代工生产和制造平台，尽管劳动力成本和生产成本有所上升，但由于路径依赖而迫使企业不能随意迁往成本更为低廉的地区。最后，河南省地方劳工特征发生了显著变化。河南省相对于东部沿海省份，其劳动力市场弹性特征更加明显，便于为劳动密集型的代工企业提供相对丰富且成本较低的劳动力。2012 年之后，河南省内农业人口省内转移人数高于省外输出人数，2019 年全省转移就业总量达 3041 万人，其中省内转移就业总量达 1826 万人，比重为 60.05%，省外转移 1125 万人，比重为 39.95%。根据河南省人力资源和社会保障厅调查可知，河南省农村转移劳动力正出现由沿海地区（长三角、珠三角、环渤海地区）向中西部（郑州及其他省会城市）转移的趋势。上述分析中可知，虽然战略耦合双方合作仍是基于资源交换而促成的，区域仍然处于弱势地位，但两者权力格局已由最初的“绝对强/弱”过渡为“相对均衡”，在此阶段地方可以基于自身优势和发展需求，提高谈判和议价能力，而企业为了能更加充分获取区域优势条件和实现价值捕获，愿意与地方政府和本土企业建立良好的合作关系，从而出现功能—互惠式耦合。

需要注意的是，在长时段调研中已发现，随着郑州 F 企业投资时间渐长，短期内招募数万计的工人已经成为政府严重的“负担”，在当前工人集体谈判力量缺失的情况下，企业不是通过提高工资福利吸引工人，而是借用行政力量招募工人已引起政府和社会的强烈关注，这也成为企业和政府不可言说的“终极”矛盾。如果不能合理解决此问题，企业将由于不能持续充分利用区位优势条件而产生迁移意向，也将势必影响企业地方嵌入与区域发展的战略关系出现“解耦”。

第四节　战略耦合模式的演变机制

一　公司属性特征与劳工雇佣方式

“订单经济”是劳动密集型代工企业生产经营活动最主要的模式，发包企业会根据其产品的周期性，每年定时发布最新产品信息，后将关键零部件交给代工企业，在发包商全程监控下代工企业组装成最新产品，因此直接导致了大多数 ODMs/ OEMs 公司的经营活动存在明显周期性。F 企业作为苹果公司最主要的代工企业，苹果公司一般在每年九月发布 iphone 新款产品，直接导致每年 9—12 月是 F 企业生产旺季，招聘劳工数量最多，根据访谈可知：“郑州 F 企业生产高峰时期主要在每年9月到12月，劳工总量可能超过30多万人，但是在生产淡季劳工数量可能只有十几万，这是一个很大的弹性，目前也遇到了在生产旺季招工难的问题——郑州F企业人力资源部主管A，2018-08”。F企业为了满足生产高峰期用工需求，采用多种形式雇用很多的非正式工如小时工、月工、季度工等，为了吸引更多的非正式工到F企业工作，生产旺季非正式工劳工工资甚至高于正式工。郑州F企业制订了一系列工资福利政策：一是返费模式，打卡55天且在职大于等于90天，返费为9000元，打卡90天且在职大于等于120天，返费为12000；二是小时工模式，29—35元/小时，劳工可以自由选择工作期限；三是鼓励劳工内部推荐，可以获得相应奖励。由于很多务工人员了解F企业此类模式，在F企业生产旺季的时候会主动到港区求职，通过中介公司或者熟人内部推荐进入公司，“原来在北京当程序员但是因为疫情回不去，为了得返费所以来F企业，准备得到返费就离开——企业非正式工C，2020-08”。劳动密集型的代工企业往往实行“泰勒制”的管理模式，谋求最高的工作效率是雇主和雇员达到共同富裕的基础，而要达到最高的工作效率主要通过科学化的、标准化的管理方法代替经验管理，但在实施“泰勒制”管理模式的企业中，劳工流失率通常高得惊人，某些企业劳工流失率年均超过30%。通过访谈可知，郑州F企业劳工的流动性也具有普遍性，“企业劳工特别是‘90后’劳工，换工作很频繁，流动率很高，主要是因为企业行业特点决定了它本身就不可能长期持续性。据估算，F企业一个月平均流动率6%—8%，F企业在河南省投资5年，整个进出F企业的人100多万，流动数量巨大，其中很多商店的服务员，几十个里边就有一个曾经在F企业工作过，但任何一个企业不需要人员流动太快，因为有培训成本——郑州F企业人力资源部主管A，2018-08”。从劳动密集型代工产业的本质属性来看，其往往通过简单地依靠低附加值劳动换取市场竞争优势，但为了维持这种畸形的竞争优势，企业不得不压缩生产成本、工资成本，直至劳工的人性空间完全被挤占，某些代工企业甚至形成了“血汗工厂”（见表8－1）。

表8－1　　郑州F企业薪资结构

类型	待遇说明
薪资收入	试用期内基本工资1900元，综合工资3000—3500元；考核期过后基本工资2100元，综合工资3500—4000元。
奖金福利	生活津贴，夜班津贴，生日津贴，技能津贴，绩效津贴，年终奖。
五险一金	企业与劳工签订劳动合同，并缴纳保险。
工作时间及休假	每天工作8小时，周一至周五加班1.5倍工资，周六、日加班2倍工资，法定节假日加班以3倍工资发放，每月至少休息四天，春节休假。
培训与晋升	F企业有完善的培训体系，免费为劳工提供职前、在职培训机会，表现优秀的劳工，公司将予以晋升为基础技术、管理干部。
文康设施及活动	厂区内配阅览室、医疗室、超市等；宿舍楼配备饮水机、卫生间、淋浴室、空调等；免费提供篮球场、足球场、乒乓球室、电影播放厅、图书室等。

资料来源：实地调研整理。

二　区域人口红利与劳工供应格局

河南省作为中国人口大省，农村从业人员一直维持在4800万人左右，2018年农村从业人员有所下降，为4675万人，但绝对数量在中国各直辖市/省域处于绝对领先地位。通过对当前中国农村从业人员的工作动向分析可知，主要包括两种类型：一是继续从事农业生产活动；二是外出务工的农民工（省内外出务工和省际外出务工）。2010年以来河南省农业从业人员呈现明显的下降趋势，年均递减率为1.73%，而从事非农业人员数量则呈现增长趋势，年均增长率为0.68%。河南省内农业人口转移人数高于省外输出人数的拐点出现在2012年，2019年全省转移就业总量达3041万人，其中省内转移就业总量达1826万人，比重为60.05%，省外转移1125万人，比重为39.95%。劳动力省内转移就业年均增长率为3.34%，2012—2017年每年以0.7%左右的速度增长，2017年以后增长较为缓慢，但2019年出现了增长为负的现象，增长速度为－0.02%（见图8－2）。根据河南省人力资源和社会保障厅调查可知，随着中国产业结构梯度转移速度加快，河南省农村转移劳动力正出现由沿海地区（长三角、珠三角、环渤海地区）向中西部（郑州及其他省会城市）转移的趋势。F企业虽为世界一流的代工企业，但实际上F企业在全球生产网络中仍处于生产链底端，很少参与上游企业的研发设计和品牌运营，在生产过程中需要更多的是生产流水线上的普通劳工。河南省相对于东部沿海城市，其劳动力市场弹性特征更加明显，便于为代工企业提供相对丰富且成本较低的劳动力，这为F企业从深圳迁移到郑州提供了最基本条件。

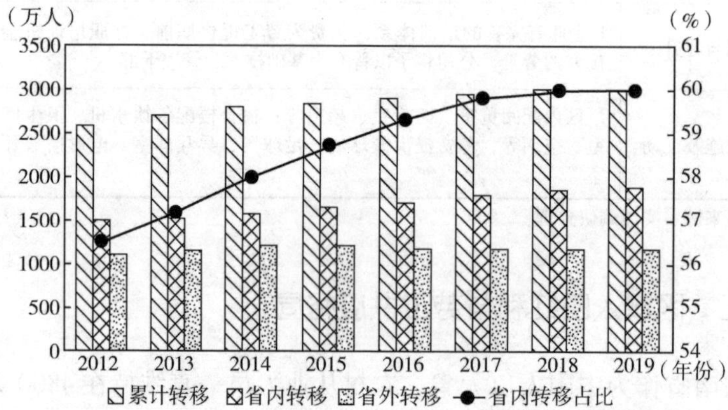

图8－2　河南省劳动力转移变化趋势（2012—2019年）

资料来源：河南省人力资源和社会保障厅。

三　政府中介政策与劳工行为选择

改革开放以来，大批劳动密集型企业依托区位优势在沿海发展起来，但随着沿海地区要素成本的上涨、资源环境保护和产业结构升级，这些企业逐步向中西部地区转移，这种转移是劳动力、地价、交通、政府等各种因素作用的结果，其中前三个因素提供了区域的可能，而政府强有力的支持决定了区域的最后选择。在中国特殊的政治体制下，政府是区域发展的行为主体，政府对资本、土地、劳动力等企业所需的重要资源有很大程度的控制权，在考察中国企业的行为时，要综合考虑地方政府的作用。在F企业进驻郑州之前，河南省政府从协议签订、审批、海关备案、厂房建设到投产做了很多努力，政府还设立专门工作小组快速高效地处理建厂流程。针对F企业用工问题，政府将F企业招工作为重要任务，通过访谈可知："河南省政府在全省进行F企业的专项招聘工作，将F企业招工作为重要任务下达给各级政府——郑州航空港工作人员B，2017－10"。各级人力资源和社会保障部门依托街道（乡镇）、社区（村）人力资源和社会保障基层平台，深入所在街道（乡镇）、社区（村），介绍F企业招聘培训劳工的有关情况；为了提高农民工到F企业工作的积极性，河南省政府还将给新招收到F企业工作的工人每人每月200元的补贴，该费用将由河南省财政厅支出，由河南省人事劳动部门下发；除了按照行政层级划分招工任务，政府还将招聘任务化解给一些职业中介机构，在各级劳工职业介绍服务中心、人才交流服务中心设立专门招聘窗口，为F企业招聘培训劳工提供服务；鼓励各类职业中介机构为F企业提供劳工招聘服务，实习学生的招聘由职业技术院校、民办培训机构在学生自愿的基础上，组织16岁以上在校生利用暑期到F企业勤工俭学（见表8－2）。除此，在调研中还注意到F企业通过政府引导与企业建立联通用工模式，如F企业与三门峡义煤集团签订用人协议，义煤集团派遣部分劳工到F企业工作，以缓解F企业的用人压力，"我是义煤集团派过来的，三门峡有很多煤炭公司倒闭，因此公司就和F企业签订合同，一般是半年期，派一批人来F企业工作，然后半年后返回原来的公司。我感觉工资有点低，但会在F企业继续工作，时间到了就返回原来的公司，过段时间还会再回来——企业非正式工D，2020－08"。F企业入驻河南，在政府和企业优惠政策以及工作距离较近的吸引下，以往到省外工作的劳动力选择留在省内工作，如郑州F企业建厂初期深圳总部派遣部分河南籍劳工到郑州F企业支援，劳工最终选择留在郑州F企业工作，"老家是河南的，由深圳调过来郑州工作，已经工作10年了，由社会招聘入职，现在是干部管理层级别——企业正式工

E，2020－08”。然而劳动密集型企业从追求劳动力数量逐渐向追求劳动力质量转变过程中，区域政府与企业会形成新的博弈局面，政府要充分考虑企业潜在转移可能性以及优惠政策的强度与可实施性，同时要考虑政府如何承担“中间人”角色，确保劳动力足够供应，避免在生产旺季出现用工荒。

表 8－2　　F 企业在河南省的招工体系及政策

主导部门	招聘方式	政策支持
人力资源和社会保障部门	依托街道（乡镇）、社区（村）人力资源和社会保障基层平台，深入所在街道（乡镇）、社区（村），介绍 F 企业招聘培训劳工的有关情况	职业介绍补贴政策：按照每人 200 元的标准给予补贴；培训补贴政策：对到 F 企业就业的人员开展免费职业技能培训；就业或生活补贴政策：给予每人 100 元/月的就业或生活补贴，最高不超过 600 元
职业介绍服务中心、人才交流服务中心	设立专门招聘窗口，为 F 企业招聘培训劳工提供服务	统一安排将招聘人员送往 F 企业，并帮助招聘劳工与 F 企业签订用工协议，监督公司落实协议规定的各项社会保险和工资待遇，切实维护招聘劳工的合法权益
职业技术院校、民办培训机构	在学生自愿的基础上，组织 16 岁以上在校生利用暑期到 F 企业勤工俭学。组织相关专业学生到 F 企业开展教学实践活动，开展工学结合或就业	统一安排参加实习的学生由实习教师带队到 F 企业实习，监督学校、学生与 F 企业签订三方实习管理协议

资料来源：实地调研整理。

四　国家发展阶段与劳工空间流动

新中国成立初期到改革开放之前，虽然从制度层面强化了中国城乡二元经济结构，但改革开放初期，随着城乡经济改革对计划经济制度安排的破坏，农村劳动力流动就已初步形成了第一次“民工潮”现象。20 世纪 90 年代中期以后，中国经济体制改革全面进入市场化改革，同时《劳动法》的实施也确立了用工单位与劳动者间的双向选择关系，自由流动的劳动力市场初步形成。然而从 2004 年开始，“民工荒”现象也开始向内陆地区劳动力输出省份蔓延并引发了全国性的

"用工荒"，中国劳动力市场上供大于求的局面正在逐渐改变，劳动力从无限供给转化为有限供给。中国国家统计局于2008年年底建立了农民工统计监测调查制度，根据对中国31个省（区、市）的6.8万个农村住户和7100多个行政村的农民工监测调查结果推算，2008年以来中国历年农民工数量及年龄结构变化出现了显著变化。但需要注意的是农民工总量内部结构对于农民工总量的贡献并不均匀，2011年中国外出农民工和本地农民工的增速分别为3.4%和5.9%，但随着经济"新常态"出现，外出农民工和本地农民工的增速都进一步减少，本地农民工尤为明显（见表8－3）。

表8－3　　中国农民工数量变化及年龄构成

		2010	2011	2012	2013	2014	2015	2016	2017	2018	2019
农民工总量	人数（万人）	24223	25278	26261	26894	27395	27747	28171	28652	28836	29077
	年增长率（%）	—	4.4	3.9	2.4	1.9	1.3	1.5	1.7	0.6	0.8
外出农民工	人数（万人）	15335	15863	16336	16610	16821	16884	16934	17185	17266	17425
	年增长率（%）	—	3.4	2.9	1.7	1.3	0.4	0.3	1.5	0.5	0.9
本地农民工	人数（万人）	8888	9415	9925	10284	10574	10863	11237	11467	11570	11652
	年增长率（%）	—	5.9	5.4	3.6	2.8	2.7	3.4	2.0	0.9	0.7
16—20岁	占比（%）	6.5	6.3	4.9	4.7	3.5	3.7	3.3	2.6	2.4	2
21—30岁		35.9	32.7	31.9	30.8	30.2	29.2	28.6	27.3	25.2	23.1
31—40岁		23.5	22.7	22.5	22.9	22.9	22.3	22	22.5	24.5	25.5
41—50岁		21.2	24	25.6	26.4	26.4	26.9	27	26.3	25.5	24.8
50岁以上		12.9	14.3	15.1	15.2	15.2	17.9	19.1	21.3	22.4	24.6

资料来源：《2010—2019年全国农民工监测调查报告》。

根据2010—2019年全国农民工监测调查报告，中国当前农民工年龄构成呈现"青壮年减少，中老年增多"的态势，从侧面反映了中国中年流动人口比例增加，凸显了农村剩余劳动力逐渐枯竭的现状，标志着中国劳动力"无限供给"阶段的结束，劳动力短缺时代的到来。国家劳动力市场的发展阶段在一定程度上优化了人力资本在空间上的分布格局，也直接影响了企业在中国的区位选择。改革开放初期，中国东部沿海的廉价充足劳动力满足了包括 F 企业在内的所有企业空间扩张的需求，证实了上述结论。但随着劳动力空间转移趋势的变化，到沿海地区就业的机会成本增加，无限劳动力供应格局发生彻底变化，劳动力区域差异的影响开始显现，也直接影响了包括 F 企业在内的企业开始向中西部地区扩张和转移趋势，对 F 企业人力资源高管的访谈也在一定程度上证实了此类观点，“类似 F 企业需求的劳动力弹性在西欧或北美等相对成熟的市场经济国家是不可能做到的，如果没有很成熟的资源动员能力也没办法来做，而中国这样一个独特的劳动力市场转型的阶段性特征，给我们企业的劳动力弹性提供了基础——郑州 F 企业人力资源部主管 A，2018－08”。

第五节　小结

近年来，在全球化视角下对于企业和区域发展战略耦合研究的理论探讨和实证分析层出不穷。研究基于 F 企业在河南的投资案例，从劳工视角进一步丰富这一领域的理论构筑和实证研究。结果发现：

1. 郑州 F 企业的劳工来源主要以河南省内劳动力市场供给为主，河南籍劳工占比高达 91.09%。劳工空间流动形式主要表现为省域内流动，省外劳工主要来自中西部地区如湖北、山西、陕西、江西等，且以河南省周边的地级市为主，说明郑州 F 企业对省外地区也产生了一定的“溢出”效应，但劳工地方性特征仍相对显著。

2. 在全球网络动力与本土地域动力相互联动的作用下，全球产业组织演变、地方制度转变、政府与企业的权力博弈特别是劳动力市场弹性条件等因素导致了地方区位优势和企业空间黏性发生转换，导致企业地方嵌入与区域发展的战略耦合模式经历了从结构—依附式耦合到功能—互惠式耦合的动态演变过程，耦合方式向更有利于地方区域的方向发展。但随着郑州 F 企业投资时间渐长，企业和政府的关系博弈可能会影响企业地方嵌入与区域发展的战略关系出现“解耦”。

3. 劳动密集型代工企业的“订单经济”模式和“泰勒制”管理模式直接导致了部分传统的雇佣方式正逐步地让位于灵活的、弹性的和基于任务契约规定的雇佣方式；河南作为劳动力资源大省及经济欠发达地区的区域特征和F企业对劳动力的雇佣模式是F企业成功实现地方嵌入的重要机制之一；政府和中介机构为劳动力市场弹性的维持和有效运行发挥着重要的“中间通道”和协调者的角色；中国独特的城乡二元结构及户籍制度和国家发展所处的工业化与城市化中期阶段，形成了巨量农民工和技术工人，是国家特征和国家力量作用于劳动力市场不可忽视的因素。

4. 地方人口红利逐渐消失对劳动力供给结构产生巨大冲击，促进企业地方嵌入与区域发展的战略耦合，维持劳动力市场弹性和激励企业扩大投资并促进生产网络区域化应作为国家和地方政府制定战略和政策的两个基本维度。

F企业和其他“重型”企业在中国大陆通过地方嵌入与区域发展实现“战略耦合”的机制不同，其主要表现在F企业本质上属于劳动密集型的代工企业，缺乏与生产网络相协调的本地企业联系，实现地方嵌入的主要途径更多的是通过劳动力市场弹性，因此F企业在中国大陆的生产网络与区域发展之间的战略耦合是被动的。基于对中国大陆各区域最优劳动力成本的追逐，F企业实现了快速超常规扩张阶段，F企业集团内部也通过“南人北输”等战略加剧了中国区域之间的竞争，从侧面反映了F企业在大陆区域存在典型的“松脚型”现象和中国大陆区域在全球经济体系中“权力”的不对称状态将持续保持下去。然而劳动密集型企业从追求劳动力数量逐渐向追求劳动力质量转变过程中，区域政府与企业会形成新的博弈局面。政府在短期内的大力扶持并不能从根本上留住企业，如果另有区域的政策优惠更具吸引力，企业往往会迁移到其他地区，原本带来的就业机会也随之消失。因此，区域政府通过提供优惠政策吸引企业投资时，要充分考虑企业潜在转移的可能性以及优惠政策的强度与可持续性。所以，中国大陆在应对全球生产网络的变化时，如何科学规范地方管理机制和合理协调劳动力市场，科学把握区域间竞争，使得 F 企业愿意从“轻资产”向“重资产”模式转变以及内部生产网络的延伸和嵌入，从而使公司的地方嵌入与区域发展实现战略耦合显得至关重要。

第九章　结论

以往企业地方嵌入研究相对聚焦资本密集型或技术密集型企业，着重探讨产业联系、技术外溢、社会网络等要素对嵌入过程的影响，而对需要大量非熟练工人的劳动密集型企业并未引起足够关注。以资本为中心的经济地理研究通常关注由于企业地方嵌入而引发的经济升级。然而，劳工地理学研究发现，经济升级不一定会带来社会升级，因为社会升级不仅受企业因素的影响，而且受国家宏观政策、区域劳动力特征、政府/中介/学校等其他社会主体的共同作用。目前，中国由于经济结构转型等因素导致的大量农村剩余劳动力不仅成为次要劳动力市场（区别于核心正规部门的主要劳动力市场）的主体，也已成为劳动密集型企业地方嵌入所考虑的关键要素之一，并且此类劳动力具有较强的市场弹性，F 企业就是其中的典型代表。基于此，本书以郑州 F 企业为案例，融合劳工地理学和新经济地理学的理论视角，基于 2017—2021 年对郑州 F 企业的追踪调研，主要结论如下：

1. F 企业在中国大陆空间扩张可分为三个阶段：1988—2003 年初始扩张阶段，包含接触扩散与等级扩散、2004—2008 年集中沿海布局、2009—2019 年加速中西部扩张。前一阶段符合企业空间扩张一般的规律，而 2004 年之后逐渐偏离原有扩张路径，特别是 2009 年之后，企业扩张表现出复杂性和独特性，主要体现在短时间内多区位的快速布局。初始阶段主要受国家改革开放政策的影响；集中布局沿海阶段主要考虑区域环境；布局中西部阶段，特别是快速扩张阶段政府的支持起着重要作用。基于推拉力分析，并综合考虑企业性质和所处的外部环境选择影响企业区位选择的因素，主要包括劳动力、土地、交通、政府等。区域的劳动力状况、土地成本、交通条件优势为F企业投资创造了前提条件，为其扩张提供了可能，而政府支持解决了在市场条件下大量劳动力短期内可得、大量土地低价获取等限制企业快速扩张的问题，政府作用成为关键因素最终决定F企业扩张是否可行。

2. 郑州F企业的劳工来源主要以河南省内劳动力市场供给为主，省外劳工则主要来自河南省周边的省域地级市，虽然一定程度上说明郑州F企业对省外地区产生了一定的“溢出”效应，但地方劳工特征仍相对显著。基于劳工性别、年龄、婚姻、受教育程度、工作时间、职位等社会属性特征的地方认同存在显著差异。企业劳工地方认同在不同空间尺度上存在明显差异，企业认同高于园区认同，园区认同高于城市认同。劳工地方认同水平差异深受个人属性和社会属性因素的影响。在个人属性中，年龄对三个尺度的影响均不显著，工资水平对地方认同能产生正向作用，而受教育程度和工作时间长短则会导致负向作用。在社会属性中，招聘方式和工作职位对劳工认同差异产生显著异质性作用。劳工属性对于工作安全感和工作满意度存在显著影响，并通过工作安全感和工作满意度的感知逐渐获得不同尺度的地方认同；劳工工作安全感对三个尺度的地方认同都具有显著的正向影响，而工作满意度对企业认同有显著的正向影响，对园区和城市则不存在显著影响。对于不同尺度的地方认同关系研究表明，企业认同会提升园区认同，园区认同又会提升城市认同，园区认同作为企业认同和城市认同的中介变量，其作用明显。

3. 工作安全感对地方认同存在显著正向作用。地方认同不仅受外部环境因素的影响，更易受主观体验的影响，即地方认同形成是“人—心理过程—地方”的动态过程。工作安全感作为F企业劳工在工作中获得的信心、安全和自由的主观感受，是劳工与工作、生活的积极情感联结，促使了F企业劳工形成地方认同。工作满意度和企业归属感在劳工安全感对地方认同的影响中发挥中介作用，表明工作安全感通过提升工作满意度和企业归属感而影响地方认同。工作满意度作为劳工体验安全感的积极效能之一，较高的工作满意度促使劳工与F企业形成良性耦合，对企业产生较高的归属感，最终提升劳工的地方认同感。

4. 劳工作为"地理行动者和社会行动者"的综合体，通过集体行动或者个体化工人的社会行动实践等手段共同塑造了以经济景观、居住景观、文化景观和行为景观为核心的地方景观。劳工塑造地方景观的行为策略主要包括人在旅途——积极主动迁移、工厂政治——工作场所行动、宿舍管制——居住场所活动和另类生产——劳工空间再生产四种方式。积极主动迁移主要包括政府主导型迁移、个人自由型迁移、企业主导等迁移型，用工单位与劳动者间的双向选择关系促使自由流动的劳动力市场初步形成，而"泰勒制"管理模式和企业本质属性会迫使工人与管理层之间的关系处于紧张状态，虽然很少有工人公开抵制，但很多人在日常工作会消极怠工，最终造成工人与管理层之间的矛盾愈加突出。同时管理者利用集体宿舍和安保人员对非工作场所进行管控，从某种意义上说已经成为企业的一种重要的劳工控制手段，劳工空间再生产实践也不断进行正式空间（工作场所）、非正式空间（私人生活）、消费空间、休闲空间等感知的空间生产，从而获得身份认同。

5. F企业劳工社会关系网络划分为三个阶段。网络初级发育阶段，河南政府通过廉价的土地、优惠的产业政策和充足的劳动力吸引F企业到郑州投资，F企业、政府、劳动力和中介等之间建立了初始联系，新的关系网络逐渐建立；网络多元化发展阶段，F企业生产线相继投产，在河南省政府和F企业的支持下，河南省各地级市设立专门的F企业招募中心招收员工，与国有企业合作联动用工，推出内部推荐招工政策。企业采取"泰勒制"的生产方式，压低工人工资，使员工不满，在中国特色劳动力体制下，工会和园区政府很难真正为劳动力解决问题；网络关系层级化阶段，F 企业虽然有意将部分生产线转移，但仍依赖河南的人力资本和服务，为了满足生产需要，F 企业在河南省其他地级市建立 F 企业厂区，形成“一核多点”的联动网络模式。各行动者之间的关系在博弈与合作之间转化，形成复杂的社会关系网络。

6. 在全球网络动力与本土地域动力相互联动作用下，地方区位优势和企业空间黏性虽然发生了显著变化，并初步呈现互惠式耦合特征，但郑州 F 企业地方嵌入与区域发展的战略耦合模式仍以依附式为主。劳工视角下企业地方嵌入与区域发展的战略耦合形成机制主要受制于公司属性特征与劳工雇佣方式（包括企业性质、用工模式、工资福利等)、区域人口红利与劳工供应格局、政府中介政策与劳工行为选择等因素。促进劳动密集型企业地方嵌入与区域发展的战略耦合，维持劳动力市场弹性和激励企业扩大投资并促进生产网络区域化应作为国家和地方政府制定战略和政策的两个基本维度。研究成果不仅可以有效弥补企业地方嵌入与区域发展战略耦合对劳工作用的忽视，而且通过典型案例为劳动密集型企业与区域发展的战略耦合关系提供实证经验支持。

本书首先突出了地方劳动力市场对劳动密集型企业地方嵌入的关键作用，强调把劳动力市场弹性作为构建劳动密集型企业地方嵌入分析框架的核心概念，并以此重构和拓展企业地方嵌入的理论研究。其次，将劳工视为劳动密集型企业对典型区域空间修复的主体，探讨地方劳动力网络对区域劳工经济地理景观的影响，有助于重新理解中国正在发生的经济转型和空间重构。劳工地理学将劳工视为与资本一样具有“空间修复”能力的社会和地理行动者，通过适应/弹性、重制等方式构建新的劳工经济地理格局。劳动密集型企业的劳工通过集体行动与空间策略、社区—工会的地方跨阶层联结、个体化工人的社会行动实践以及相关的制度政策等手段作用于典型区域的劳工经济地理景观，这为重新理解中国正在发生的经济转型和空间重构提供了新的参考视角。最后，尝试厘清劳动密集型企业地方劳动力市场嵌入与区域发展的逻辑关系，寻求其战略耦合路径，通过“地方典型经验”为理解战略耦合关系提供“均衡解”。地方嵌入实现与区域发展战略耦合的机制不同，劳动密集型企业和其他“重型”企业在中国大陆实现嵌入的主要途径更多是通过地方劳动市场的供需弹性要素完成的，同时政府体制及相关政策在劳动密集型企业与区域发展的战略耦合过程中发挥了重要作用。因此，基于典型案例剖析劳动密集型企业地方嵌入机制，为实现经济升级和社会升级的战略耦合提供决策建议。

F企业和其他“重型”企业在中国大陆通过地方嵌入与区域发展实现“战略耦合”的机制不同，其主要表现在F企业本质上属于劳动密集型的代工企业，缺乏与生产网络相协调的本地企业联系，实现地方嵌入的主要途径更多的是通过劳动力市场弹性，因此F企业在中国大陆的生产网络与区域发展之间的战略耦合是被动的。基于对中国大陆各区域最优劳动力成本的追逐，F企业实现了快速超常规扩张阶段，F企业集团内部也通过“南人北输”等战略加剧了中国区域之间的竞争，从侧面反映了F企业在大陆区域存在典型的“松脚型”现象和中国大陆区域在全球经济体系中“权力”的不对称状态将持续保持下去。然而劳动密集型企业从追求劳动力数量逐渐向追求劳动力质量转变过程中，区域政府与企业会形成新的博弈局面。地方政府通过提供优惠政策吸引企业投资时，要充分考虑企业潜在转移的可能性以及优惠政策的强度与可持续性，在吸引企业投资的过程中，充分利用所具有的区位优势条件，实现本土企业与企业的合作，从而促进区域发展。因此，中国大陆在应对全球生产网络的变化时，如何科学规范地方管理机制和合理协调劳动力市场，科学把握区域间竞争，使得F企业愿意从“轻资产”向“重资产”模式转变以及内部生产网络的延伸和嵌入，从而使公司的地方嵌入与区域发展实现战略耦合显得至关重要。

20世纪80年代开始，劳动力资源成为中国提升全球竞争力的重要手段，为了保持廉价劳工的战略优势，各级政府自觉或不自觉地产生了“压制劳工、吹捧资本”的施政风格。现实实践中，福特制、泰罗制和流水线作业的劳动密集型企业通常采用“工作时间长、环境恶劣、工资待遇低等简单粗暴的生产方式”，常常遭到工会和社会工作者的非议。2012—2019 年，太原、郑州、北京、昆山、重庆等地 F 企业工厂员工骚乱、罢工甚至跳楼事件频繁出现，主要是员工冲突、薪资调整、工作时间、岗位分流等问题引起的。在上述现象背后，更值得关注的是企业应该如何充分利用员工的积极心理资本，充分发挥企业员工工作安全感对工作满意度及企业归属感的价值。在未来研究中，还需要重点关注以下问题：首先，当前企业调研往往以普通员工居多，调研对象包括了大量的临时性工人，他们本身对工作安全感和满意度的体验以及对企业归属感的感知都相对较低，直接影响研究结果的科学性，导致结论存在一定局限性和片面性，所以未来企业调研还是应以正式工人为主，包括一定数量的核心管理阶层。其次，如何从学科理论角度解释工作安全感、工作满意度、企业归属感等对地方认同的影响机理以及工作安全感、工作满意度、企业归属感、地方认同的相互作用，这是进行理论研究和实证研究结合时需要关注的重点方向。最后，如何将目前的研究结论与政府宏观政策相结合，做到理论研究与社会实践合一，从而提升企业员工特别是劳动密集型企业员工的地方认同。

现代资本主义新的生产方式使得生产要素及其关系对时间和空间具有高度敏感性，因此在某些情况下，雇主可能会处于意想不到的被动情景，这为劳工采取行动策略提供了可能，而经济地理学者的任务就是努力揭示其复杂性的背后机制。F 企业基于对中国大陆各区域最优劳动力成本的追逐，实现了快速超常规扩张阶段，集团内部也通过“南人北输”等战略加剧了中国区域之间的竞争，从侧面反映了 F 企业在大陆区域存在典型的“松脚型”现象，和中国大陆区域在全球经济体系中“权力”的不对称状态势将持续保持下去。从“地理学中的劳动力”向“劳工地理学”的转变过程中，不仅仅是将工人视为与资本一样的生产要素，而且还考虑到其主观能动性，其能够作为“地理行动者和社会行动者”的综合体重塑地方景观，上述理论延伸有助于丰富和深化经济地理学对劳工的认知，并进一步拓展国内劳工地理学的研究范畴。

附　　录

问卷编码：	访问日期：
访问员：	审核：

F企业劳工调查问卷

您好！感谢您在百忙之中抽出时间填写该调查问卷。本问卷为有偿问卷，填写完毕之后即可领取红包。问卷信息只作为学术研究，不做任何商业用途，请根据实际情况选择或是在横线上填写。在任何分析和报告中，我们将恪守道德规范和法律条款，会对所有受访者的信息进行匿名处理，也不会在没有征得同意的情况下将被访者相关信息泄露，我们对您的回答将予以保密。

最后，真诚地感谢参与本项研究。非常感谢您的合作！

一　个人情况

1. 您的性别（　　）	
A. 男	B. 女
2. 您的婚姻状况（　　）	
A. 已婚	B. 未婚

续表

3. 您的年龄段（ ）
A. 16—25 岁　B. 26—35 岁　C. 36—45 岁　D. 46—55 岁　E. 56 岁以上

4. 您的受教育程度（ ）
A. 初中及以下　B. 高中及中专　C. 大专及本科　D. 研究生及以上

5. 您来自哪个省市________________

6. 您在哪个省市的 F 企业就职（或曾经就职）（ ）

7. 您进入 F 企业的方式（ ）
A. 学校招聘　B. 内部招聘　C. 中介公司　D. 熟人推荐　E. 网络招聘　F. 其他

8. 您主要的居住方式（ ）
A. 在劳工宿舍居住　B. 在周边租房居住　C. 在附近已买房　D. 其他

9. 您在公司的工作时间（ ）
A. 1 年以内　B. 1—3 年　C. 3—5 年　D. 5 年以上

10. 您的职位是（ ）
A. 生产线劳工　B. 技术人员　C. 管理人员　D. 其他

11. 您每月的工资（ ）
A. 2000—3000 元　B. 3001—4000 元　C. 4001—5000 元　D. 5000 元以上

二　工作情况

1. 您这是第几次到 F 企业工作？如有离职，请简单说明理由________________
A. 第 1 次　B. 第 2 次　C. 第 3 次　D. 第 4 次以上

2. 您对在 F 企业加班的态度是？
A. 非常喜欢加班　B. 比较希望加班　C. 一般　D. 不喜欢加班　E. 非常讨厌加班

3. 您每个月的加班时间平均是？
A. 低于 40 个小时　B. 40—60 个小时　C. 60—80 个小时　D. 80 个小时以上

4. 您认为加班对您收入的影响程度？
A. 影响很大，占月收入的 50% 以上　B. 影响较大，占月收入的 40%—50% 左右
C. 有一定影响，占月收入的 30%—40%　D. 基本无影响

5. 当 F 企业处于生产平淡期（加班量大幅减小时），您打算：[多选题] *
A. 继续留在 F 企业
B. 离职，到其他行业求职（例如快递、餐饮、商场、销售）等行业
C. 离职，到别的地方工作
D. 离职，回老家打工、休息或务农　E. 其他

续表

6. 您了解 F 企业工会组织吗？
   A. 非常了解　B. 基本了解　C. 不确定　D. 不了解　E. 非常不了解

7. 遇到问题时您会去找工会组织寻求帮助吗？
   A. 经常会　B. 有时会　C. 不确定　D. 不会　E. 从没想过

8. 您会经常参加工会组织的活动吗？
   A. 经常会　B. 有时会　C. 不确定　D. 不会　E. 从没想过

9. 在 F 企业的工作经验和经历，对您寻找下一份工作时候有帮助？
   A. 非常大　B. 比较大　C. 一般　D. 比较小　E. 非常小

10. 如果离职的话，主要原因是：[多选题] *
   A. 对工作环境、生活环境不适应　B. 对工作强度不适应　C. 基本工资太低
   D. 没有加班，收入降低　E. 流水线工作太枯燥　管理缺乏人情味
   F. 晋升空间小　E. 精神生活较为空虚　G. 其他

三　劳工安全感

	非常同意	同意	不清楚	不同意	非常不同意
1. 只要我愿意就能一直留在现在的岗位					
2. 公司不会减少我每周工作的时间					
3. 如果公司遇到困难，我会第一个下岗					
4. 我相信我能在公司做好我的工作					
5. 只要我不辞职，我的工作就不会丢					
6. 不管经济形势如何，我都不会被开除					
7. 我的住宿环境很安全					
8. 宿舍基础设施条件很完善					
9. 宿舍和工作场所之间的距离相对较近					
10. 我的工作环境很安全					
11. 我对自己的工作内容很熟悉					
12. 我能控制工作中出现的安全问题					
13. 工作中，我经常感到焦头烂额					
14. 生活中，我经常感到情绪低落					
15. 我从来不觉得事情很糟糕，没有希望					

四 工作满意度

1. 您对工资收入是否感到满意?
   A. 非常满意　B. 基本满意　C. 不确定　D. 不满意　E. 极度不满意

2. 您对加班工资是否感到满意?
   A. 非常满意　B. 基本满意　C. 不确定　D. 不满意　E. 极度不满意

3. 您认为公司的薪酬系统是否合理?
   A. 非常合理　B. 基本合理　C. 不确定　D. 不合理　E. 极度不合理

4. 您对假期制度和假期安排是否感到满意?
   A. 非常满意　B. 基本满意　C. 不确定　D. 不满意　E. 极度不满意

5. 您的晋升机会多吗?
   A. 非常多　B. 基本有　C. 不确定　D. 没有　E. 极度没有

6. 您在工作中是否感到有乐趣?
   A. 时时有　B. 偶尔有　C. 不确定　D. 没有　E. 肯定没有?

7. 您是否感到被公司尊重与关怀?
   A. 肯定有　B. 有时有　C. 不确定　D. 没有　E. 肯定没有?

8. 在工作中，您有朋友吗?
   A. 肯定有　B. 有时有　C. 不确定　D. 没有　E. 肯定没有

9. 您感觉您的工作环境舒适吗?
   A. 非常舒适　B. 基本舒适　C. 不确定　D. 不舒适　E. 极度不舒适

10. 您感觉您的居住环境舒适吗?
    A. 非常舒适　B. 基本舒适　C. 不确定　D. 不舒适　E. 极度不舒适

五 企业归属感

	非常同意	同意	不清楚	不同意	非常不同意
1. 我认为企业具有先进的经营理念					
2. 当单位取得成绩时我感到自豪					
3. 我认为企业建立了完善的领导体制					
4. 我认为企业建立了完善的运营机制					
5. 我认为单位的制度非常人性化					
6. 我认为每个劳工有为企业奉献的精神					
7. 我认为单位上下级之间相处融洽					

续表

	非常同意	同意	不清楚	不同意	非常不同意
8. 我认为高层领导充分考虑劳工利益					
9. 我认为同事之间合作愉快					
10. 我认为企业为我提供了足够的培训学习机会					
11. 我认为企业为我提供了良好的发展晋升机会					
12. 我认为企业发展中，我起到了一定作用					
13. 我认为我的工作很有成就感					
14. 我认为这是理想中的工作					
15. 我不会轻易离开我所工作的单位					

六 地方认同感

	非常同意	同意	不清楚	不同意	非常不同意
1. 我认为园区治安条件很好					
2. 我认为园区基础公共设施很完善					
3. 我认为园区居民素质很好					
4. 我认为园区医院及医疗水平很好					
5. 我能接受园区的消费水平					
6. 我认为园区未来发展愿景很好					
7. 我非常愿意留在园区工作					
8. 你感觉园区最让你不满意的地方是?					
9. 我认为工作城市治安条件很好					
10. 我认为工作城市基础公共设施很完善					
11. 我认为工作城市居民素质很好					
12. 我认为工作城市医院及医疗水平很好					
13. 我能接受工作城市的消费水平					
14. 我能接受工作城市的平均房价					
15. 我非常愿意留在当地工作					
17. 你感觉工作城市最让你不满意的地方是? ________________					

对于您提供的协助，我们表示诚挚感谢！为保证资料完整与翔实，请您再花一分钟，确认是否有填错、填漏的地方。谢谢！

参考文献

一　中文类参考文献

（一）著作类

贺灿飞：《高级经济地理学》，商务印书馆2021年版。
李小建：《公司地理论（修订版）》，科学出版社2002年版。
李小建：《经济地理学（第二版）》，高等教育出版社2006年版。
苗长虹、魏也华、吕拉昌：《新经济地理学》，科学出版社2011年版。
魏后凯、白玫、王业强：《中国区域经济的微观透析：企业迁移的视角》，经济管理出版社2010年版。
叶鹏飞：《农民工的城市认同与定居意愿研究》，光明日报出版社2013年版。

（二）期刊类

边燕杰、丘海雄：《企业的社会资本及其功效》，《中国社会科学》2000年第2期。
边燕杰、张文宏：《经济体制、社会网络与职业流动》，《中国社会科学》2001年第2期。
蔡禾、曹志刚：《农民工的城市认同及其影响因素——来自珠三角的实证分析》，《中山大学学报》（社会科学版）2009年第1期。
陈昊曦、袁振杰、蔡晓梅：《广州法系群体的日常生活与地方认同研究》，

《地理科学》2020 年第 12 期。
陈红香：《从个体心理的发生、发展看马斯洛的需要层次说》，《教育理论与实践》1999 年第 12 期。
陈培培、张敏：《从美丽乡村到都市居民消费空间——行动者网络理论与大世凹村的社会空间重构》，《地理研究》2015 年第 8 期。
陈肖飞、艾少伟、赵建吉：《企业地方嵌入新视角：基于地方劳工市场的研究进展与理论思考》，《人文地理》2020 年第 2 期。
陈肖飞、韩腾腾、赵梓渝：《劳动力视角下企业地方嵌入与区域发展战略耦合机制：以富士康郑州投资为例》，《地理研究》2021 年第 12 期。
陈兴华、凌文辁、方俐洛：《你的劳工有安全感吗?》，《中国人力资源开发》2004 年第 4 期。
陈伊乔、刘逸：《段义孚的人地情感研究对城乡规划的启示》，《城市发展研究》2019 年第 8 期。
陈正：《制造业一线员工企业归属感量表编制及其与工作满意度相关研究》，硕士学位论文，西南大学，2012 年。
戴旭俊、刘爱利：《地方认同的内涵维度及影响因素研究进展》，《地理科学进展》2019 年第 5 期。
杜斌、李松柏：《新生代农民工城市认同的影响因素研究——以山东 Y 县为例》，《特区经济》2013 年第 4 期。
杜芳娟、陈晓亮、朱竑：《民族文化重构实践中的身份与地方认同——仡佬族祭祖活动案例》，《地理科学》2011 年第 12 期。
樊士德、沈坤荣、朱克朋：《中国制造业劳动力转移刚性与产业区际转移：基于核心——边缘模型拓展的数值模拟和经验研究》，《中国工业经济》2015 年第 11 期。
冯建喜、汤爽爽、杨振山：《农村人口流动中的“人地关系”与迁入地创业行为的影响因素》，《地理研究》2016 年第 1 期。
符天蓝、杨春：《市场转向与产业升级路径分析：以珠江三角洲出口导向型家具产业为例》，《地理研究》2018 年第 7 期。

符文颖、吴艳芳：《德国在华知识密集制造业投资进入方式的时空特征及区位影响因素》，《地理学报》2017 年第 8 期。

贵永霞：《农民工的城市认同与城市依恋研究》，硕士学位论文，西南大学，2010 年。

高铁梅、范晓非：《中国劳动力市场的结构转型与供求拐点》，《财经问题研究》2011 年第 1 期。

郭婧协：《雇佣模式对劳工创新行为的影响机理研究》，硕士学位论文，西安电子科技大学，2020 年。

郭文：《空间意义的叠写与地方认同——中国最后一个原始部落翁丁案例》，《地理研究》2020 年第 11 期。

郭文露、钟赛香、刘艳芳：《基于扎根理论和探索性因子分析的大学生地方认同维度研究——以武汉大学为例》，《热带地理》2018 年第 5 期。

韩叙：《人力资本—社会资本匹配性对乡城流动人口迁移行为和职业选择的影响研究》，博士学位论文，西北农林科技大学，2020 年。

何金廖、黄贤金、司月芳：《产业集群的地方嵌入与全球生产网络链接：以上海文化创意产业园区为例》，《地理研究》2018 年第 7 期。

贺灿飞、李燕、尹薇：《跨国零售企业在华区位研究——以沃尔玛和家乐福为例》，《世界地理研究》2011 年第 1 期。

贺灿飞、赵瑜嘉、马妍：《西方经济地理学研究进展》，《地理学报》2014 年第 8 期。

胡三嫚：《企业劳工工作不安全感影响效应的交叉滞后分析》，《中国临床心理学杂志》2017 年第 5 期。

胡宪洋、白凯：《拉萨八廓街地方性的游客认同建构》，《地理学报》2015 年第 10 期。

黄耿志、薛德升、张虹鸥：《中国城市非正规就业的发展特征与城市化效应》，《地理研究》2016 年第 3 期。

黄耿志、张虹鸥、王洋：《西方劳工地理学研究进展及对中国的启示》，《地理科学进展》2017 年第 10 期。

贾男、马俊龙：《非携带式医保对农村劳动力流动的锁定效应研究》，《管理世界》2015 年第 9 期。

蒋剑勇：《基于社会嵌入视角的农村地区农民创业机理研究》，博士学位论文，浙江大学，2014 年。

金利霞、李郇：《西方现代劳动力地理学研究进展及对中国研究的意义》，《人文地理》2013 年第 3 期。

康良国、吴超、王秉：《企业劳工心理安全感的基础性问题研究》，《中国安全生产科学技术》2019 年第 7 期。

况贵燕：《浅谈我国劳资矛盾问题——以富士康坠楼事件为例》，《学理论》2015 年第 8 期。

李红华：《中小企业实现自主创新的人力资源措施》，《中国管理信息化》（综合版）2006 年第 11 期。

李蕾蕾、苏玉石、刘晶：《社会网络的空间化：以深圳传媒产业为例的社会地理网络研究》，《人文地理》2013 年第 4 期。

李涛：《企业劳工不安全感产生的原因及对策》，《中国人力资源开发》2006 年第 2 期。

李晓莹：《产业演进中企业扩张的动力与约束》，《企业经济》2005 年第 4 期。

李亚雄：《论代工厂的劳资关系——基于富士康的分析》，《社会主义研究》2012 年第 1 期。

李煜、黎氏：《影响社区归属感的要素分析》，《华中科技大学学报》（社会科学版）1992 年第 4 期。

林耿：《地理区位与权力：以广州市 X 市场为例》，《地理研究》2011 年第 9 期。

凌文辁、张治灿、方俐洛：《中国职工组织承诺研究》，《中国社会科学》2001 年第 2 期。

凌先勇、彭珏、张明:《社会关系网络与劳动力工资的户籍歧视》,《农业技术经济》2014 年第 5 期。

刘斌、杨钊:《多尺度视角下饭店劳工移民地方感知与关系研究——以北京开元集团饭店为例》,《人文地理》2015 年第 3 期。

刘静、迟柏龙:《创新对企业区位选择影响研究》,《当代经济研究》2008 年第 6 期。

刘思达:《职业自主性与国家干预——西方职业社会学研究述评》,《社会学研究》2006 年第 1 期。

刘晓红:《评价与情感,依恋与归属的双重矛盾——"90 后"青少年国家认同感的研究》,《教育科学研究》2012 年第 5 期。

刘学军、赵耀辉:《劳动力流动对城市劳动力市场的影响》,《经济学(季刊)》2009 年第 2 期。

刘逸:《战略耦合的研究脉络与问题》,《地理研究》2018 年第 7 期。

刘友金、胡黎明、赵瑞霞:《基于产品内分工的国际产业转移新趋势研究动态》,《经济学动态》2011 年第 3 期。

刘志高、王琛、李二玲:《中国经济地理研究进展》,《地理学报》2014 年第 10 期。

娄帆、李小建、陈晓燕:《大型劳动密集型企业快速扩张的区位分析:以富士康为例》,《经济地理》2016 年第 2 期。

陆大道:《西方"主流经济地理学"发展基本议题演变的评述——为"牛津经济地理学手册"中译本所作序言》,《地理科学进展》2005 年第 3 期。

罗胤晨、谷人旭:《1980—2011 年中国制造业空间集聚格局及其演变趋势》,《经济地理》2014 年第 7 期。

马勇:《劳动用工"双轨制"模式对社会生产率的影响》,《学术交流》2014 年第 9 期。

孟繁微:《富士康人力资源管理制度与方法研究》,《商业经济》2017 年第 3 期。

潘峰华、王缉慈：《从被动嵌入到供应链园区投资：外商直接投资的新模式》，《中国软科学》2010 年第 3 期。

潘少奇、李亚婷、苗长虹：《转移企业地方嵌入的论争与研究动向》，《地理科学进展》2018 年第 6 期。

祁新华、朱宇、张抚秀：《企业区位特征、影响因素及其城镇化效应——基于中国东南沿海地区的实证研究》，《地理科学》2010 年第 2 期。

邱文琪、岳昌君：《地域流动与高校毕业生就业意愿的实现》，《教育经济评论》2021 年第 1 期。

任焰、潘毅：《跨国劳动过程的空间政治：全球化时代的宿舍劳动体制》，《社会学研究》2006 年第 4 期。

沈梓鑫、江飞涛：《劳动密集型制造业对稳就业作用重要》，《智慧中国》2021 年第 10 期。

舒熳、张三保：《用工双轨制下的同工不同酬：动因、效应与改革》，《中国人力资源开发》2014 年第 19 期。

舒晓虎、陈伟东、罗朋飞：《“新邻里主义”与新城市社区认同机制——对苏州工业园区构建和谐新邻里关系的调查研究》，《社会主义研究》2013 年第 4 期。

司月芳、陈思雨、Ingo L.：《中资企业研发国际化研究：基于华为 WIPO 专利分析》，《地理研究》2016 年第 10 期。

宋周莺、刘卫东：《信息时代的企业区位研究》，《地理学报》2012 年第 4 期。

孙蕾扬：《困境与规范——我国劳务派遣用工中的存在问题与对策分析》，《中国人力资源开发》2016 年第 12 期。

谭小宏：《个人与组织价值观匹配对劳工工作投入、组织支持感的影响》，《心理科学》2012 年第 4 期。

唐文跃：《地方感研究进展及研究框架》，《旅游学刊》2007 年第 11 期。

唐文跃、张捷、罗浩：《九寨沟自然观光地旅游者地方感特征分析》，《地理学报》2007 年第 6 期。

滕朋：《农民工的城市认同与大众传播》，《中国广播电视学刊》2009年第12期。

田伟：《考虑地方政府因素的企业决策模型——基于企业微观视角的中国宏观经济现象解读》，《管理世界》2007年第5期。

王春凯：《产业转移、劳动力流动与梯度陷阱——中西部地区转移企业招工难分析》，《经济体制改革》2021年第2期。

王恒：《社会资本、劳动力流动与农户多维贫困研究》，博士学位论文，西北农林科技大学，2020年。

王红芳、杨俊青、李野：《薪酬水平与工作满意度的曲线机制研究》，《经济管理》2019年第7期。

王缉慈：《关于企业地理学研究价值的探讨》，《经济地理》1992年第4期。

王缉慈、王可：《区域创新环境和企业根植性——兼论我国高新技术企业开发区的发展》，《地理研究》1999年第4期。

王建平：《代工企业劳动用工问题研究》，硕士学位论文，河南大学，2019年。

王珏、陈雯、袁丰：《基于社会网络分析的长三角地区人口迁移及演化》，《地理研究》2014年第2期。

王林清：《劳务派遣用工单位惩戒权问题探讨》，《现代法学》2016年第4期。

王希耘：《"过渡期"劳务派遣用工方式调整及相关问题处理》，《中国劳动》2014年第4期。

王亚沁：《中国代工企业劳资纠纷与企业社会责任研究——基于富士康劳工事件的分析与思考》，《现代商贸工业》2011年第6期。

王炎明：《论邮政企业劳工归属感的培养》，《邮政研究》2010年第3期。

王忠、张琳：《个人—组织匹配、工作满意度与员工离职意向关系的实证研究》，《管理学报》2010年第3期。

王子成、赵忠：《农民工迁移模式的动态选择：外出、回流还是再迁移》，《管理世界》2013 年第 1 期。

韦洋旸：《如何提升企业劳工的归属感和幸福感》，《现代营销》（经营版）2020 年第 1 期。

魏玮、毕超：《区际产业转移中企业区位决策实证分析——以食品制造业为例》，《产业经济研究》2010 年第 2 期。

文媽、曾刚：《嵌入全球价值链的地方产业集群发展：地方建筑陶瓷产业集群研究》，《中国工业经济》2004 年第 6 期。

文轮、张治灿、方俐洛：《中国职工组织承诺的结构模型研究》，《管理科学学报》2000 年第 2 期。

吴偲、朱竑、李军：《粤港澳大学生的美展感知及地方感影响差异：基于多群组结构方程模型分析》，《地理科学》2021 年第 4 期。

吴贾、张俊森：《随迁子女入学限制、儿童留守与城市劳动力供给》，《经济研究》2020 年第 11 期。

吴江秋：《现代制造企业的劳资矛盾与对策——对富士康事件的再反思》，《宜宾学院学报》2013 年第 7 期。

吴瑶：《“舌尖上的中国”对地方感的构建》，《青年记者》2014 年第 32 期。

夏怡然、陆铭：《城市间的“孟母三迁”——公共服务影响劳动力流向的经验研究》，《管理世界》2015 年第 6 期。

相伟、鲁春慧：《南宁市承接东部地区产业转移研究》，《经济地理》2010 年第 4 期。

肖琛、陈雯、袁丰：《大城市内部连锁超市空间分布格局及其区位选择——以南京市苏果超市为例》，《地理研究》2013 年第 3 期。

肖璐：《节事感知与地方认同的关系研究》，硕士学位论文，华南理工大学，2012 年。

徐宁宁、郭英之、柳红波：《文化认同对游客环境责任行为的影响：一个链式中介模型》，《干旱区资源与环境》2021 年第 8 期。

杨菊萍、贾生华：《企业迁移的动因识别——基于内容分析法的研究》，《地理科学》2011 年第 4 期。

杨友仁：《流动与疏离：深圳富士康工人的都市状态》，《人文地理》2013 年第 6 期。

杨云善：《保障农民工同工同酬问题研究》，《中州学刊》2014 年第 10 期。

姚先国、冯履冰、周明海：《中国劳动力迁移决定因素研究综述》，《中国人口科学》2021 年第 6 期。

姚永抗：《职业社会学》，《科学学与科学技术管理》1985 年第 4 期。

姚植夫、张译文：《新生代农民工工作满意度影响因素分析：基于西北四省的调查数据》，《中国农村经济》2012 年第 8 期。

叶奇、刘卫东：《西方经济地理学对劳动力问题的研究进展》，《地理学报》2004 年第 1 期。

叶庆祥：《企业本地嵌入过程机制研究》，博士学位论文，浙江大学，2006 年。

殷江滨：《劳动力回流的驱动因素与就业行为研究进展》，《地理科学进展》2015 年第 9 期。

袁庆宏、陈文春：《工作嵌入的概念、测量及相关变量》，《心理科学进展》2008 年第 6 期。

袁义才：《关于高新技术企业选址理论的探讨——兼论深圳吸引高新技术企业的区位优势与不足》，《特区经济》2001 年第 11 期。

张朝抒：《基于劳工的企业归属感的激励机制研究》，《铁道运输与经济》2010 年第 3 期。

张吉鹏、黄金、王军辉：《城市落户门槛与劳动力回流》，《经济研究》2020 年第 7 期。

张黎莉、周耀烈：《劳工工作满意度研究综述》，《企业经济》2005 年第 2 期。

张培勇、刘明：《基于 ANP/D-S/TOPSIS 的劳动密集型企业内迁选址决策方法》,《机械设计与制造工程》2013 年第 3 期。

张素凤:《"专车"运营中的非典型用工问题及其规范》,《华东政法大学学报》2016 年第 6 期。

张小林、吴艳、周盛琳:《工作不安全感对劳工创造力的影响——有中介的调节效应分析》,《浙江学刊》2014 年第 1 期。

张学良、孙海鸣:《交通基础设施、空间聚集与中国经济增长》,《经济经纬》2008 年第 6 期。

张一凡、冯长春:《进城农民工社会关系网络特征及其影响分析——以北京市海淀区建筑工人为例》,《城市发展研究》2015 年第 2 期。

张兆同:《企业区位选择与区域招商引资政策安排——基于苏南企业区位选择影响因素的调查》,《经济体制改革》2010 年第 1 期。

张志明、崔日明、代鹏:《贸易开放、〈劳动合同法〉实施与中国制造业用工行为——基于增加值贸易视角》,《国际贸易问题》2017 年第 4 期。

张智勇:《低水平工资下的长时间劳动——基于富士康的考察》,《中国劳动关系学院学报》2018 年第 1 期。

赵向光、李志刚:《中国大城市新移民的地方认同与融入》,《城市规划》2013 年第 12 期。

郑衡泌:《民间祠神视角下的地方认同形成和结构——以宁波广德湖区为例》,《地理研究》2012 年第 2 期。

钟懿辉:《新形势下企业劳动用工管理研究》,《中国劳动关系学院学报》2014 年第 2 期。

周尚意、杨鸿雁、孔翔:《地方性形成机制的结构主义与人文主义分析:以 798 和 M50 两个艺术区在城市地方型塑造中的作用为例》,《地理研究》2011 年第 9 期。

朱竑、刘博:《地方感、地方依恋与地方认同等概念的辨析及研究启示》,《华南师范大学学报》(自然科学版)2011 年第 1 期。

朱竑、钱俊希、陈晓亮:《地方与认同:欧美人文地理学对地方的再认识》,《人文地理》2010 年第 6 期。

朱杰:《长江三角洲人口迁移空间格局、模式及启示》,《地理科学进展》2009 年第 3 期。

庄春萍、张建新:《地方认同:环境心理学视角下的分析》,《心理科学进展》2011 年第 9 期。

庄建国:《劳动社会学》,《社会科学》1985 年第 3 期。

二 外文类参考文献

(一) 著作类

Breakwell, G. M., *Coping with Threatened Identities*, London: Psychology Press, 1986.

Castells, M., *Space of Flows, Space of Places: Materials for a theory of Urbanism in the Information Age*, In The Cybercities Reader, 2005.

Coe, N. M., *Labour and Global Production Networks: Mapping Variegated Landscapes of Agency*, UK: Palgrave, 2015.

Herod, A., Labor Unions and Economic Geography, Sheppard, E., Barnes, T. J., *A Companion to Economic Geography*, UK: Blackwell Publishers, 2000.

Holmlund, B., *A Simulation Model of Employment, Unemployment and Labor Turnover*, Unem ployment, 1981.

Massey, D. B., Allen, J., Sarre, P., *Human Geography Today*, Polity Press, Blackwell, 1999.

Massey, D., *Spatial Divisions of Labour: Social Structures and the Geography of Production*, Regional Studies, 1984.

Yeung, H. W. C., *Strategic Coupling: East Asian Industrial Transformation in the New Global Economy*, Ithaca and London: Cornell University Press, 2016.

（二）期刊类

Arianna, R., "Does Economic Upgrading Lead to Social Upgrading in Global Production Networks? Evidence from Morocco", *World Development*, 2013.

Astebro, T. B., Chen, J., "Thompson P. Appendix to Stars and Misfits: Self-Employment and Labor Market Frictions", *Social science Electronic Publishing*, 2011.

Baglioni, E., "Labour Control and the Labour Question in Global Production Networks: Exploitation and Disciplining in Senegalese Export Horticulture", *Journal of Economic Geography*, 2018.

Balάzs, L., Rikard, H. E., "Co-worker Networks, Labor Mobility and Productivity Growth in Regions", *Journal of Economic Geography*, 2017.

Baron, J. N., Hannan, M. T., Burton, M. D., "Labor Pains: Change in Organizational Models and Employee Turnover in Young, High-Tech Firms", *merican Jounal of Sociology*, 2001.

Bathelt, H., Glückler, J., "Toward a Relational Economic Geography", *Journal of Economic Geography*, 2003.

Bathelt, H., Malmberg, A., Maskell, P., "Clusters and Knowledge: Local Buzz, Global Pipelines and the Process of Knowledge Creation", *Progress in Human Geography*, 2004.

Belso-Martínez, J. A., López-Sάnchez, M. J., Mateu-García, R., "New MNE Subsidiaries in Old Clusters: When, Why, and How", *Review of Managerial Science*, 2018.

Bennett, R. J., "Book Review: Entrepreneurial Competition and Industrial Location", *Progress in Human Geography*, 2003.

Berlingieri, F., "Local Labor Market Size and Qualification Mismatch", *Journal of Economic Geography*, 2017.

Biavaschi, C., Facchini, G., Mayda, A. M., et al., "South-South Migration and the Labor Market: Evidence from South Africa", *Journal of Economic Geography*, 2018.

Boggs, J. S., Rantisi, N. M., "The 'relational turn' in economic geography", *ournal of Economic Geography*, 2003.

Bollhorn, K., Franz, M., "Production network knowledge as a foundation for resistance: Workers influence on a Chinese acquisition in Germany", *Tijdschrift voor Economische en Sociale Geografie*, 2016.

Bradley, J., "Self-employment in an equilibrium model of the labor market", *Iza Journal of Labor Economics*, 2016.

Breakwell, G. M., "Coping with threatened identity", UK: Methuen, 1986.

Breakwell, G. M., "Processes of Self-evaluation: Efficacy and Estrangement", *Surrey University Press in Association with Academic Press*, 1992.

Brooks, G., "Stretching global production networks: The international second-hand clothing trade", *Geoforum*, 2013.

Brown, B., Perkins, D. D., Brown, G., "Place Attachment in a Revitalizing Neighborhood: Individual and Block Levels of Analysis", *Journal of Environmental Psychology*, 2003.

Cai, S., "Migration under liquidity constraints: Evidence from randomized credit access in China", *Journal of Development Economics*, 2020.

Callon, M., *The sociology of an actor-network: The case of the electric vehicle*, Callen, M., Law, J., Rip, A., "Mapping the Dynamics of Science and Technology", *Macmillan Press*, 1986.

Carr, M., "A contribution to the review and critique of behavioral industrial-location theory", *Progress in Human Geography*, 1983.

Carswell, G., Neve, G., "Laboring for global markets: Conceptualizing labor agency in global production networks", *Geoforum*, 2013.

Castree, N., "Labor geography: A work in progress", *International Journal of Urban and Regional Research*, 2007.

Coe, N. M., Dicken, P., Hess, M., "Introduction: Global production networks-debates and challenges", *Journal of Economic Geography*, 2008.

Coe, N. M., Hess, M., "Global production networks, labour and development", *Geoforum*, 2013.

Coe, N. M., Jordhus-Lier, D. C., "Constrained agency? Re-evaluating the geographies of labor", *Progress in Human Geography*, 2011.

Coe, N. M., "Geographies of production III: Making space for labor", *Progress in Human Geography*, 2013.

Coe, N., Dicken, P., Hess, M., "Global production networks: Realizing the potential", *Journal of Economic Geography*, 2008.

Coe, N., Hess, M., Yeung, H. W. C., et al., "'Globalizing' regional development: A global production networks perspective", *Transactions of the Institute of British Geographers*, 2004.

Coe, N., Lier, D. C., "Constrained agency: Re-evaluating the geographies of labor", *Progress in Human Geography*, 2011.

Coe, N., "Geographies of production III: Making space for labor", *Progress in Human Geography*, 2013.

Coe, N., "Labor and global production networks: Mapping variegated landscapes of agency", Newsome, K., Taylor, P., Bair, J., et al., "Putting labor in its place: Labor process analysis and global value chains", UK: Palgrave, 2015.

Connell, J., Burgess, J., "Non-standard employment relations: Part-time, temporary and contract work", *Annual Review of Sociology*,

2000.

Costanza, B., Giovanni, F., Anna, M. M., et al., "South-South migration and the labor market: Evidence from South Africa", *Journal of Economic Geography*, 2018.

Cumbers, A., Featherstone, D., MacKinnon, D., et al., "Intervening in globalization: The spatial possibilities and institutional barriers to labor's collective agency", *Journal of Economic Geography*, 2016.

Cumbers, A., Nativel, C., Routledge, P., "Labor agency and union positionalities in global production networks", *Journal of Economic Geography*, 2008.

Dicken, P., Malmberg, A., "Firms in territories: A relational perspective", *Economic Geography*, 2001.

Dicken, P., Thrift, N., "The organization of production and the production of organization: Why business enterprises matter in the study of geographical industrialization", *Transactions of the Institute of British Geographers*, 1992.

Droseltis, O., Vignoles, V., "Towards an Integrative Model of Place Identification: Dimensionality and Predictors of Intrapersonal Level Place Preference", *Journal of Environmental Psychology*, 2010.

Elena, B., "Labor control and the labor question in global production networks: Exploitation and disciplining in Senegalese export horticulture", *Journal of Economic Geography*, 2018.

Facchini, G., Liu, M. Y., Mayda, A.M., et al., "China's 'great migration': The impact of the reduction in trade policy uncertainty", *Social Science Electronic Publishing*, 2018.

Fan, S. D., Shen, K. R., Zhu, K. P., "China's Labor Mobility Rigidity in Manufacturing Industry and the InterRegional Transfer of Industries—Numerical Simulation and Empirical Research Based on Developed Core-Periphery Model", *China Industrial Economics*, 2015.

Gianelle, C., "Exploring the complex structure of labour mobility networks, Evidence from Veneto microdata", *Working Papers*, 2011.

Giulietti, C., Wahba, J., Zenou, Y., "Strong versus weak ties in migration", *European Economic Review*, 2018.

Goger, A., "From disposable to empowered: Rearticulating labor in Sri Lankan apparel factories", *Environment and Planning A*, 2013.

Granovetter, M., "Economic action and social structure: The problem of embeddedness", *American Journal of Sociology*, 1985.

Granovetter, M., "The strength of weak ties", *American Journal of Sociology*, 1973.

Greenhalgh, L., Rosenblatt, Z., "Job Insecurity: Toward Conceptual Clarity", *Academy of Management Review*, 1984.

Guthman, J., "Paradoxes of the border: Labor shortages and farmworker minor agency in reworking California's strawberry fields", *Economic Geography*, 2017.

Harvey, D., "Globalization and the 'spatial fi'", *Geographische Revue*, 2001.

Harvey, D., "The spatial fix: Hegel, Von Thunen and Marx", *Antipode*, 1981.

Hastings, T., "Leveraging Nordic links: South African labour's role in regulating labour standards in wine global production networks", *Journal of Economic Geography*, 2019.

Hay, R., "Sense of Place in Developmental Context", *Journal of Environmental Psychology*, 1998.

Hellgren, J., Sverke, M., Isaksson, K. A., "Two-dimensional approach to job insecurity: Consequences for employee attitudes and well-being", *European Journal of Work and Organizational Psychology*, 1999.

Henderson, J., Dicken, P., Hess, M., et al., "Global production networks and the analysis of economic development", *Review of International Political Economy*, 2002.

Herod, A., "From a geography of labor to a labor geography: Labor's spatial fix and the geography of capitalism", *Antipode*, 1997.

Herod, A., "Labor Unions and Economic Geography", Sheppard, E., Barnes, T. J., "A companion to economic geography", UK: Blackwell Publishers, 2000.

Herzberg, F. M., "The Motivation to Work", New York: Wiley, 1959.

Hess, M., "Spatial relationship? Towards a reconceptualization of embeddedness", *Progress in Human Geography*, 2004.

Holmes, J., Rusonik, A., "The Break-up of an International Labour Union: Uneven Development in the NorthAmerican Auto Industry and the Schism in the UAW", *Environment and Planning*, 1991.

Huang, G. Z., Xue, D. S., Li, Z. G., "From revanchism to ambivalence: The changing politics of street vending in Guangzhou", *Antipode*, 2014.

Judge, T. A., Bono, J. E., Locke, E. A., "Personality and job satisfaction: The mediating role of job characteristics", *Journal of Applied Psychology*, 2000.

Kalleberg, A. L., "Nonstandard Employment Relations: Part-time, Temporary and Contract Work", *Annual Review of Sociology*, 2000.

Kang, S. J., Lee, H. S., "The determinants of location choice of South Korean FDI in China", *Japan and the World Economy*, 2007.

Kinnan, C., Wang, S. Y., Wang, Y., "Access to migration for rural households", *American Economic Journal: Applied Economics*, 2018.

Kolling, A., "Fim Size and Employment Dynamics: Estimations of Labor Demand Elasticities Using a Fractional Panel Probit Mode1", *Labour*,

2012.

Korpela, K. M. , "Place-Identity as a Product of Environmental Self-regulation", *Journal of Environmental Psychology*, 1989.

Lalli, M. , Urban-related Identity: Theory, Measurement, and Empirical Findings", *Journal of Environmental Psychology*, 1992.

Lee, D. , Wolpin, K. I. , "Accounting for wage and employment changes in the Us from 1968 – 2000: A dynamic model of labor market equilibrium", *Journal of Econometrics*, 2010.

Lengyel, B. , Eriksson, R. , "Co-worker networks, labor mobility and productivity growth in Regions", *Journal of Economic Geography*, 2017.

Levy, D. L. , "Political contestation in global production networks", *Academy of Management Review*, 2008.

Lewicka, M. , "What Makes Neighborhood Different from Home and City? Effects of Place Scale on PlaceAttachment", *Journal of Environmental Psychology*, 2010.

Liu, W. D. , Dicken, P. , "Transnational corporations and 'obligated' embeddedness: Foreign direct investment in China's automobile industry", *Environment and Planning A*, 2006.

Liu, Y. , Yang, C. , "Strategic coupling of local firms in global production networks: The rise of the home appliance industry in Shunde, China", *Eurasian Geography and Economics*, 2013.

Liu, Y. , "The dynamics of local upgrading in globalizing latecomer regions: A geographical analysis", *Regional Studies*, 2017.

Locke, E. A. , "The Nature and Causes of Job Satisfaction", *Handbook of Industrial & Organizational Psychology*, 1976.

Long, W. , Appleton, S. , Song, L. , "The impact of job contact networks on wages of rural-urban migrants in China: A switching regression approach", *Journal of Chinese Economic and Business Studies*,

2017.

Lowe, N., Kenney, M., "Foreign investment and the global geography of production: Why the Mexican consumer electronics industry failed", *World Development*, 1999.

Martin, R., Sunley, P., "Deconstructing clusters: Chaotic concept or policy panacea?", *Journal of Economic Geography*, 2003.

Martynovich, M., "The role of local embeddedness and non-local knowledge in entrepreneurial Activity", *Small Business Economics*, 2017.

Maslov, A. H., "Motivation and Personality", *Quarterly Review of Biology*, 1970.

Meyer, J. P., Allen, N. J., "A Three Complement Conceptualization of Organizational Commitment", *Human Resource Management Review*, 1991.

Meyer, K. E., Mudambi, R., Narula, R., "Multinational enterprises and local contexts: The opportunities and challenges of multiple embeddedness", *Journal of Management Studies*, 2011.

Minale, L., "Agricultural productivity shocks, labour reallocation and rural-urban migration in China", *Journalof Economic Geography*, 2018.

Ngai, P., Chan, J., "Global capital, the state, and Chinese workers: The Foxconn experience", *Modern China*, 2012.

Ngai, P., Koo, A., "A 'world-class' (labor) camp/us: Foxconn and China's new generation of labor migrants", *Positions East Asia Cultures Critique*, 2015.

Oldham, G. R., Hackman, J. R., Pearce, J. L., "Conditions Under Which Employees Respond Positively to Work", *Journal of Applied Psychology*, 1976.

Oldham, G. R., Kulik, C. T., Ambrose, M. L., et al., "Relations between job facet comparisons and employee reactions", *Organizational*

Behavior and Human Decision Processes, 1986.

Origo, F., Pagani, L., "lexicurity and satisfaction in europe: The importance of perceived and actual job stability for well-being at work", *Labor Economics*, 2009.

Padmanabhan, N., "Globalization lived locally: A labor geography perspective on control, conflict and response among workers in Kerala", *Antipode*, 2012.

Peck, J., "Making Space for Labor", Featherstone, D., Painter, J., "Spatial politics: Essays for Doreen Massey", UK: Wiley-Blackwell, 2013.

Peck, J., "Pluralizing labor geography", Clark, G. L., Feldman, M. P., Gertler, M. S., et al., "The New Oxford Hand Book of Economic Geography", UK: Oxford University Press, 2017.

Pencavel, J., "Employment, w ages, and unionism in a model of the aggregate labor market in Britain", *Nber Working Papers*, 1989.

Pike, A., "Editorial: Whether regional studies?", *Regional Studies*, 2007.

Polanyi, K., "The great transformation: The political and economic origins of our times", Boston: Beacon Press, 1944.

Proshansky, H. M, Fabian, A. K., Kaminoff, R., "Place-identity: Physical World Socialization of the Self", *Journal of Environmental Psychology*, 1983.

Pyke, F., Lund-Thomsen, P., "Social upgrading in developing country industrial clusters: A reflection on the literature", *Competition & Change*, 2016.

Rainnie, A., Herod, A., McGrath-Champ, S., "Review and positions: Global production networks and Labor", *Competition & Change*, 2011.

Raj-Reichert, G., "The powers of a social auditor in a global production network: The case of Verité and the exposure of forced labour in the electronics industry", *Journal of Economic Geography*, 2019.

Raj-Reichert, G., "Safeguarding labor in distant factories: Health and safety governance in an electronics global production network", *Geoforum*, 2013.

Raymond, C. M., Brown, G., Weber, D., "The Measurement of Place Attachment: Personal, Community, and Environmental Connections", *Journal of Environmental Psychology*, 2010.

Riisgaard, L., Hammer, N., "Prospects for labor in global value chains: Labor standards in the cut flower and banana industries", *British Journal of Industrial Relations*, 2011.

Robbins, T. W., "Arousal Systems and Attentional Processes", *Biological Psychology*, 1997.

Rossi, A., "Does economic upgrading lead to social upgrading in global production networks: Evidence from Morocco", *World Development*, 2013.

Ruiz, I., Vargas-Silva, C., "Differences in labour market outcomes between natives, refugees and other migrants in the UK", *Journal of Economic Geography*, 2018.

Rutherford, T., "De/re-centering work and class? A review and critique of labor geography", *Geography Compass*, 2010.

Ruwanpura, K. N., "Garments without guilt: Uneven labor geographies and ethical trading: Sri-Lankan labor perspectives", *Journal of Economic Geography*, 2016.

Sarbin, T. R., "Place Identity as a Component of Self: An Addendum", *Journal of Environmental Psychology*, 1983.

Saxenian, A. L., "The New Argonauts: Regional Advantage in a Global Economy", Combridge, MA: Oxford University Press, 2006.

Scott, S.,“Labor, migration and the spatial fix: Evidence from the UK food industry”, *Antipode*, 2013.

Selwyn, B.,“Beyond firm-centrism: Re-integrating labour and capitalism into global commodity chain analysis”, *Journal of Economic Geography*, 2012.

Selwyn, B.,“Social upgrading and labor in global production networks: A critique and an alternative conception”, *Competition & Change*, 2013.

Smith, C., Pun, N.,“The dormitory labor regime in China as a site for control and resistance”, *International Journal of Human Resource Management*, 2006.

Sridhar, K. S., Wan, G.,“Firm location choice in cities: Evidence from China, India, and Brazil”, *China Economic Review*, 2010.

Storper, M., Venables, A. J.,“Buzz: Face-to-face contact and the urban economy”, *Journal of Economic Geography*, 2004.

Storper, M.,“Regional context and global trade”, *Economic Geography*, 2009.

Storper, M.,“The regional world: Territorial development in a global economy”, London and New York: Guilford Press, 1997.

Sturgeon, T., Van, B. J., Gereffi, G.,“Value chains, networks and clusters: Reframing the global automotive industry”, *Journal of Economic Geography*, 2008.

Sun, Y., Zhou, Y., Lin, G., et al.,“Subcontracting and supplier innovativeness in a developing economy: Evidence from China's information and communication technology industry”, *Regional Studies*, 2013.

Sunanda, S., Byasdeb, D.,“Unfreedom and waged work: Labor in India's manufacturing industry”, SAGE: New Delhi, 2009.

Sverke, M., Hellgren, J.,“The Nature of Job Insecurity: Understanding Employment Uncertainty on the Brinkof a New Millennium”, *Applied*

Psychology, 2002.

Tajfel, H., "The Social Identity Theory of Intergroup Behavior", *Psychology of intergroup relations*, 1986.

Taylor, P., Newsome, K., Bair, J., "Putting labor in its place: Labor process analysis and global value chains", *Palgrave Macmillan*, 2015.

Tufts, S., Savage, L., "Laboring geography: Negotiating scales, strategies and future directions", *Geoforum*, 2009.

Twigger-Ross, C. L., Uzzell, D. L., "Place and Identity Processes", *Journal of Environmental Psychology*, 1996.

Vroom, V. H., "Work and Motivation", *Industrial Organization Theory & Practice*, 1964.

Walker, R., Storper, M., "Capital and Industrial Location", *Progress in Human Geography*, 1981.

Wei, Y. H. D., Liao, F. H. F., "The embeddedness of transnational corporations in Chinese cities: Strategic coupling in global production networks?", *Habitat International*, 2013.

Wills, J., "Subcontracted employment and its challenge to labor", *Labor Studies Journal*, 2009.

Yang, C., "From strategic coupling to recoupling and decoupling: Restructuring global production networks and regional evolution in China", *European Planning Studies*, 2013.

Yang, C., "Strategic coupling of regional development in global production networks: Redistribution of Taiwanese personal computer investment from the Pearl River Delta to the Yangtze River Delta, China", *Regional Studies*, 2009.

Yeung, H. W. C., "From followers to market leaders: Asian electronics firms in the global economy", *Asia Pacific Viewpoint*, 2007.

Yeung, H. W. C., "Regional development and the competitive dynamics of global production networks: An East Asian perspective", *Regional Studies*, 2009.

Zhu, N., "The impacts of income gaps on migration decisions in China", *China Economic Review*, 2002.